行政管理实操
从入门到精通

滕宝红◎主编

人民邮电出版社

北　京

图书在版编目（CIP）数据

行政管理实操从入门到精通 / 滕宝红主编. -- 北京：
人民邮电出版社，2019.1
ISBN 978-7-115-50264-3

Ⅰ．①行… Ⅱ．①滕… Ⅲ．①企业管理－行政管理
Ⅳ．①F272.9

中国版本图书馆CIP数据核字(2018)第277760号

内 容 提 要

行政管理侧重于组织内部的秩序管理，通过这种秩序管理，促进企业更好地开展管理工作，更顺利地实现目标。

《行政管理实操从入门到精通》介绍了行政管理人员的岗位职责、管理技能及专业技能，详细阐述了企业行政管理体系建设、行政接待管理、企业会议管理、企业物资管理、文件管理、企业安全管理、员工食宿管理、行政费用控制、企业文化建设等行政管理工作涉及的实操技能及工作要点。书中含有大量的图表，同时还提供了"经典范本""实用案例"等栏目，对相关知识点进行了丰富和拓展，读者可以随学随用。

本书是行政管理从业人员的岗位工作指南，适合各类组织的行政管理人员、基层行政人员以及相关培训机构阅读和使用。

◆ 主　　编　滕宝红
责任编辑　贾淑艳
责任印制　焦志炜

◆ 人民邮电出版社出版发行　　北京市丰台区成寿寺路11号
邮编　100164　电子邮件　315@ptpress.com.cn
网址　http://www.ptpress.com.cn
北京七彩京通数码快印有限公司印刷

◆ 开本：800×1000　1/16
印张：19.5　　　　　　　2019年1月第1版
字数：400千字　　　　　2025年8月北京第27次印刷

定　价：69.00元

读者服务热线：(010) 81055656　印装质量热线：(010) 81055316
反盗版热线：(010) 81055315

前　言

企业应重视行政管理工作，因为它涉及企业内部各项具体而烦琐的行政事务，涉及企业内部人员之间的沟通和协调。行政管理人员作为企业行政事务的主要负责人，相当于企业的"大管家"。行政管理人员只有充分掌握行政管理的各项技能，才能带领相关人员做好行政管理工作，为企业的稳定发展提供保障。

本书分为三大部分。第一部分（第一章至第二章）主要描述了行政管理人员的岗位职责，具体内容包括行政部的职责权限、行政管理人员的职责要求和日常工作内容。

第二部分（第三章至第四章）介绍了行政管理人员需要掌握的各项管理技能，如制订工作计划、汇报工作和下达指示、进行有效授权等。这一部分特别提到了行政管理人员应积极进行形象自检，确保自己拥有良好的个人形象。

第三部分（第五章至第十三章）重点介绍了行政管理人员在日常工作中需要掌握的各项实操技能。第三部分是本书的重点部分，涵盖了企业行政管理体系建设、行政接待管理、企业会议管理、企业物资管理、文件管理、企业安全管理、员工食宿管理、行政费用控制、企业文化建设等内容。

通过对本书的认真学习，行政管理人员可以较为全面地掌握行政管理工作涉及的各项技能，更好地开展工作。

本书具有以下五个特点。

（1）模块清晰。全书分为三大部分，即岗位职责、管理技能和专业技能。通过学习岗位职责部分，行政管理人员可以了解到本部门的职责权限以及自身的工作内容；通过学习管理技能部分，行政管理人员可以掌握在工作中需要用到的各种管理知识；通过学习专业技能部分，行政管理人员可以学到本岗位需要掌握的各种实操技巧和方法。

（2）365天，每天一个知识点。本书的最大亮点是把行政管理人员需要掌握的各项技能分解到365天当中，形成了365个知识点。行政管理人员可以每天学习一个知识点并将其运用于工作之中，直至彻底掌握所有知识点。

（3）精心设计了生动、活泼的对话。本书每一章的章前都设计了一段A经理与Q女士的对话，在对话中简要归纳了本章的重点知识，极大地方便了读者的阅读与学习。

（4）提供了大量图表、范本和案例。本书含有大量的图表，还设置了"经典范本""实用案例"等栏目，对相关知识点进行了丰富和拓展，便于读者的阅读和使用。

（5）实操性强。本书充分考虑到现代人工作节奏快、压力大的特点，在编写时尽量做到去理论化、注重实操性，以精确、简洁的方式描述所有知识点，尽可能满足行政管理人员希望快速掌握行政管理实操技能的需求。

本书不仅可以作为行政管理人员自我提升的学习手册和日常工作的小百科，还可以为相关培训机构开展上岗培训、团队学习提供参考。

本书由浙江智盛文化传媒有限公司、深圳市中经智库文化传播有限公司策划，由知名管理实战专家滕宝红主持编写。由于编者水平有限，书中难免出现疏漏之处，敬请读者批评指正。

▶▶▶ 目　录

第一部分　岗位职责

第一章　行政部的职责.................................2

行政管理人员只有了解行政部在企业中所处的位置、职责权限、日常工作流程以及与其他部门的关系，才能顺利地开展工作。同时，行政管理人员还应明确一年的工作安排，这也是其岗位职责的一个重要组成部分。

第二章　行政管理人员岗位须知.........9

行政管理人员需要明确自身的岗位要求以及工作内容。岗位要求对行政管理人员的任职提出各种条件，只有达到这些条件，行政管理人员才能胜任工作。工作内容则是行政管理人员的工作事项和必须了解的内容。

第二部分　管理技能

第三章　基本管理技能.................16

基本管理技能是行政管理人员在日常管理工作中需要用到的一系列技能，如制订工作计划、进行有效授权、开展沟通工作等。行政管理人员只有掌握了这些基本管理技能，才能高效地开展工作。

1

第四章　自我管理技能 29

行政管理人员不仅要掌握基本管理技能，还要做好自我管理工作。自我管理包括个人形象自检和自我反思。通过形象自检，行政管理人员能更好地展现个人形象；通过自我反思，行政管理人员可以获知个人失误，及早作出改进，取得更大的进步。

第三部分　专业技能

第五章　企业行政管理体系建设 36

为使企业的行政工作规范化、程序化、制度化，进一步加强管理和协调，明确办公程序，提高办公效率，促进企业战略目标的实现及各项业务的发展，行政管理人员必须关注企业行政管理体系的建设。

行政接待是日常行政管理工作的重要内容，对宣传企业形象、扩大企业知名度起着非常重要的作用。

第七章　企业会议管理..........101

通过定期或不定期地召开各类会议，企业可以有效促进信息传递，保证工作顺利开展。行政部是企业会议的主要管理部门，因此，行政管理人员应带领部门人员做好每一次会议的管理工作，确保所有会议顺利进行。

第八章 企业物资管理 125

企业物资种类繁多，一般包括各类印信、证照、办公用品、办公设备和车辆等。这些物资都是企业的财产，行政管理人员应充分了解这些物资，并在日常工作中对其进行有效管理，确保企业物资得到正确的使用和保管。

第九章 文件管理 154

企业在日常经营过程中会产生大量文件，这些文件真实反映了企业各方面的经营状况，对企业正常运行有着非常重要的价值。行政管理人员应充分了解企业文件的分类方法，加强文件管理工作，尤其要重视电子文件的管理工作。

第十章 企业安全管理 178

安全是一切工作的基础，没有一个安全的工作环境，任何工作都无法正常开展。行政管理人员的安全管理工作包括消防安全管理、日常安全管理、突发事件处理以及网络安全管理。

食宿是企业为员工提供的后勤保障。企业只有做好了食宿管理工作，才能使员工无后顾之忧，放心地投入工作中。食宿管理主要包含伙食管理和住宿管理。

第十二章　行政费用控制............220

企业在日常运营的过程中会产生一些行政费用。行政管理人员作为企业行政事务的负责人，必须严格控制各项行政费用，以降低经营成本，增加效益。

第十三章　企业文化建设............235

企业文化建设工作是行政管理人员日常工作的一个重要组成部分。企业文化建设工作包括员工活动管理、企业网站建设、企业宣传栏管理以及企业内刊管理四个方面。通过开展这四个方面的工作，行政管理人员可以为企业创造良好的工作氛围，使企业获得长远的发展。

第一部分

岗位职责

第一章　行政部的职责

导读 ＞＞＞

行政管理人员只有了解行政部在企业中所处的位置、职责权限、日常工作流程以及与其他部门的关系，才能顺利地开展工作。同时，行政管理人员还应明确一年的工作安排，这也是其岗位职责的一个重要组成部分。

> Q女士：A经理，我想请教您一个问题，要想开展行政部的管理工作，应该从哪里着手呢？
>
> A经理：这个问题比较专业，要想顺利开展行政管理工作，首先要了解行政部在整个企业中所处的位置、职责权限、日常工作流程以及与其他部门的关系。只有这样，你才能真正摸到行政管理工作的门路。
>
> Q女士：那么，我该怎样安排日常工作呢？
>
> A经理：根据我的经验，你可以按日、周、月、季度等来安排日常工作，做到有条不紊，循序渐进。

说明：A经理是一位具有多年工作经验的行政经理；Q女士是一位刚入职的行政经理。

第一节　行政部的职责权限

001　行政部在企业中所处的位置

　　行政部主要负责企业的行政后勤、总务、保卫及秘书等方面的工作，是企业的综合办事部门。同时，行政部负责贯彻执行领导的指示，做好各部门之间的联络沟通工作，及时向领导反映情况、反馈信息，综合协调各部门的工作，督办和检查各项工作、计划。通常而言，行政部在企业中所处的位置如图1-1所示。

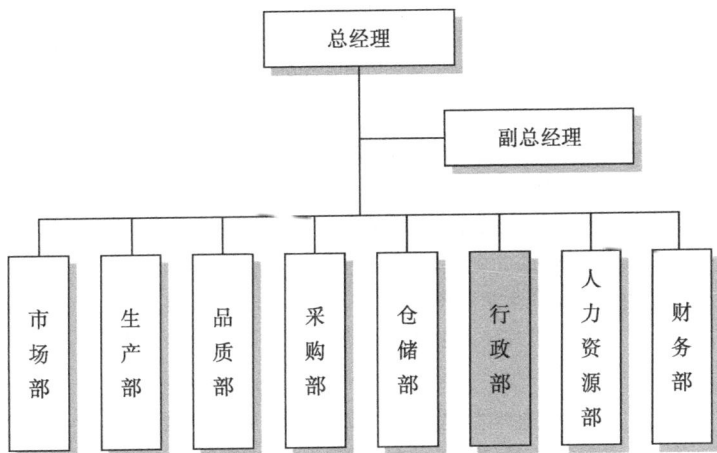

```
                    总经理
                      │
                   副总经理
                      │
  ┌─────┬─────┬─────┬─────┬─────┬─────┬─────┬─────┐
 市场部  生产部  品质部  采购部  仓储部  行政部  人力    财务部
                                           资源部
```

说明：图中列举的八大部门是企业的主要部门，行政部发挥着综合协调的作用。

图1-1　行政部在企业中所处的位置

002　行政部的职责权限

　　表1-1是某企业行政部的职责权限，供读者参考。

表1-1 行政部的职责权限

类别	具体内容
职能	（1）参谋职能。行政部不仅应在日常事务方面做好决策、参谋工作，而且应在企业经营理念、管理策略、企业精神、企业文化及用人政策等重大问题上履行本部门的职责，从而真正成为企业决策层不可缺少的"高参与臂膀" （2）沟通职能。行政部要充分沟通、清晰传达指令，协调各部门的工作，保证高效地完成任务 （3）管理职能。行政部负责文件、办公自动化、接待、车辆、总务、后勤（卫生、食堂、倒班、宿舍）、安全保卫等的管理工作 （4）服务职能。行政部要提供高质量的服务，积极为各部门提供后勤保障和支持
职责	（1）负责根据企业发展战略和领导意见起草重要文件，牵头或协助进行企业规划工作 （2）负责企业资料、信息以及宣传报道等日常行政事务的管理工作 （3）负责公司会议记录编写及归档工作 （4）负责员工考勤、出勤统计，报表分析等人事管理工作 （5）负责前台接待、客人来访登记和迎送等招待工作 （6）负责企业日常安全保卫及消防管理工作 （7）负责企业车辆调动管理工作 （8）负责企业总务及后勤管理工作 （9）负责企业对外宣传、公关工作 （10）负责组织企业危机管理委员会制定危机处理预案 （11）完成企业高层临时交付的工作
权限	（1）根据企业总体战略规划，行政部有对企业经营计划的建议权 （2）依照制度，行政部有对在行政稽查中发现的问题实施处理的权力 （3）依照制度，按规定程序，行政部有对其他部门实施处罚的建议权 （4）依照制度，行政部有对违反行政制度的企业员工实施处罚的建议权 （5）依照制度，行政部有合理调动企业行政资源（如车辆、办公设备等）的权力 （6）行政部有聘任、解聘部门内部员工的建议权

003 行政部的工作流程

行政部的工作流程相对固定，受企业规模、性质、产品等因素的影响较小。图1-2为某企业行政部的工作流程。

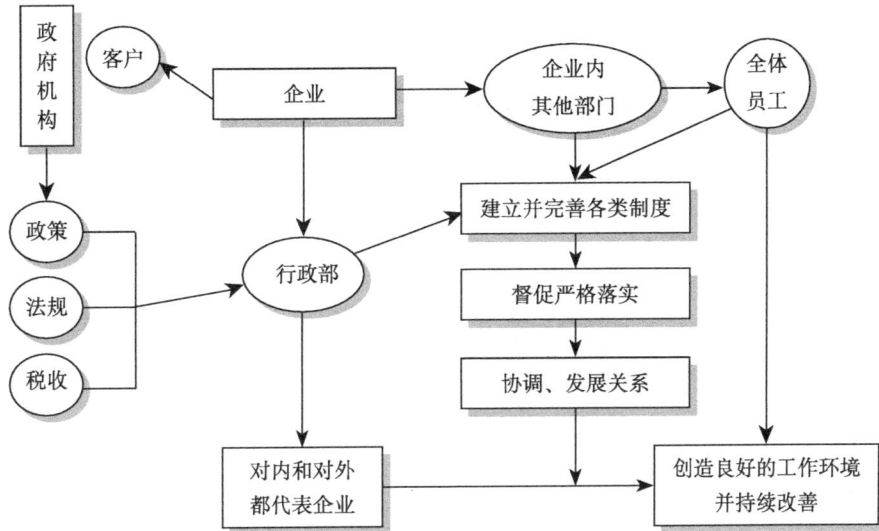

说明：行政部对内和对外都代表企业。对内要创造良好的工作环境并持续改善，对外则要与各方保持联络，维护好关系。

图1-2 行政部的工作流程

004 行政部与其他部门的关系

行政部虽然不直接领导其他职能部门，但却为企业的其他部门提供服务，与其他部门在业务上的关系非常紧密，具体如图1-3所示。

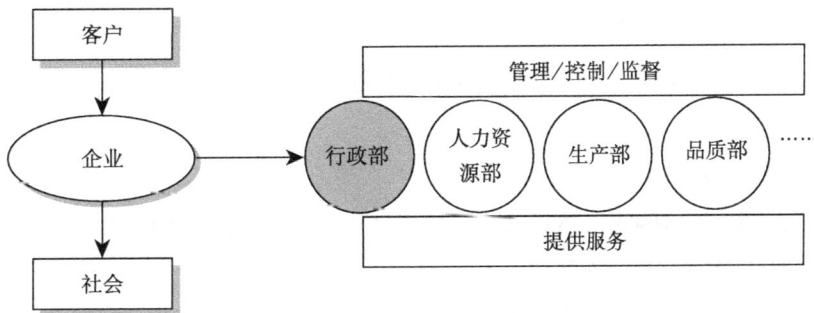

说明：行政部既为企业的人力资源部、生产部、品质部提供服务，如提供办公设备、办公用品等，也对他们的日常工作进行监督。

图1-3 行政部与其他部门的关系

第二节　365天工作安排

005　国家法定节假日

为了合理分配时间，行政管理人员必须了解国家法定节假日。为此，行政管理人员可以将国家法定节假日列出来。国家法定节假日如表1-2所示。

表1-2　国家法定节假日

序号	节假日名称	放假天数	日期
1	新年	1天	1月1日
2	春节	3天	农历除夕，正月初一、初二
3	清明节	1天	农历清明当日
4	劳动节	1天	5月1日
5	端午节	1天	农历端午当日
6	中秋节	1天	农历中秋当日
7	国庆节	3天	10月1日—10月3日

006　计算常规工作时间

工作时间又称法定工作时间，是指员工在法定范围内，在企业从事相关工作或者生产的时间。

1．工作时间计算

年工作日：365天－104天（休息日）－11天（法定节假日）=250（天）

季度工作日：250天÷4个季度=62.5（天）

月工作日：250天÷12个月=20.83（天）

2．有效工作时间

有效工作时间是员工完成一项工作的必需时间。假设上班时间为8小时，在通常情况下，扣除等待和处理个人私事的时间，员工的有效工作时间往往不能达到8小时。

007　采用阶段工作法

行政管理人员可以采用阶段工作法安排一年的工作。这里所说的阶段是指一日、一周、一个月、一个季度、一年这五个不同的时间段。

行政管理人员应为每天、每周、每月、每季度和每年做好工作安排，具体示例如表1-3所示。

表1-3　行政管理人员的阶段工作安排

序号	阶段	工作事项	备注
1	日	(1) 制订当日工作计划 (2) 完成每日形象自检 (3) 安排值班人员 (4) 处理邮件接收 (5) 处理邮件寄发 (6) 通知人员参加会议 (7) 完成会务人员分工与监控协调 (8) 在会议期间接待客户	
2	周	(1) 制订一周工作计划 (2) 主持与参加会议 (3) 制定会议经费预算 (4) 布置会场 (5) 拟订会议议程 (6) 发放办公用品 (7) 安排会议住宿、餐饮、用车 (8) 检查员工食堂 (9) 完成员工宿舍入住管理工作 (10) 完成员工宿舍退房管理工作 (11) 完成消防安全周巡查工作 (12) 处理车辆事故	
3	月	(1) 制订月工作计划 (2) 采购办公用品 (3) 处理印刷品事务 (4) 完成员工宿舍月度检查评比工作 (5) 完成员工伙食补贴管理工作	

（续表）

序号	阶段	工作事项	备注
3	月	（6）完成纸质档案借阅保管工作 （7）完成电子文件归档管理工作 （8）组织入职员工体检 （9）完成清洁以及卫生绿化管理工作 （10）完成IT信息系统管理工作 （11）完成行政费用报销管理工作	
4	季度	（1）制订季度工作计划 （2）制作和记录办公设备管理卡 （3）完成办公用品季度盘点 （4）销毁须销毁的纸质文件 （5）完成文书立卷归档工作 （6）完成食堂外包管理工作	
5	年度	（1）完成办公设备采购管理工作 （2）完成企业印章管理工作 （3）完成车辆保险办理管理工作 （4）完成车辆换新和报废计划管理工作 （5）完成员工职业健康管理工作 （6）完成劳动防护用品的发放和使用管理工作	

第二章　行政管理人员岗位须知

导读 >>>

行政管理人员需要明确自身的岗位要求以及工作内容。岗位要求对行政管理人员的任职提出各种条件，只有达到这些条件，行政管理人员才能胜任工作。工作内容则是行政管理人员的工作事项和必须了解的内容。

Q女士：A经理，我没有信心胜任行政经理这份工作，我想请教您，要想成为一名合格的行政经理，应该达到怎样的要求？

A经理：行政经理可以说是企业的大管家，不满足一定的条件是无法胜任的。你要具备良好的个人形象和心理素质，丰富的专业知识，较强的工作能力以及较高的职业道德素养。

Q女士：我刚刚入职，还不清楚行政经理应做哪些事，您能指导一下我吗？

A经理：行政经理的工作千头万绪，但大体可以分为两部分，即日常管理和专业管理。前者是指制订工作计划、汇报与下达指示等；后者则是指每天要做的专业性事务，如优化办公环境、进行行政接待等。

第一节 行政管理人员岗位要求

008 个人形象要求

行政管理人员若没有一个良好的个人形象，即使能力超强、管理十分到位，也会让别人对他的评价大打折扣，从而影响其在下级心中的位置。行政管理人员的形象要求包括服装配饰、言谈举止、神态等方面，具体说明如表2-1所示。

表2-1 行政管理人员的形象要求

序号	形象要求	具体说明
1	服装配饰	朴素、舒适、大方、整洁是对行政管理人员服饰的基本要求。无论穿什么款式的服装，佩戴什么样的装饰，都要做到衣着雅致美观、外表整洁端庄
2	言谈举止	言谈举止是一个人文化水平、性格特征、爱好、经历的直接表现，行政管理人员应彬彬有礼、谈吐文雅、说话严谨
3	神态	(1) 行政管理人员的眼神应该自然、温和、稳重，使人感到亲切、可以信赖 (2) 在日常事务交往中，一般采用"公事凝视"，给人以郑重、严肃的感觉 (3) 面对下级时，目光要柔和一些，这样下级才会觉得你平易近人

009 心理素质要求

行政管理人员应该具有过硬的心理素质，如行事果断的作风、坚忍不拔的意志和承受心理压力的能力，行政管理人员心理素质要求如图2-1所示。

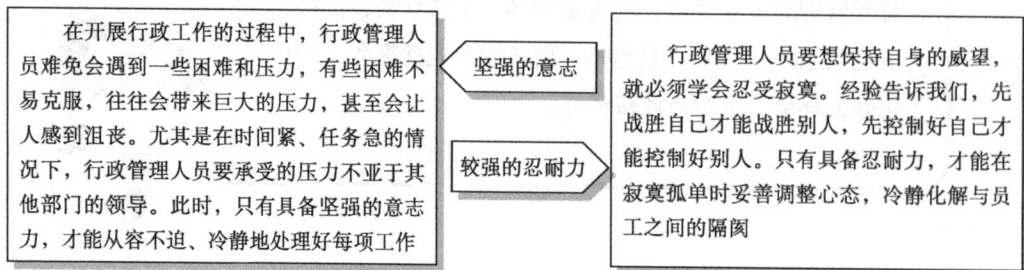

在开展行政工作的过程中，行政管理人员难免会遇到一些困难和压力，有些困难不易克服，往往会带来巨大的压力，甚至会让人感到沮丧。尤其是在时间紧、任务急的情况下，行政管理人员要承受的压力不亚于其他部门的领导。此时，只有具备坚强的意志力，才能从容不迫、冷静地处理好每项工作

坚强的意志

较强的忍耐力

行政管理人员要想保持自身的威望，就必须学会忍受寂寞。经验告诉我们，先战胜自己才能战胜别人，先控制好自己才能控制好别人。只有具备忍耐力，才能在寂寞孤单时妥善调整心态，冷静化解与员工之间的隔阂

图2-1 行政管理人员心理素质要求

010　专业知识要求

行政管理人员的工作是一项贯穿上下的综合性工作。行政管理人员必须具备行政管理、法律、社会等方面的专业知识，具体说明如表2-2所示。

表2-2　行政管理人员必备专业知识

序号	知识类别	具体说明
1	行政管理知识	主要包括各种基本的行政知识（如行政规划、行政职能）和管理学知识（如管理职能、管理方法）
2	法律知识	通晓法律知识是行政管理人员开展行政事务活动的前提。法律知识主要包括基本的法律常识、与行政管理密切相关的法律知识（如劳动法、劳动合同法、档案法）
3	社会知识	行政管理工作具有很强的综合性、复杂性，因此，行政管理人员还应掌握社会学、心理学、历史学等方面的知识

011　个人能力要求

行政工作涉及面广，既复杂，又琐碎，只有能力强、素质高的人才能胜任。对行政管理人员的个人能力要求如表2-3所示。

表2-3　行政管理人员个人能力要求

序号	能力	具体要求
1	管理能力	行政管理人员要在实际工作中不断地锻炼自己的管理能力。成功的行政管理人员必须具备一定的管理能力。行政管理人员应全面了解整个企业以及企业内部如何相互协调，同时，行政管理人员必须重视人的因素。人是成败的关键，要想做好管理工作就要加强对人的管理
2	观察力与预见力	预见力是人们揭示事物发展规律、洞悉未来的能力。一个人善于预见，则成功的概率就会增大。为了使行政管理工作富有成效，行政管理人员必须提高自身的预见力。为了提高自己的预见力，行政管理人员不仅要有丰富的专业知识和工作经验，还要有良好的观察力，要勤于思考、善于思考，要有出色的想象力和积极创新的精神
3	分析问题、解决问题的能力	分析问题、解决问题是一种技巧，也是一项技能，对行政管理工作的效果发挥着关键作用

（续表）

序号	能力	具体要求
4	应变能力	应变能力是指人们在遇到突发事件或问题时的协调和处理能力。行政工作的内容是复杂多变的，因而行政管理人员要具备较强的应变能力
5	控制能力	控制是指根据既定的目标和任务，监督、检查实际执行情况。若发现偏差，则应找出原因，并采取有效措施，以便更好地实现既定目标。控制能力越强，方案实施得就越顺利，任务完成得就越理想

012　职业道德要求

对行政管理人员的职业道德要求高于一般的社会道德要求，而且高于一般岗位的职业道德要求。

凡是要求员工遵守的制度，行政管理人员自己首先要遵守；凡是禁止员工做的事情，行政管理人员自己首先不能做；若要求下级不以权谋私，行政管理人员自己首先不能以权谋私。

对行政管理人员的职业道德要求比对其下级的职业道德要求高，更比对一般员工的职业道德要求高。行政管理人员只有在职业道德方面严格要求自己，才能言传身教，影响他人。

第二节　行政管理人员的工作内容

013　日常管理工作内容

行政管理人员的日常管理工作内容包括制订工作计划、汇报工作、下达指示、进行有效授权、团队管理、日常沟通、个人形象自检以及自我反思等，具体内容如表2-4所示。

表2-4　行政管理人员的日常管理工作内容

序号	工作	具体内容
1	制订工作计划	行政管理人员的首要任务是制订清晰有效的工作计划，包括长期的战略规划以及年度培训计划、人员招聘计划、年度预算等
2	汇报工作和下达指示	汇报工作和下达指示是行政管理人员日常管理工作的一个重要组成部分，也是其必须掌握的基本管理技能。行政管理人员要学习汇报工作和下达指示的各种方法，并在工作中熟练运用

（续表）

序号	工作	具体内容
3	进行有效授权	行政管理人员在授权时，必须深入了解岗位职责。行政管理人员可按照责任大小将工作分类排序，选择工作中的重点部分进行监控，其他工作可授权给他人完成，但要注意进行必要的督导
4	团队管理	行政管理人员在团队中扮演着领导者的角色，其主要任务和职责就是管理整个团队，实现团队目标。行政管理人员要和员工一起制订计划，召开团队会议，修正错误
5	日常沟通	行政管理人员要充分认识沟通的重要性，在沟通过程中发现问题时要及时解决
6	个人形象自检	要想做好行政管理工作，行政管理人员首先要做好个人形象自检工作。没有一个良好的个人形象，行政管理人员很难树立个人威信，也很难取得更大的成绩
7	自我反思	行政管理人员应该定期或不定期地开展自我反思工作，如实记录自身存在的问题，并及时予以解决

014 专业管理工作内容

行政管理人员的专业管理工作内容涉及行政管理的具体事项，如办公环境优化、行政接待管理等，具体内容如表2-5所示。

表2-5 行政管理人员的专业管理工作内容

序号	工作	具体内容
1	企业行政管理体系建设	·企业行政管理体系概述 ·行政管理制度建设 ·行政管理流程优化 ·OA办公系统建设 ·行政人员配备
2	行政接待管理	·常规接待事务管理 ·行政接待礼仪管理
3	企业会议管理	·会议筹备管理 ·会议期间的管理工作 ·会后管理工作 ·会议成本控制

（续表）

序号	工作	具体内容
4	企业物资管理	·企业印信管理 ·办公用品日常管理 ·办公设备管理 ·企业车辆管理
5	文件管理	·文件收发管理 ·文件归档管理 ·电子文件管理
6	企业安全管理	·消防安全管理 ·日常安全管理 ·突发事件处理 ·值班安全管理
7	员工食宿管理	·员工伙食管理 ·员工宿舍管理
8	行政费用控制	·行政费用预算控制 ·日常行政费用控制 ·节能减排管理
9	企业文化建设	·企业文化建设规划 ·开展企业文化培训活动 ·员工活动开展与管理 ·企业宣传管理 ·运用企业网站展示企业文化 ·运用内刊推动企业文化建设

第二部分

管理技能

第三章　基本管理技能

导读 >>>

　　基本管理技能是行政管理人员在日常管理工作中需要用到的一系列技能，如制订工作计划、进行有效授权、开展沟通工作等。行政管理人员只有掌握了这些基本管理技能，才能高效地开展工作。

　　Q女士：A经理，最近我在工作中遇到一点问题，我不知道该怎么向下级下达指示。

　　A经理：首先，你要放低姿态，不要居高临下；其次，你要掌握下达指示的一些技巧，如明确指示的内容，明确奖励和处罚机制等。只有做好了这些工作，才算是顺利下达了一个明确的指示。

　　Q女士：A经理，您能教我一些沟通技巧吗？

　　A经理：好的。沟通分很多种，如向上沟通、向下沟通、水平沟通，你要根据不同的情况，采用相应的技巧。例如，向上沟通时，不要给上司出"问答题"，而要尽量出"选择题"；向下沟通时要注意倾听，多了解情况，要提供方法、紧盯过程。

第一节　制订工作计划

015　工作计划的格式与内容

1．工作计划的格式

工作计划的格式包含下列要素。

(1) 计划的名称包括订立计划的名称和计划期限两个要素，如"××公司行政部2018年4月工作计划"。

(2) 计划的具体要求一般包括工作的目的和要求，工作的项目和指标，实施的步骤和措施等，也就是为什么做、做什么、怎么做、做到什么程度。

(3) 订立计划的日期。

2．工作计划的内容

行政管理人员要想提高企业行政管理效率，就必须制订好工作计划，确定工作计划的内容。工作计划的内容可用"5W1H"来概括，如图3-1所示。

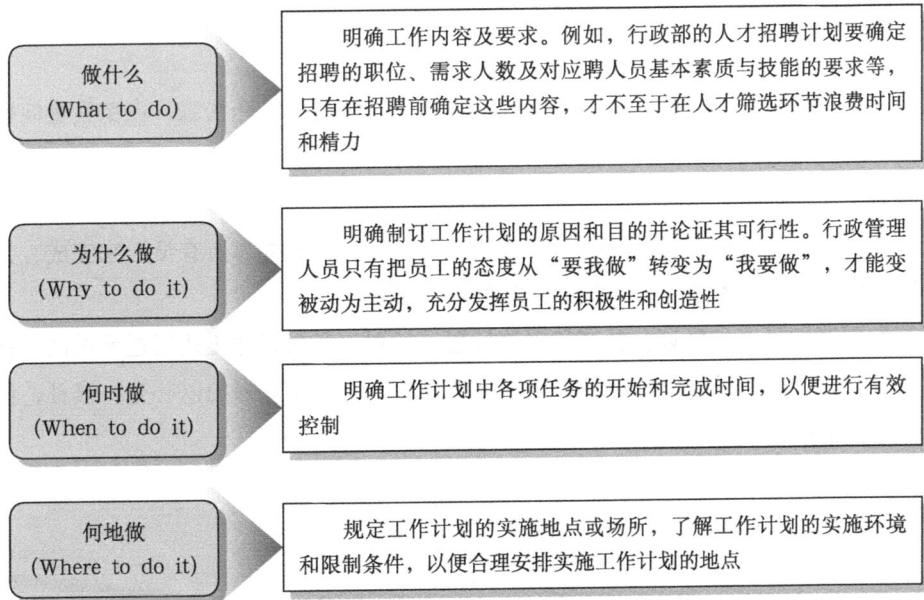

做什么 (What to do)	明确工作内容及要求。例如，行政部的人才招聘计划要确定招聘的职位、需求人数及对应聘人员基本素质与技能的要求等，只有在招聘前确定这些内容，才不至于在人才筛选环节浪费时间和精力
为什么做 (Why to do it)	明确制订工作计划的原因和目的并论证其可行性。行政管理人员只有把员工的态度从"要我做"转变为"我要做"，才能变被动为主动，充分发挥员工的积极性和创造性
何时做 (When to do it)	明确工作计划中各项任务的开始和完成时间，以便进行有效控制
何地做 (Where to do it)	规定工作计划的实施地点或场所，了解工作计划的实施环境和限制条件，以便合理安排实施工作计划的地点

谁去做 (Who to do it)	规定由哪些部门和人员实施工作计划。例如，要组织消防演习，行政管理人员就要安排好消防组织，并规定每个步骤的执行人，如灭火组、疏散组等。行政管理人员在工作计划中要明确规定每个阶段的责任部门、协助配合部门、责任人和协作人，还要规定由哪个部门和哪些人员参加鉴定和审核工作等
如何做 (How to do it)	规定工作计划的实施流程及相应的政策支持，合理调配行政资源，对各种派生计划进行综合平衡等。实际上，一个完整的工作计划还应该包括各项控制标准及考核指标等内容。也就是说，行政管理人员要告诉计划执行部门和人员达到什么水平才算成功地完成了工作计划

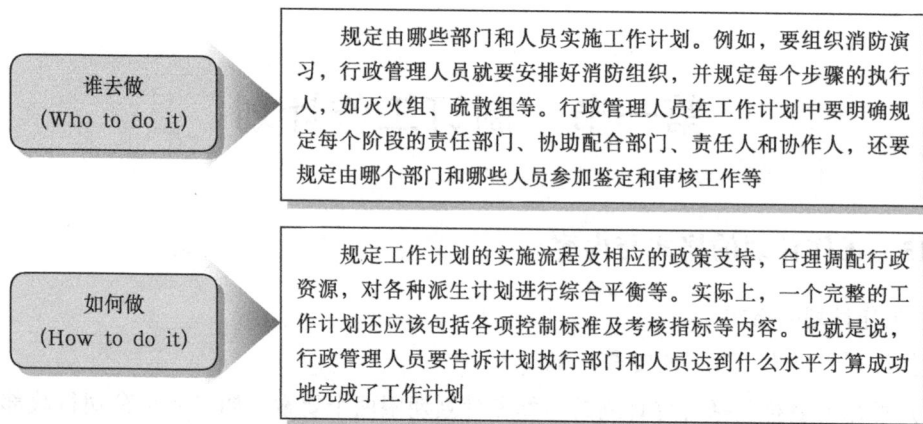

图3-1　工作计划的"5W1H"

016　工作计划的制订步骤

行政管理人员可参照如下步骤制订工作计划。

（1）认真学习研究相关部门的规定，不要违反相关规定。

（2）认真分析本公司的具体情况，这是制订计划的根据和基础。

（3）根据本公司的实际情况，确定工作方针、工作任务、工作要求，再据此确定工作的具体办法、措施和步骤。

（4）根据工作中可能出现的偏差和困难，提前拟定解决办法和措施，以免发生问题时陷入被动。

（5）根据工作需要组织并分配人员，明确分工。

（6）制订计划草案后，将其交行政部全体人员讨论。计划要靠所有员工来完成，只有充分地反映他们的诉求，才能成为其自觉为之奋斗的目标。

（7）在实践中进一步修订、补充和完善计划。计划一经制订并正式通过或批准，就要认真贯彻执行。在执行的过程中，行政管理人员往往需要对工作计划加以补充、修订，使其更加完善，切合实际。

第二节 汇报工作和下达指示

017 向上级汇报工作

行政管理人员向上级汇报工作时应注意下列几点。

(1) 遵守时间，不可失约。行政管理人员应严格遵守约定的时间，不要过早抵达上级的办公室，以免上级尚未做好准备；也不要迟到，以免上级等候过久。

(2) 轻轻敲门，经允许后才能进入。行政管理人员不可直接进入上级的办公室，即使门开着，也要用适当的方式告诉上级有人来了，以便上级及时调整状态。

(3) 汇报工作时，要注意仪表、姿态，站有站相，坐有坐相，文雅大方，彬彬有礼。

(4) 汇报工作时，要实事求是，吐字清晰，语调、声音大小恰当。有喜报喜，有忧报忧，语言精练，条理清楚，不可歪曲或隐瞒事实。

(5) 汇报结束后，上级如果谈兴犹在，不可表现出不耐烦，应等上级表示想结束谈话时才可离开。

(6) 离开时，要整理好自己的汇报材料、衣着以及茶具和座椅，当上级起身送别时，要主动对其说"谢谢"或"请留步"。

018 听取下级汇报工作

行政管理人员在听取下级汇报工作时要注意下列几点。

(1) 应守时。如果已约定时间，应准时或提前等候，并列出谈话要点，做好准备工作。

(2) 应及时请汇报者进门入座。不可居高临下，盛气凌人，摆领导架子。

(3) 要善于倾听。当下级汇报工作时，可与其进行眼神交流，并配以点头等动作，表示自己正在认真倾听对方说话。

(4) 对下级没有表达清楚的地方要及时提出疑问，要求其重复、解释，但要注意切勿打消其汇报工作的积极性。不要随意批评、做决断，要先思而后行。

(5) 听取下级汇报工作时，不要频繁地看表或打哈欠。要求下级结束工作汇报时，可以通过恰当的动作或委婉的语气告诉对方，不能粗暴打断。

（6）当下级要离开时，应起身相送。对于平时工作联系较少的下级，还应将其送至门口，并亲切道别。

019　向下级下达指示

行政管理人员经常需要对下级下达指示，有些行政管理人员对下达指示不以为然，认为下达指示就是下命令。行政管理人员应考虑一下自己是否曾如此下达指示：

"办公室整理完毕要检查一下！"

"小心检查还有哪些员工超领了办公用品，要是有，统统给我列出来！"

"凡是有异常的设备，都要维修！"

如果你经常这样下达指示的话，请你站在执行者的立场想一想，收到这样的指示，你真的会按照指示去执行吗？执行真的能达到要求吗？肯定不会，为什么呢？因为你还没有"听懂"指示的真正含义。这些指示并没有讲清楚到底要检查什么内容。如果是新员工，接到这样的指示，恐怕更是一头雾水，无从下手。

在下达指示时，行政管理人员要注意以下几个问题。

（1）行政管理人员可通过口头谈话、电话通知、书面通知、托人传递等方式下达指示，但若能当面谈话，就不要打电话；能打电话的，就不要书面通知（规定文书除外）；能书面通知的，就不要托人传递。

此外，还应注意：在要求下级完成高难度项目时，要明确奖励机制和处罚机制，这样下级才会有努力完成工作的动力。

（2）在下达指示之前，行政管理人员可以先询问下级一些相关的小问题，通过下级的回答，了解其对所谈话题是否理解并感兴趣，之后再把自己的真实意图表达出来。

（3）行政管理人员应对下级说明下达指示的原因，要确保自己是在充分理解指示的基础上下达指示的，不要做一个传话筒："这是上面的指示，我也不知道为什么，你照办吧！"这样一来，下级的第一反应就是："你都不知道，叫我怎么做？"

（4）已发出的指示、命令，有时不得已要重新更正，而且常常要频繁更改，此时行政管理人员应加以说明；否则，极易使下级产生不满情绪："天天改，说话一点都不算数！"

（5）尽量当面下达指示、命令，必要的时候要进行示范和演练，在下达完指示后一定要让下级当面将指示、命令复述一遍，这样才能确认下级是否真正听清楚了、理解了，同时也可以知道自己是否表达清楚了。

此外，行政管理人员最好能将自己下达的指示、命令记在工作日记本上，同时要求下级将自己收到的指示、命令也记在工作日记本上。这样做便于下级记住和传达指示，也便于行政管理人员检查与监督指示的执行情况。

第三节　进行有效授权

020　授权的要素构成

授权是指将相关工作交给员工完成。授权包括三大要素，分别是工作指派、权力授予和责任担当，如表3-1所示。

表3-1　授权的三大要素

序号	要素	具体内容
1	工作指派	在授权的过程中，工作指派一般由行政管理人员完成。不过，行政管理人员在指派工作时，不仅要令员工获悉工作性质与工作范围，还要让员工了解行政管理人员所要求的工作绩效 行政管理人员的某些工作不能指派给员工完成。例如，目标的确立、政策的研拟、员工的考核与奖惩等工作，都需要行政管理人员亲力亲为
2	权力授予	行政管理人员授予员工的权力应以员工刚好能够完成指派的工作为限度。倘若授予员工的权力不及执行工作所需，则指派的工作将无从完成；反之，倘若授予员工的权力超过执行工作的需要，则会使权力失衡。因此，行政管理人员必须对所授予的权力进行必要的追踪、修正，甚至收回
3	责任担当	行政管理人员向员工授权，就意味着员工对行政管理人员承担了与权力对等的一份责任，这是员工应担当的责任 另外，行政管理人员对所授权员工也有一份责任，即当该员工无法执行或错误地执行了工作指令时，行政管理人员要承担责任

021　授权的误区

授权是一种可以使员工"边做边学"的在职训练，这种在职训练可提升员工的归属感与满足感。不少行政管理人员只是大致了解授权的好处，却视授权为畏途，他们不愿授权的原因如表3-2所示。

表3-2　不愿授权的原因

序号	原因	具体内容
1	担心员工做错事	担心员工做错事，对员工缺乏信心。员工难免做错事，行政管理人员若能给予适当的训练与培养，则可降低员工做错事的可能性。授权是一种在职训练，行政管理人员不能因怕员工做错事而不给他们提供训练机会，而应提供充分的训练机会以避免员工做错事
2	担心员工表现太好	有些行政管理人员因担心员工表现太好而不愿授权，其实从另一个角度来看，员工良好的工作表现可以说明行政管理人员知人善任、领导有方
3	担心丧失对员工的控制	只有领导力薄弱的行政管理人员才会在授权之后丧失对员工的控制。在授权的时候，倘若行政管理人员能明确划定授权范围，注意权责相称，并建立追踪制度，就不必担心丧失对员工的控制
4	不愿放手已得心应手的工作	基于惯性或惰性，许多行政管理人员往往不愿将得心应手的工作交给员工完成。另外，许多行政管理人员以"自己做比费唇舌去指导员工做更省事"为理由而拒绝授权
5	找不到合适的员工授权	"找不到合适的员工授权"常被一些行政管理人员当作不愿授权的借口。每一位员工都具有一定程度的可塑性，因此，均可被授予一定的权力。倘若真的找不到一位可以授权的员工，行政管理人员就应反省自己了，因为倘若员工的招聘、培训与考核工作做得较好，又岂会"蜀中无大将"

022　常用的授权方法

1．授权步骤

授权包括做出授权决定、简明交代情况和跟踪了解三个步骤（如表3-3所示），行政管理人员要对每一步可能发生的情况有所预想。

表3-3　授权步骤说明

序号	步骤	具体内容
1	做出授权决定	说明自己为何把工作授权给员工来做。授权是有回报的，一些员工一旦学会了完成某种任务的技能，日后无须重复交代就能很好地完成这些任务
2	简明交代情况	行政管理人员要确保已向员工交代清楚工作，且员工完全明白自己的意思——要求员工做什么、什么时候完成及完成到什么程度。此外，行政管理人员还要在员工工作的过程中提供支持和指导

（续表）

序号	步骤	具体内容
3	跟踪了解	在工作进行的过程中，行政管理人员要检查工作的质量，积极提供反馈意见。行政管理人员要谨防把事情做过头，因为有效的监督与过分的干预之间只有一线之隔。行政管理人员要准备一张核查表，帮助自己监督已授权工作的进度

2．全面授权

在授权时，行政管理人员除了要交代清楚任务之外，还必须提供顺利完成任务所需的全部信息。为了避免产生误解，行政管理人员要花时间解释清楚自己要的是什么，这部分任务将来如何融入自己的总体计划中去，与员工讨论可能出现的困难和应对方法，并回答员工在工作过程中产生的疑问。

3．强化被授权者的职责

对于授权他人完成的任务，行政管理人员要设定明确的完成时间。授权他人完成任务不仅是将项目的控制权交给了对方，同时也交付了对这项任务的职责。授权常引起的争议之一是职责问题。所以，在授权时，行政管理人员一定要明确被授权者的职责。

第四节　日常沟通管理

023　了解常见的沟通方式

常见的沟通方式如表3-4所示。

表3-4　常见的沟通方式

序号	沟通方式	内容
1	文字形式	文字形式是指以报告、备忘录、信函等形式进行沟通。采用文字形式进行沟通的原则为：（1）文字要简洁；（2）如果文件较厚，应在文件之前加目录或摘要；（3）合理组织内容，将最重要的信息放在最前面；（4）要有清晰、明确的标题
2	口语形式	口语形式是指面对面地进行沟通。沟通者应具有丰富的知识、较强的自信心，还要做到发音清楚、语调和善等
3	非口语形式	非口语形式是指伴随沟通的一种非语言行为，具体包括眼神、面部表情和手势等

024　了解常见的沟通障碍

有人为自己不善辞令、不会讲话而烦恼，认为这会让自己沟通不畅，但健谈的人也未必就是沟通高手。倘若喋喋不休，定会引起他人的反感。常见的沟通障碍一般来自三个方面，即传送方、传送渠道和接收方，如表3-5所示。

表3-5　常见的沟通障碍

障碍来源	传送方	传送渠道	接收方
主要障碍	·用词错误，词不达意 ·咬文嚼字，过于啰唆 ·不善言辞，口齿不清 ·总让别人听自己的 ·态度不正确	·经他人转达而产生误会 ·环境选择不当 ·沟通时机不当 ·有人蓄意破坏、挑衅	·听不清楚 ·只听自己喜欢的部分 ·偏见 ·光环效应 ·情绪不佳 ·没有注意言外之意

025　明确沟通方法

行政管理人员在与人沟通时应掌握下述方法。

（1）欢迎别人提出不同意见。

（2）感谢别人的建议。

（3）先听后说。

（4）中间不做情绪化的直接反应。

（5）态度诚恳，说话实际。

另外，行政管理人员在与人沟通时应遵循这样一个原则：沟通无共识，应予以协调；协调未果，应进行谈判；谈判未果，应申诉裁决。

026　向上沟通注意事项

为了确保能够与上级进行良好的沟通，行政管理人员应注意以下几点内容。

1. 不要给上级出"问答题"，尽量出"选择题"

遇到难题时，千万不要跟上级说"要不要开个会"这样的话，因为上级一旦说"不"，就永远没有结果了。所以，跟上级讲话时不要出"问答题"，要出"选择题"。以下为几个例句，供读者参考。

（1）您看明天下午开个会怎么样？

（2）那么后天上午呢？

（3）那么后天上午 10：30 以后呢？

（4）好吧，10：30 以后。

（5）谢谢，我明天下班前再提醒您一下，后天上午 10：30 我们开个会。

2．选好地点

这里有一个经验值得借鉴。上级再忙也总要下班回家，当遇到只需要上级简单回答"是"或"否"的问题时，可以直接到公司停车场等候上级。他一定会看到你，然后很快就能做出答复。

3．一定要准备好答案

在问问题前没有准备好答案，只有两个后果，第一个后果是上级会在心里说："我要你这个员工干吗？什么事情都得我亲自解决。"第二个后果是可能上级也无法提出更好的解决方案，因此，与其让上级想半天想不出来，还不如直接提供答案。

027　水平沟通注意事项

水平沟通是指没有上下级关系的人员之间进行的沟通。图3-2为水平沟通的注意事项，供读者参考。

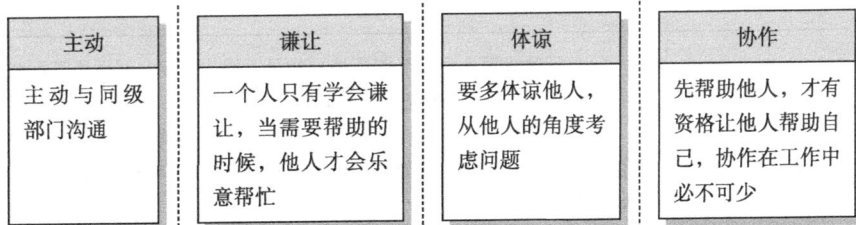

主动	谦让	体谅	协作
主动与同级部门沟通	一个人只有学会谦让，当需要帮助的时候，他人才会乐意帮忙	要多体谅他人，从他人的角度考虑问题	先帮助他人，才有资格让他人帮助自己，协作在工作中必不可少

图3-2　水平沟通注意事项

028　向下沟通注意事项

行政管理人员怎么做才能使向下沟通更有效呢？以下为三个应注意的要点。

（1）多了解状况。在与下级沟通之前，应多学习、多了解、多询问、多做功课，这样才会言之有物，下级才会心甘情愿听你讲话。

（2）鼓励下级多尝试、多探索。很多行政管理人员不愿意犯任何错，也不愿让下级做任何尝试，这样做似乎很安全，但其实这样的行政管理人员是一个永远长不大的"业务员"。

（3）提供方法，紧盯过程。与下级沟通时最重要的是提供方法和紧盯过程。如果你管理过仓库，就告诉下级存货一般是怎么浪费的；如果你做过财务，就告诉下级回款为什么常常出现问题。

029　需要立即沟通的情况

当工作中出现如表3-6所示的情况时，行政管理人员一定要立即与员工进行沟通。

表3-6　需要立即进行沟通的情况

序号	情况	具体说明
1	阶段性绩效考评结束之前的绩效沟通	这是最重要的，也是最有必要的沟通
2	员工工作职责、内容发生变化	在这种情况下，行政管理人员应向员工解释哪些内容发生了变化，变化的原因是什么，这种变化对公司有什么好处，同时征求员工对这种变化的看法，最后要重新确认变化后的工作职责和内容
3	员工在工作中出现重大问题或未完成某个具体的工作目标	注意沟通时的语气，行政管理人员要本着帮助员工发现原因或认识错误本质的目的，向员工表明沟通是为了解决问题并帮助其在工作上有所提高，而不是为了追究责任，希望其能坦诚分析原因
4	员工表现出明显变化，如表现优异或非常差	（1）行政管理人员要对表现优异的员工提出表扬，并适当了解和分析其出现变化的原因，以加强和延续其良好势头 （2）行政管理人员要向表现非常差的员工指出其表现不佳的地方，询问其是否遇到了什么问题，帮助其找出原因和制定改进措施，并在员工日常工作中不断给予指导和帮助
5	员工工资、福利或其他利益发生重大变化	行政管理人员要对员工说明这种变化的原因，不管是增加还是减少，都要解释公司这么做的依据。尤其是减少时，更要表达公司对调整的慎重态度，并表明什么时间会再次做出调整，调整的依据是什么
6	员工提出合理化建议或看法	（1）如员工的建议被采纳，行政管理人员应及时告知员工并进行奖励，明确指出该建议对公司发展的帮助，对员工提出这么好的建议表示感谢 （2）如员工的建议未被采纳，行政管理人员也应告知员工建议未被采纳的原因，表明公司和本人对其建议十分重视，肯定其对公司工作的关心和支持，希望其继续提出合理化建议

序号	情况	具体说明
7	员工之间出现矛盾或冲突	行政管理人员要了解和分析出现矛盾的原因，然后进行调解，主要从双方的出发点、对方的优点、对工作的影响、矛盾的无足轻重等方面与双方分别进行沟通。涉及其他部门人员时，可以请其他部门经理帮助一起做思想工作
8	员工对自己有误会	合格的行政管理人员首先要检讨自己，看自身有无不妥或错误之处，如有则提出改进方案或措施，向员工道歉并说明自己改进的决心和措施，希望员工谅解
9	新员工到岗、员工辞职	（1）新员工到岗后，行政管理人员要确定其工作职责和工作内容，明确工作要求和个人对其的殷切希望。通过沟通，了解员工情况，帮助其制订学习和培训计划，使其尽快融入团队 （2）员工辞职时，要与其进行充分沟通，对其为公司所做贡献表示感谢，了解其辞职的真实原因和对公司的看法，便于今后更好地改进工作
10	员工生病或家庭发生重大变故	行政管理人员应关心员工的生活，要为生活困难的员工提供力所能及的帮助

030 掌握倾听的方法

在工作中，行政管理人员应掌握倾听的方法，一些常用的倾听的方法如表3-7所示。

表3-7 倾听的方法

序号	方法	运用要点
1	主动	如果不愿意主动去倾听和理解，沟通就没有效果
2	目光接触	通过与员工进行目光接触，降低分神的可能性，同时也鼓励员工继续讲
3	表现出兴趣	通过非言语信号，如在眼神接触时坚定地点头，表现出你对谈话内容感兴趣
4	避免分神	不要做出一些表明你正在思考其他事情的动作，如在倾听的过程中看表、翻动文件、玩弄铅笔等，以免员工认为你觉得他的讲话内容无聊
5	注意非言语信号	多注意员工讲话时发出的非言语信号，以免漏掉细小信息
6	提问	分析自己所听到的内容，并提问，通过提问明晰所讲内容，以确保理解所听内容，并向员工表明你正在倾听
7	解释	用自己的语言复述员工所讲内容，如"我听你这样说……""你的意思是不是……"

（续表）

序号	方法	运用要点
8	不要打断员工讲话	在回应之前，应先让员工讲完自己要说的话
9	整合所讲内容	边倾听边整合，以便更好地理解员工的意图
10	不要讲太多话	讲得太多容易使听者反感
11	在说者和听者间自如转换	在很多工作环境中，你需要不断地在说者和听者两个角色之间相互转换。从倾听者的角度来说，你应该关注说者讲话的内容，在获得发言机会前不要总是去斟酌你要讲的内容

第四章 自我管理技能

导读 >>>

　　行政管理人员不仅要掌握基本管理技能，还要做好自我管理工作。自我管理包括个人形象自检和自我反思。通过形象自检，行政管理人员能更好地展现个人形象；通过自我反思，行政管理人员可以获知个人失误，及早作出改进，取得更大的进步。

　　Q女士：最近公司有人说我不该留长指甲，这会影响公司形象，是这样吗？

　　A经理：这要看公司的具体规定。我建议你在每天上班之前，按照公司规定对自己进行形象自检，仔细检查自己的着装等是否符合公司规定。只有这样，你才会拥有一个良好的个人形象。

　　Q女士：前几天我因为工作失误与一位同事发生了争吵，心里很不安，我该怎么办呢？

　　A经理：如果确实是因为你的工作失误而导致争吵，你应该向你的同事道歉。你可以定期进行自我反思，将自己平时犯的错误记录下来，找出解决方案，不断改进，这样才会取得进步。

第一节　个人形象自检

031　男士形象自检内容

男士形象自检的具体内容如表4-1所示。

表4-1　男士形象自检内容

序号	项目	检查重点
1	头发	(1) 发型款式大方，不怪异 (2) 头发干净整洁，长短适宜 (3) 无浓重气味，无头皮屑，无过多的发胶、发乳 (4) 额前头发未遮住眼睛 (5) 鬓角修剪整齐
2	面部	(1) 胡须已剃净 (2) 鼻毛不外露 (3) 脸部清洁滋润 (4) 牙齿无污垢 (5) 耳朵清洁干净
3	手	(1) 干净整洁，无污物、异味 (2) 指甲已修剪
4	外套	(1) 与工作环境相匹配 (2) 外套上没有脱落的头发、头皮屑，无灰尘、油渍、汗迹 (3) 衣袋平整，没放太多物品，无棉尘、脏物，放有纸巾
5	衬衫	(1) 领口整洁，纽扣已扣好 (2) 袖口清洁，长短适宜 (3) 领带平整、端正，颜色不怪异
6	裤子	(1) 熨烫平整 (2) 裤缝折痕清晰 (3) 裤长及鞋面 (4) 拉链结实、已拉好 (5) 无污垢、斑点

（续表）

序号	项目	检查重点
7	袜	(1) 袜子干净 (2) 每日换洗 (3) 袜子与衣服的颜色、款式协调
8	鞋	(1) 已上油擦亮 (2) 鞋后跟未磨损变形 (3) 鞋与衣服的颜色、款式协调
9	其他	(1) 面带微笑 (2) 精神饱满

032　女士形象自检内容

女士形象自检的具体内容如表4-2所示。

表4-2　女士形象自检内容

序号	项目	检查重点
1	头发	(1) 保持干净整洁，有自然光泽，没有太多发胶 (2) 发型大方、高雅、得体、干练 (3) 额前头发未遮住眼睛 (4) 头上饰品佩戴合适
2	面部	(1) 化淡妆，眼亮、粉薄、唇浅红 (2) 口红、眼影合适 (3) 脸部清洁滋润 (4) 牙齿无污垢 (5) 耳朵清洁干净
3	手	(1) 手掌干净、无异味 (2) 指甲已修剪整齐，长短合适 (3) 指甲油浓淡合适，无脱落现象
4	饰品	(1) 饰品不太夸张，不太突出 (2) 款式精致、材质优良 (3) 走动时饰品安静无声 (4) 不妨碍工作

序号	项目	检查重点
5	外套	(1) 与工作环境相匹配 (2) 外套上没有脱落的头发、头皮屑，无灰尘、油渍、汗迹 (3) 衣袋平整，没放太多物品，无棉尘、脏物，放有纸巾
6	衬衫	(1) 领口整洁，纽扣已扣好 (2) 袖口清洁，长短适宜 (3) 表面无明显的内衣轮廓痕迹
7	裙子	(1) 长短合适 (2) 不太紧，不太宽，不太松 (3) 拉链拉好，裙缝位正 (4) 无污物、绽线
8	长筒袜	(1) 颜色合适，不影响工作 (2) 干净、整洁，无绽线
9	鞋	(1) 洁净 (2) 款式大方简洁，没有过多装饰与色彩 (3) 鞋跟不太高、不太尖，走动时不会发出很大声音 (4) 鞋后跟未磨损变形 (5) 鞋与衣服的颜色、款式协调
10	其他	(1) 面带微笑 (2) 情绪饱满

行政管理人员应以个人形象自检内容为标准，对行政部所有员工的个人形象进行检查，因为无论是管理者还是员工，其个人形象都代表整个企业的形象。

第二节 自我反思

033 了解自我反思的内容

行政管理人员是企业各项行政事务的负责人，其主要工作是与部门内外各类人员，如企业领导、部门员工、媒体机构等沟通交流，以顺利完成企业的行政工作。

行政管理人员在与人交流的过程中难免会遇到沟通不畅等问题。例如，某天在与某部门主管沟通时，由于过于急躁，双方发生了冲突，这可能会伤害该主管的自尊心。再如，在处理客户投诉时，态度太粗暴，导致与该客户的关系变得非常差，以致最后失去了这个客户。

因此，行政管理人员在日常工作中应经常进行自我反思。

034 做好自我反思记录

行政管理人员应对自己在工作中出现的问题进行深刻反思，以提高自身的管理水平。一般来说，行政管理人员应每周做一次全面反思，将反思结果记录下来，并提出解决方案。表4-3为行政管理人员自我反思记录表，供读者参考。

表4-3 行政管理人员自我反思记录表

日期：

日期 \ 内容	个人问题	解决方案
周一		
周二		
周三		
周四		
周五		
周六		
周日		

035 自我反思推广运用

行政管理人员要将自我反思的结果如实地记录下来，并经常翻看这些记录，汲取经验教训，以便更好地开展工作。

同时，行政管理人员还可以在部门中推广自我反思的做法，要求下级也这样做，促进大家共同进步。

第三部分

专业技能

第五章　企业行政管理体系建设

导读 >>>

　　为使企业的行政工作规范化、程序化、制度化，进一步加强管理和协调，明确办公程序，提高办公效率，促进企业战略目标的实现及各项业务的发展，行政管理人员必须关注企业行政管理体系的建设。

　　Q女士：A经理，最近总觉得行政工作的内容非常繁杂，而且总是理不顺，每天很忙，却又没什么效果。

　　A经理：是的，企业的行政管理工作内容很多，具体包括相关制度的制定和执行推动、日常办公事务管理、办公物品管理等。要把这些工作有效地组织和协调好，必须建立完善的行政管理体系。

　　Q女士：那怎么建设呢？

　　A经理：首先你得了解什么是行政管理体系，然后逐步地进行完善，如行政制度建设、行政管理流程优化、OA办公系统建设、行政人员配备与职责说明等。

　　Q女士：这不是一朝一夕的事。要想把这些工作落实到具体执行的阶段，非常不容易。

第一节　企业行政管理体系概述

036　行政管理体系的功能

行政管理体系可以说是企业的中枢神经系统。它是以总经理为最高领导，由行政管理人员分工负责，由行政各个部门具体组织实施、操作的一个完整的体系。企业管理具体工作的广度体现为企业的全部运作过程，其深度体现为企业的各个部门和分支机构的方方面面以及局外人难以想象的细枝末节。

行政管理体系担负着企业的管理职责，推动和保障着企业的技术（设计）、工程（服务）、资金（财务）、发展（营销）几大块业务的顺利开展和相互之间的协调。

行政管理工作可谓千头万绪、纷繁复杂。企业行政人员每天都要处理大量、琐碎、不起眼的事务。但是，这些事务只不过是行政管理体系这棵大树上的枝叶而已。

概括来说，行政管理在企业中主要发挥着管理、协调和服务三大功能。其中，管理是主干，协调是核心，服务是根本。

037　行政管理体系的职能

行政部门应该兢兢业业、认真细致地做好各种行政事务工作。企业行政管理体系的职能包括以下几个方面。

（1）建立健全和认真执行行政部门的各项管理制度、岗位责任制度、工作程序等，从而建立起行政部门的"法治"秩序。

（2）打造高素质、高效率的行政队伍，进行科学分工、管理分层和合理授权。

（3）基本职能包括会议管理、办公物品管理、档案管理、公关管理、各种实物资产管理、车辆管理、内部事务监察，以及人力资源管理等。

038　行政管理体系的任务

企业内部的各种事务是由多种要素构成的，人、财、物、信息、制度、方法等，共同发挥作用。这就需要保持构成要素的齐全、有效，使要素之间形成最佳的配合关系。

行政管理的任务是通过对事务活动的构成要素及其流通过程实施科学有效的规划、组织、监督、控制、协调，为企业各类职能活动的高效开展创造条件、奠定基础、提供保障。行政管理要做到以下几个方面。

1．人尽其才

人尽其才即为事务活动的有效开展提供人力资源保证，通过科学分工、优化组合、完善行为规范、教育培训与激励等合理配置从事各类工作的人员，明确其职责，提高其素质，充分调动其积极性，充分发挥其作用。

2．物尽其用

物尽其用即为企业职能活动提供必需的物质条件，合理分配、正确使用各种设备、工具、材料和能源，充分发挥其作用，厉行节约，努力降低消耗，力争实现供求平衡。

3．财尽其能

财尽其能即为企业职能活动提供基本的财力保证，量入为出，讲究成本效益，讲究核算，使有限的资金得到合理利用。

4．合理安排时间

合理安排时间即为企业职能活动提供必要的时间资源，合理配置时间，充分利用时间。

5．创造、利用、维护信息资源

创造、利用、维护信息资源即为企业职能活动提供包括文件在内的各种信息资源，创造、充分利用、有效维护信息资源，使信息流通过程有序、顺畅。

039　明确行政管理的目标

行政管理的目标是由行政管理的基本职能（服务、协调和管理）所决定的，包括以下四个方面。

（1）更有效地整合企业的整个行政架构，理顺企业的内外部关系，使企业快速高效地运转。

（2）更好地为企业的使命服务，为企业的各项活动提供最优的人力、财务、后勤、关系等支持。

（3）更有效地监控和保护企业。

（4）更好地为企业提供文化支撑。

040　设计行政权力架构

行政权力架构的设计与应时而变是行政管理的核心内容，这一问题主要涉及企业组织的概念、类型、治理结构、组织结构、组织力量的整合等内容。

041　行政管理技术体系

行政管理技术体系主要通过制度和程序等手段规定如何有效地领导与管理、如何沟通与协调、如何控制与监督，以实现高效的企业管理。整个行政管理技术体系包含企业内部管理活动的制度化建设、模式化运作和规范化行为，具体包括行政架构设计，各种规章制度的建立、完善与创新，以及行政行为的实施以及行政文化的推广等。但是，整个行政管理技术体系的设计基础、理念、方法以及目的都必须与企业的愿景、使命和战略相匹配，并要不断地探索创新。

042　行政管理事务体系

行政管理事务体系包括办公室管理、文书档案管理、会议管理、总务后勤管理和行政信息系统管理等。

企业在构建整个行政管理事务体系的过程中，从设立行政管理的目标开始，到合理配置行政权力，再到采用行政技术手段，始终要有系统观。

043　行政组织体系

行政管理人员应根据本企业实际情况，建立能够充分协调、高效发挥职责的行政管理体系组织。

公司总经理对行政管理负责，并要任命行政经理和各行政控制系统责任人员。行政管理人员应具有行政管理的相关知识和经验，具有行政管理体系建立、实施、保持和改进的管理职责和权限。

行政经理对行政管理工作负责，并要任命行政控制系统（如企业文化、办公事务、人力资源、其他主要过程控制系统等）责任人员，规定各行政控制系统责任人员以及需要独立行使与保证行政管理效能的相关人员的职责、权限和义务，明确各行政控制系统之间、行政经理与各行政控制系统责任人员之间、各行政控制系统责任人员之间的工作接口和协调措施。

第二节　行政管理制度建设

044　行政管理制度的组成及内容

一个完整的、可操作的行政管理制度应包含以下三个要素。

（1）制度基本内容。制度基本内容包括制度的制定目的、适用范围、约束条例和考核条例等。

（2）制度操作流程。依据基本内容绘制操作流程图，通常可通过 Visio 实现。

（3）制度操作表单。制度基本内容与操作流程所涉及的表单通常可用 Word、Excel 绘制。

根据管理活动的特点、性质及其范围大小等，管理制度的文体基本上可分为以下几种。

（1）章程。章程是指严格依据法律法规要求，规范公司行为和治理结构等方面的管理制度。

（2）条例。条例是规范某一类对象、某一系统（过程）、某一系列活动的综合性管理制度。

（3）职责。职责是针对工作这一特定对象制定的管理制度，包括对各管理层次、各级、各类岗位职责与相关工作的描述。

（4）守则。守则是确定员工行为规范的管理制度。

（5）办法。办法是确定某一方面或特定管理对象、过程、活动的方法和要求的管理制度。

（6）制度。制度是规范某一方面经营、管理活动行为准则的管理制度。

（7）规定。规定是确定特定对象、过程、活动规范、准则的管理制度。

（8）细则。细则是为实施制度、规定、守则、办法而制定的更为具体的管理制度。

045　行政管理制度的编制程序

1. 制度编制需求的识别与确认

行政管理人员要全面分析和识别制度编制的需求，了解相关法律法规、本部门有关职责、公司及各子公司目前相关制度建设和执行情况，尤其要找出目前存在的问题，并参考其他企业的同类制度，填写制度需求识别与征求意见单，如表5-1所示。

表5-1　制度需求识别与征求意见单

编号：

制度名称及编号		编制部门
首次编制	是□　　　　否□	
制度修改	第____次换版编制，日期：____年__月	
	第____次修订编制，日期：____年__月	
制度废止	是□　　　　否□	

制度重要性的识别结果：很重要□　　　重要□　　　一般□

| 制度需求识别 | 编制及修订需求识别 | (1) 履行部门职责的需要　　　　　　　（　）
 (2) 满足相关法律法规的要求　　　　　（　）
 (3) 加强或完善_____专业管理的需要　（　）
 (4) 原有制度已经不适应管理的要求　　（　）
 (5) 原制度一次修改在10处以上　　　　（　）
 (6) 制度某一条累计修改在5次以上　　（　）
 (7) 修订的主要条款：_____
 _____
 _____ | 需求识别说明： |
| | 废止需求识别 | 废止原因： | |

征求意见（或相关领导会签）	被征求意见单位：　　　　　　　　　　反馈时限：
	反馈意见（可另附材料）：
	单位主管领导签字：　　　　　　　　　　时间：____年__月__日

2．征求意见

在制度初稿编制完成后，行政管理人员必须在公司范围内征求意见，各单位主管领导必须在反馈意见单上签字。

3．前期研讨

为了工作方便，提高效率，行政管理人员可以组织与制度相关的部门开展研讨活动，以会议纪要的形式确认研讨结果，不再另行征求意见。

4. 制度初审

制度初审的内容包括采纳反馈意见情况，与其他专业制度的衔接情况，制度重要程度的判定是否正确，制度编写格式是否规范，有无相应的流程与表单，有无检查计划和培训计划表，有无制度需求识别与征求意见单（或相应会议纪要），有无制度履历表（如表5-2所示，首次编制不需要），有无制度建设管理办法履历表（如表5-3所示）等方面。行政部制度审核人员要形成书面的审核意见，填写制度审核单（如表5-4所示），并随同制度文本一起按下列方式提交公司审定：

（1）经行政部初审确认为"很重要"等级的制度须在公司经理办公会上审定；

（2）确认为"重要"等级的制度在公司例会上审定；

（3）确认为"一般"等级的制度可在公司例会上审定或组织相关的专业部门进行会签（会签人员由编制制度的部门确立）。

凡未经行政部初审或未征求意见的制度，不得提交公司领导审定或会签。

表5-2 制度履历表

制度名称	编制（修改）时间	首次编制	换版编制	修订编制	编制人	编制单位	废止	编号
	说明：							
	说明：							

注："说明一栏"主要阐述修改的主要内容。

表5-3 制度建设管理办法履历表

制度名称	编制（修改）时间	首次编制	换版编制	修订编制	编制人	编制单位	废止	编号
制度建设管理办法		✓						
	说明：在此之前没有关于制度建设方面的制度,为了加强制度建设,规范管理,实现管理的制度化、流程化、表单化,特制定本制度。							
制度建设管理办法			✓					

表5-4　制度审核单

制度名称	
起草部门	
制度管理部门的制度审核意见	
审核人：　　　　审核时间：　　　　审核单位主管领导：	

5．批准下发

"很重要"和"重要"等级的制度须经总经理审核批准方可下发，属于"一般"等级的制度须经公司相关主管领导审核批准方可下发。

046　行政管理制度编写的内容要求

一般来说，行政管理制度包含三部分内容。

（1）第一章为总则。总则的内容包括制度的编制目的、适用范围、有关术语的定义、职责分工等。

（2）最后一章是附则。附则的内容包括该制度实施的有关要求，与该制度相关的其他专业管理制度、流程、表单名称，该制度的附件，与相关制度的关系等。

（3）中间章节。中间章节用来规定制度的步骤、方法以及管理要求等主体内容。

047　行政管理制度编写的格式要求

对于行政管理制度编写的格式，行政管理人员最好作出明确的规定。以下为某企业的制度编写格式要求。

某企业的制度编写格式要求
（1）制度正文按照章、节、条、款、目的格式编写。正文的章、节、条分别用"第×

章""第×节""第×条"表示。其中，正文的"条"不分章、节，采用连续顺序号表示；正文的"条"下设"款"，款下设"目"，"款""目"分别用阿拉伯数字"1.、2.、3.……"和"（1）、（2）、（3）……"表示；"目"之下的级别用"①、②、③……"表示；再之下可以用英文字母"a、b、c……"表示。

（2）页面设置。所有制度均用A4纸纵向编制，不分栏，不设页码；上、下页边距分别为3.4厘米、2.4厘米，左、右页边距分别为3.0厘米、2.6厘米；正文行间距一般为1.5倍行间距。

（3）字体及字号。

①页眉文字用5号标准仿宋字体。

②制度首页表头的"公司名称""制度名称""编制部门"用4号黑体，表头的其他部分用小4号标准仿宋字体。

③正文章、节、条的顺序号用4号黑体加粗，正文的其他部分一律用4号标准仿宋字体；"附件×"用4号宋体加粗。

④制度中的附件（主要包括流程和表单）可根据实际需要选择合适的字号，标题用宋体，其他文字用标准仿宋字体。

（4）制度正文的每个段落的首行都要缩进两个字符；"第×章""第×条"后面空一个字符；"总则"和"附则"的两字之间均空一个字符；"附件×"在页面左端顶部顶格写，不空字符；章、节的标题以及表单、流程均居于页面中间，其他文字两端对齐。

048 行政管理制度的修订流程

行政管理制度的修订流程如图5-1所示。

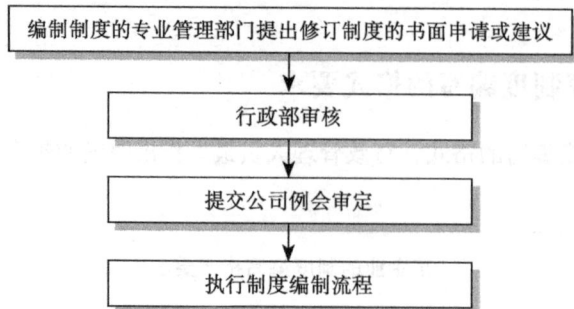

图5-1 行政管理制度的修订流程

049　行政管理制度的废止

企业对原制度进行修订后，便需要废止原制度。对不能适应现实状况的制度进行废止，要按如下流程进行：制度编制部门（制度责任部门）提出废止制度的书面申请，并填写制度需求识别与征求意见单，然后提交行政部审核，之后提交经理办公会或公司例会审定，最后决定是否废止。

050　行政管理制度的督导执行

1．制度的贯彻

公司制度下发一周之内，各相关专业管理部门要组织相关人员学习。需要制定具体的实施细则的，应在15个工作日内完成。在公司制度下发一周内，各相关部门要组织相关人员进行学习和贯彻执行。

2．制度的培训

制度下发前，制度责任人要编写制度培训教案和培训计划，填写制度培训计划单，并提交行政部。在制度下发的15天内，行政部应会同制度责任部门对相关人员进行培训。表5-5是一份制度执行情况检查计划及制度培训计划表的示例。

表5-5　制度执行情况检查计划及制度培训计划表

制度责任人		
	检查时间	检查内容
制度执行情况检查计划	制度下发次月	（1）是否出台实施细则 （2）制度出台是否按流程进行 （3）制度档案建设情况 （4）相关部门人员对出台制度的掌握情况 （5）制度培训情况 （6）制度本身存在哪些问题 （7）制度执行中存在哪些问题
	第二月	与上月检查结果相比，执行情况是否有所改进
	第三月	与上月检查结果相比，执行情况是否有所改进
	第六月	（1）检查：对执行情况进行全面检查 （2）审计：行政部对本制度执行情况进行专项评审
	第九月	对执行情况进行全面检查
	第十二月	对执行情况进行全面检查

（续表）

	培训时间	培训人	拟培训单位
培训计划			

3．制度的执行

各级人员必须严格执行相关制度，各部门在检查制度的执行情况时，必须记录所有环节，且记录一定要真实、全面，要留下管理的所有"痕迹"，将其作为检查、督导和明确责任的依据。

4．制度执行过程中特殊情况的处理

（1）在制度的执行过程中，如果认为制度脱离实际、难以落实，相关责任人要及时与制度起草部门或行政部书面沟通，如无这种情况就要对制度在本部门的落实负责。

（2）在制度的执行过程中，如果发生重大情况，确实不能按制度执行，制度的执行部门或相关部门必须履行请示报批程序，经制度责任人同意后可灵活处理，并要详细记录，存档备查。

5．制度落实的督导检查

（1）相关责任人在下发制度时，应附一年内制度执行情况的检查计划：制度下发执行的前三个月，制度责任人每月都要对各相关部门制度执行情况进行全面检查；制度下发三个月后，起草部门要至少每三个月检查一次制度的落实情况，每次检查都要填写制度检查（制度评审）报告单（如表5-6所示）或形成书面报告，交给制度管理部门的制度建设人员。

（2）制度检查主要内容包括制度是否得到严格贯彻执行，制度本身存在什么问题。

表5-6　制度检查（制度评审）报告单

	制度检查（制度评审）		
制度名称		检查（评审）人	
起草部门		检查（评审）时间	
发布时间		检查（评审）方式	

（续表）

检查（评审）意见 （此部分可另附材料）	制度执行存在的问题：	
	制度本身存在的问题：	
	改进建议：	
评审结果	结论	1．建议继续使用_____； 2．建议修改（编制）后使用_____； 3．建议换版（编制）后使用_____； 4．建议废止_____； 5．建议配套编制实施细则后使用_____； 6．建议与_____制度归并； 7．其他建议。	评审人员：（签名） 时间：____年__月__日
	确认	制度编制单位确认： 编制单位主管： 时间：____年__月__日	行政部确认： 主管： 时间：____年__月__日

051　行政管理制度的评审

1．定期评审

企业应规定在某一固定时间，如每年12月初，由行政部组织公司各专业管理部门对公司的制度进行一次评审，并将评审结果填入制度检查（制度评审）报告单。

2．不定期评审

发生下列情况时，行政部应适时组织对公司制度体系或有关制度的评审活动。

（1）国家宏观经济政策调整、重要法律法规实施、竞争对手或竞争态势发生变化等影响重大公司经营环境的改变发生时。

（2）公司资源配置、经营方向和领域、组织结构等发生重大变化时。

（3）公司对本公司的经营、管理策略进行重大调整时。

（4）其他改变公司外部或内部经营条件的事件发生时。

3．制度评审结果的运用

（1）行政部应识别并确定公司制度建设的需求，确定公司有关制度的培训、编制、修改、执行、中止、废止等事项，并确定公司制度管理、改进、创新的空间和实施措施。

（2）行政部应编制公司制度管理与建设的评价报告。在每年的12月底，行政部应根据制度定期和不定期的评审结果，结合制度日常检查和相关信息，编制公司制度管理和建设的综合评价报告，并提交总经理。

（3）行政部应将制度评审的结果作为公司各部门进行年终评比的主要依据。

052　行政管理制度的存档管理

行政部应要求各部门指定专人负责制度的存档管理工作，要求各部门用专门的档案盒（袋）存放各类制度。每项制度应体现管理"痕迹"，每项制度的档案应包括如表5-7所示的基本内容。

表5-7　每项制度的档案内容

项目	序号	具体内容
制度编制过程	1	制度需求识别与征求意见单
	2	制度初稿
	3	规范审核单
	4	经过会议研究讨论的会议纪要（进行会签的，复印会签页）
	5	红头文件（待实行网络化后取消）
宣传贯彻	6	下发后一个月内组织培训的记录
检查执行过程	7	制度下发后前三个月，每月一份执行检查报告
	8	制度下发三个月后，每三个月一份执行检查报告
修订过程	9	提出制度修改申请（建议）单
	10	重复第1项~第8项

053　行政公文管理制度的内容

行政公文管理制度应明确行政公文管理的范围、程序、内容，具体包括：

（1）关于行政公文的起草、撰写、审核、批准、传阅（抄送）、存档和销毁的规定；

（2）不同公文的行文规范和格式要求；

（3）关于发文内容、落款和印章的规定；

（4）关于行政公文的可追溯性的规定；

（5）外来文件的管理（上级部门、下级单位、平级单位和外来文件等）办法，包括接收、传达、确认、落实、反馈等；

（6）行政公文管理过程要与企业文化相匹配。

054　办公用品管理制度的内容

办公用品管理制度应明确办公物品管理的范围、程序、内容，具体包括：

（1）办公用品管理的目的（目标）和任务；

（2）办公用品的范围和分类；

（3）办公用品的采购程序及供方选择程序；

（4）关于办公用品的入库、保管、领用、更换、报废等过程控制的规定；

（5）关于非一次性耗用办公用品的规范化使用和节约耗材（能源）的规定；

（6）办公用品使用说明书、操作手册等附带资料的管理办法；

（7）办公用品管理过程要与企业文化相匹配。

055　档案管理制度的内容

档案管理制度应明确档案管理的范围、程序、内容，具体包括：

（1）档案管理的目的（目标）和任务；

（2）档案的范围和分类；

（3）关于档案的入档、保管、借阅、销毁等过程控制的规定；

（4）不同档案保存环境和期限的要求；

（5）档案管理过程要与企业文化相匹配。

056　会议管理制度的内容

会议管理制度应明确会议管理的范围、程序、内容，具体包括：

（1）会议管理的目的（目标）和任务；

（2）关于外部会议的信息收知、分类、传达，参会申请，会议反馈等过程控制；

（3）关于内部固定会议（例会）的召开类型、形式，参会人员、时间、地点变化的记录，会议记录，落实情况及效果分析的规定；

（4）关于临时会议的召开原因、类型、形式，告知方式、会议记录，落实情况及效果分析的规定；

（5）会议管理过程要与企业文化相匹配。

057　后勤事务控制制度的内容

后勤事务控制制度应明确后勤事务控制的范围、程序、内容，具体包括：

（1）后勤事务控制的目的（目标）和任务；

（2）后勤事务控制实施、监督、检查等各责任部门和责任人；

（3）公共环境的基础建设配置和管理应符合企业特点和实际需要；

（4）生产（经营）环境配置应当符合生产（经营）需要，符合相关法律法规，以方便企业和服务客户为原则；

（5）关于支持性设施如通信、运输（车辆）、餐饮、娱乐、安保等及相关责任人员的规定；

（6）后勤事务控制过程要与企业文化相匹配。

058　文件控制制度的内容

文件控制制度应明确文件控制的范围、程序、内容，具体包括：

（1）受控文件的类别，包括行政管理体系文件、外来文件、其他受控文件等；

（2）文件的编制、会签、审批、标识、发放、修改、回收程序，其中，对外来文件还应当有收集、购买、接收等规定；

（3）关于实施行政管理体系的相关部门、人员及场所使用的受控文件应为有效版本的规定；

（4）关于文件的保管方式、保管设施、保存期限及销毁的规定。

059　记录控制制度的内容

记录控制制度应明确记录控制的范围、程序、内容，具体包括：

（1）行政管理过程所形成记录的填写、确认、收集、归档、保存等程序；

（2）关于记录的保管方式和保存期限的规定；

（3）关于行政管理体系实施部门、人员及场所使用的受控记录表格应为有效版本的规定。

060　企业文化控制制度的内容

企业文化控制制度应明确企业文化控制的范围、程序、内容，具体包括：

（1）企业文化责任部门的建立、建设和职能，企业文化责任人的职权、职责和义务；

（2）企业文化控制的目的（目标）和任务；

（3）企业文化应符合企业特点，并有客观性、发展性、指导性、约束性、整体性、群体性、传播性和传承性；

（4）企业文化战略实施的计划、过程和记录；

（5）企业文化理念识别系统情况，包括价值观念（核心理念）、各类经营管理理念、宣传口号以及员工认知和认同程度；

（6）企业文化行为识别系统情况，包括组织对内、对外行为，团体对内、对外行为，个体对内、对外行为以及员工认知和认同程度；

（7）企业文化视觉识别系统情况，包括工作（生产、经营）、生活各类标志、色彩，体现企业特性的其他视觉识别，以及员工对视觉识别系统的认知和认同程度；

（8）理念、行为、视觉识别系统要相互匹配；

（9）企业文化贯穿于企业管理各个层面，并发挥指导作用。

第三节　行政管理流程优化

061　流程分类

企业的流程按功能主要可分为业务流程与管理流程两大类。

1．业务流程

业务流程是指企业创造利润的核心流程，该类流程的良好运行将对企业的运营发展产生比较显著的推动作用，业务流程的每一项活动都要体现其增值性，即为客户直接产生价值增值。

2．管理流程

管理流程是指为业务流程提供服务和支持的流程，管理流程的每一项活动都要为业务活动提供支撑，即控制风险、降低成本、提高服务质量、提高工作效率、提高对市场的反应速度，最终提高顾客满意度和企业市场竞争能力并实现利润最大化和提高经营效益的目的。

062　流程管理组织及职责

1．公司高层管理人员

（1）审批流程建设计划和方案，监督并指导流程管理体系的运行。

（2）协调流程管理体系在运行过程中出现的各种重大问题。

（3）负责核心流程优化的审批工作。

（4）当公司战略及组织架构出现重大变化时，负责启动公司流程全面梳理优化工作。

2．流程管理的归口管理部门

流程管理部是公司流程管理的归口管理部门，其主要职责包括：

（1）负责建立健全和维护公司流程管理体系，负责各类流程文件的审核、发布和归档；

（2）提供流程管理规范、方法和工具；

（3）负责组织公司级流程（跨部门流程）的建立、实施、监督检查、评估优化及持续改进；

（4）负责监控公司流程管理体系的运行情况，建立流程持续改进机制；

（5）培训、支持和辅导各部门进行流程管理；

（6）负责流程管理工作的综合协调，特别是跨部门流程的编制优化，组织相关部门进行沟通研讨。

3．各部门主要职责

各部门应有明确的负责人或设置兼（专）职的流程管理人员（如无特别说明，部门负责人为本部门流程管理责任人），负责本部门内部流程的日常管理工作以及职责范围内跨部门流程的协调对接工作。

（1）负责本部门内流程的规划、建设、实施、监督检查、评估优化及持续改进。

（2）负责建立本部门流程管理的基础资料，包括流程文件及执行过程中重要事项的记录台账等。

（3）负责参与工作职责范围内的公司级（跨部门）流程的制定、评估、优化等工作，积极提供专业意见以支持和配合公司流程建设，及时反馈意见和建议并落实推行。

（4）负责组织相关人员开展对流程的培训学习和宣讲交流，以便推广相关流程。

063　流程的新建或优化

流程的新建编制及优化调整工作须纳入年度流程管理工作计划。流程管理部应于每年12月组织各部门编制下一年度公司流程建设计划，并将其纳入公司下一年的年度工作计划。

对需要立即建立或优化但未列入公司年度工作计划的公司级流程，相关部门应填写流程编制审批表（如表5-8所示），提出流程新建或优化申请，经流程管理部审核、公司领导批准后，由流程管理部负责调整相应的年度工作计划。

表5-8　流程编制审批表

日期：　　　　　　　　　　　　　　编号：
流程名称：　　　　　　　　　　　　流程目的：
流程范围：　　　　　　　　　　　　流程负责部门：
流程描述（可附图）：

序号	流程节点名称	执行岗位	具体操作内容/工作标准
相关表单：		相关制度：	

申请人：　　　　　　　部门负责人：　　　　　　　流程管理部：
会签：　　　　　　　　签发人：

按照批准的年度流程管理工作计划，流程管理部负责组织跨部门流程的编制、优化工作，各部门负责组织部门内流程的编制、优化工作。

流程文件一般由该流程主要执行主体或控制管理主体（归口管理）的业务部门或岗位负责起草编制或组织优化，其他流程涉及部门为配合协助部门。

在编制、优化的过程中，相关部门和人员应充分征求和收集流程各环节参与方（涉及部门、岗位）的建议和意见，必要时可组织研讨会进行沟通讨论，明确建立或优化流程的背景、目的，确保流程更真实地反映业务运作的实际过程，让流程参与者对流程运作过程达成共识，从而为后续的执行奠定良好的基础，减少推行流程的阻力。

064　流程文件的审核签发

流程文件起草完毕后，经起草部门负责人校对、审核后提交公司流程管理部，流程管理部对如下内容进行审核：

（1）流程内容与公司现行相关流程或制度内容是否协调一致，是否存在矛盾和执行难点，如果要改变相关流程或制度内容，其理由和依据是否充分，必要时可组织涉及该流程的相关部门或人员进行沟通讨论；

（2）流程文件的内容和格式是否符合公司发文规范要求。

对于不涉及其他职能管理部门的流程，由起草部门负责人审查把关，流程管理部审核会签完毕后，报送公司领导签批，签发后的流程文件由流程管理部统一下发执行。

对于涉及其他职能管理部门的流程，起草部门负责人审核完毕后，提交流程管理部以及涉及的相关部门会签，会签部门在会签过程中要认真履行审核职责，在职责范围内进行分析论证，提出书面的意见和建议，对流程的合理性、有效性和可操作性等进行确认。起草部门按照会签意见进行修改完善，报公司领导进行最终签批，签发后由流程管理部统一下发执行。

065　流程的实施执行

1．流程文件的培训宣讲

在流程审批发布之后，流程参与方均要知晓执行。对流程管理部来说，流程制度的培训宣讲是有效的推行手段，流程宣传到位不到位直接影响流程的执行情况，特别是新建或优化调整涉及范围较大的流程文件时。流程培训宣讲应让流程执行者掌握流程的关键点和注意事项，使流程参与者知道有这个流程，了解该流程如何运作，并清楚如何去执行该流程，这样有利于保证流程的执行效果。

针对重要的公司层面的跨部门或涉及多专业的流程，由人力资源部组织相关部门和人员集中学习，宣贯工作由主导文件编制的业务部门负责，原则上文件编制人为宣讲人，确保相关流程参与者或文件使用者了解流程运作过程及执行要点。

针对一般性制度或某个业务部门内部的作业指引和工作标准，由各业务部门组织开展分散学习，了解、熟悉和掌握与本部门、本岗位相关的内容，如工作流程、岗位职责、协调配合关系等，若有必要还应邀请涉及的相关部门和人员共同学习和了解。

2．流程执行的刚性要求

（1）流程文件（包括新建的或优化调整的）经公司领导审批通过并正式发布后，在一定时期内（如半年或一年内，取决于组织架构及业务的变化情况）应是稳定运作的，具有一定权威性的，公司任何部门、任何岗位、任何人员必须严格按照与流程相关的规定开展工作，公司各级领导应起到良好的示范和带头作用。

（2）在流程执行过程中，公司各部门、各级员工如发现流程中有不完善或需要修改的地方，有权向流程管理部门反映，提出相应的意见和建议，为流程优化提供参考依据。流程管理部门必须按照一定的流程开展优化、调整工作，由相应的流程主责部门或责任人负责组织相关的流程优化、修订工作，但在流程正式优化、调整完毕之前，须严格执行原流程。

066　流程运行的监控检查

1．流程监控检查的主要内容

（1）流程的环节是否完整，能否准确反映该项业务活动，是否出现断裂和中止。

（2）流程是否按照流程文件规定得到切实有效的执行。

（3）流程需要的审批环节是否都有效。

（4）流程各环节是否在规定时限内完成，时限设置是否合理。

（5）流程所需表单和文档是否完整并符合工作需要。

（6）流程相关表单是否及时记录和整理保存，方便追溯查找。

（7）流程配套制度是否完善，配套制度能否准确解释和补充流程内容。

（8）是否定期组织流程学习和研讨，学习和研讨记录是否详细、准确。

（9）是否按照公司领导要求及时对流程进行优化和完善。

（10）员工对相关业务流程是否熟悉并掌握。

2．流程监控检查部门

（1）公司高层管理人员负责组织重点流程监督检查或年度流程监督检查，由公司主管领导牵头组织检查，流程管理部和相关部门配合参加。

（2）流程管理部为流程的日常监督检查责任部门，应定期或不定期地对流程的执行情况进行监控，检查相关流程是否得到落实。各流程负责部门（即流程文件起草部门）应对本部门负责流程的执行情况进行日常监控和检查。

3．流程监控检查方式

（1）日常监控：流程管理部每月定期在公司现有流程目录中抽取一定数量的流程，组织相关部门填写流程执行情况记录表（如表5-9所示），收集流程执行数据信息。

表5-9　流程执行情况记录表

流程名称		流程责任人		流程负责部门	
流程启用目的和时间：					

环节	工作内容	启动时间①	结束时间②	负责人③	要求完成时限④	产出表单、文档是否齐全⑤	是否符合相关制度规定⑥	工作中存在的问题，未及时完成原因⑦

说明：
(1) ①、⑦为本环节人员填写，④、⑤、⑥为下环节人员对上环节完成情况的评估鉴定
(2) 上环节完成时间为下环节的开始时间
(3) 该表单的收集和传递由流程负责部门负责，该流程执行完毕后，将该表单交至流程管理部门
(4) 其他具体填写说明，由流程管理部门在启动流程执行情况监控检查时，另作通知

填制人：　　　　　　审核人：　　　　　　流程管理部门：　　　　　　日期：

（2）流程日常执行反馈：各部门在执行各类流程的过程中，应及时记录流程在日常运行中存在的问题，并收集、保存相关资料备查。流程管理部应每月定期选取一定数量的流程，组织流程各环节参与人填写流程执行情况调查表，针对日常执行中发现的问题和难点提出反馈意见和建议。

（3）重点检查／年度检查：流程管理部应根据公司管理需要组织相关部门开展重点或年度检查，组织填写流程执行情况调查表（如表5-10所示），抽查各部门若干岗位，访谈询问其对相关业务流程的掌握情况，收集整理流程运行意见、建议和相关数据资料，分析执行中的问题点，将其作为下一步流程优化的参考依据。

表5-10　流程执行情况调查表

流程名称		填制人	
环节反馈：随着公司的发展，是否出现某些环节（多余，超出部门职责范围，审核审批环节能够并行或采取适当授权等）需要优化调整			
流程环节	问题	分析	你的建议

时限评价反馈：判断必要环节的时间要求是否合理？是否还有缩短的余地？是否需要重新评估？是否还有环节有必要加上时限要求？			
流程环节	问题	分析	你的建议
信息表单评价反馈：报告类表单的格式、内容框架是否需要统一建立模板？表单所传递的信息是否完整、准确？表单是否进行整理和留存归档？			
某表单的问题	描述	分析	你的建议
其他反馈意见：对现行相关制度文件调整的建议，对流程的作废、删减意见等			

填制人：　　　　　　　　　　　　　　　　　　日期：

067　发文管理流程

发文管理流程如图5-2所示。

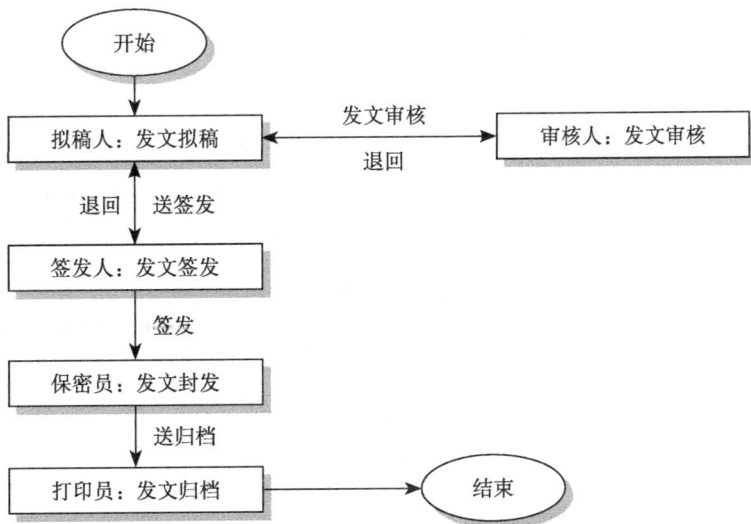

图5-2　发文管理流程

发文管理流程说明如下。

（1）发文拟稿。由拟稿人进行文件登录，主要登录发文名称、发文机关、文种、主题词等，可以加入附件。起草完后送相关人员进行审核。

（2）发文审核。由审核人对发文内容进行审核，并填写审核意见。审核人不同意的，送拟稿人进行修改；同意的，送拟稿人去送签发。

（3）发文签发。由签发人对文件进行签发，并填写签发意见。

（4）发文封发。由封发人员为发文分配文号，并打印封发。

（5）发文归档。由归档人员对封发后的文档进行归档。

068　收文管理流程

收文管理流程如图5-3所示。

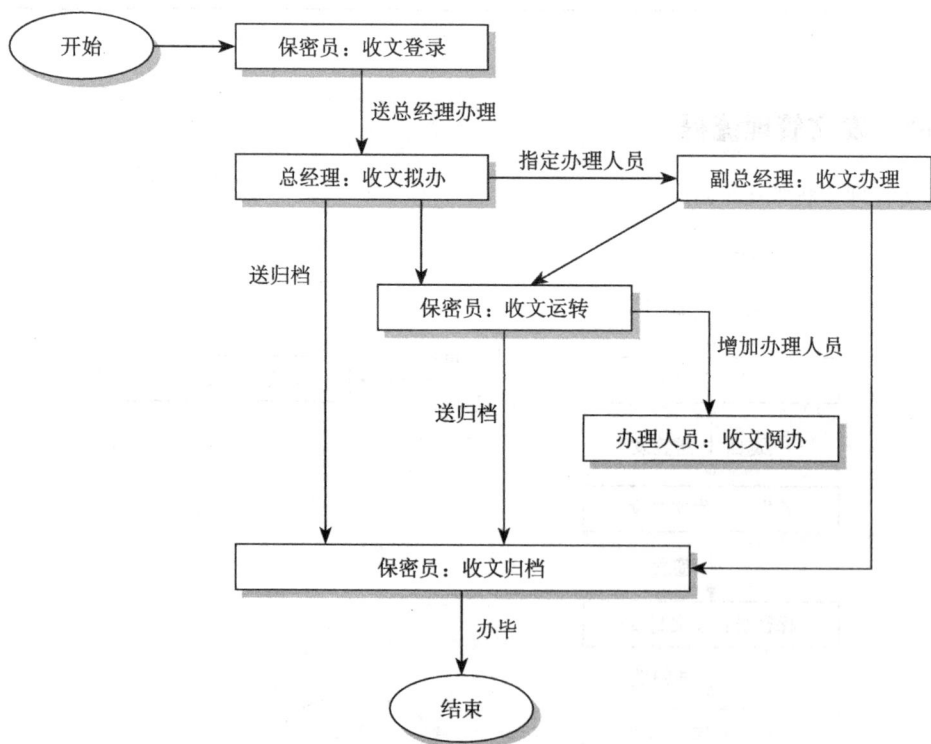

图5-3　收文管理流程

收文管理流程说明如下。

（1）收文登录。由保密员进行文件登录，主要登录来文名称、来文日期、来文单位等，可以加入附件。文件引入有两种方式，分别是直接扫描引入、电子图像引入。保密员在收文登录完毕后，将其送总经理进行审批。

（2）总经理进行收文拟办以后，可以送归档、送副总经理办理或送保密员运转。

（3）副总经理进行收文办理后，可以送归档或送保密员运转。

（4）收文运转后，运转人员可以监控文件的办理情况，也可增加办理者，同时负责文件的办毕工作。办毕后，所有经办人不能再进行办理工作。

（5）所有人员办毕后，由保密员负责文件的档案管理和借阅工作。

069　请示管理流程

请示管理流程如图5-4所示。

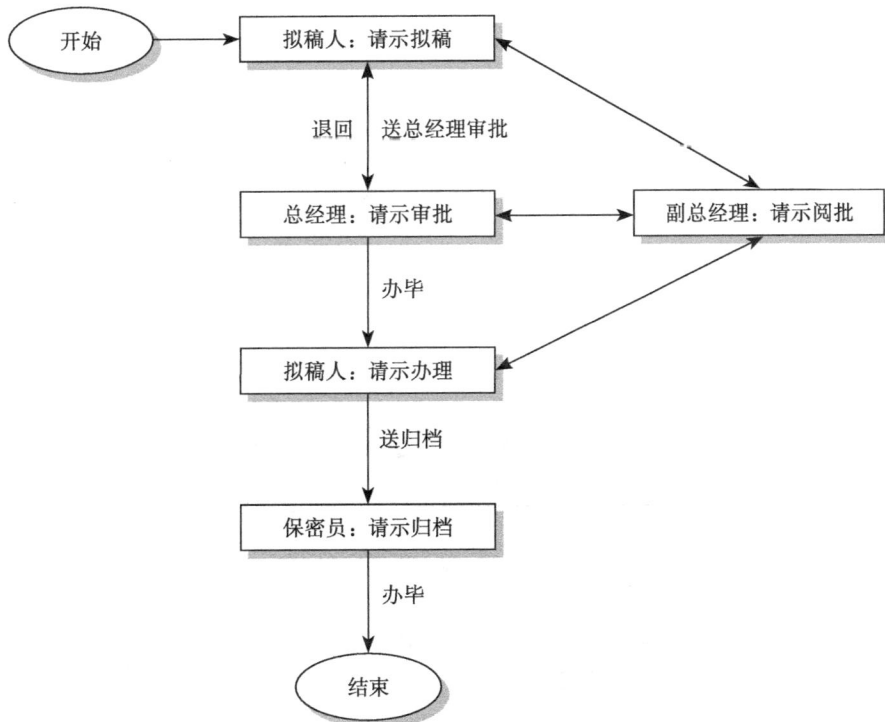

图5-4　请示管理流程

请示管理流程说明如下。

（1）请示拟稿。在请示拟稿时，拟稿人须填写基本信息并填写请示人处理情况，在拟稿完成后送领导阅批。

（2）请示审批。总经理对请示件进行审批，填写批示意见。总经理可选择将请示件退回拟稿人或者办毕。选择退回拟稿人表示请示未审批通过，选择办毕则表示请示已经审批通过。总经理也可以将其送副总经理进行阅批。

（3）请示阅批。副总经理对请示件进行阅批，填写批示意见。副总经理可选择将请示件退回拟稿人或者办毕。选择退回拟稿人表示请示未审批通过，选择办毕则表示请示已经审批通过。副总经理也可以将其送总经理进行审批。

（4）请示办理。拟稿人对请示审批的结果进行处理。

（5）请示归档。拟稿人把请示件送至保密员处，由保密员归档。

070　出差申请流程

出差申请流程如图5-5所示。

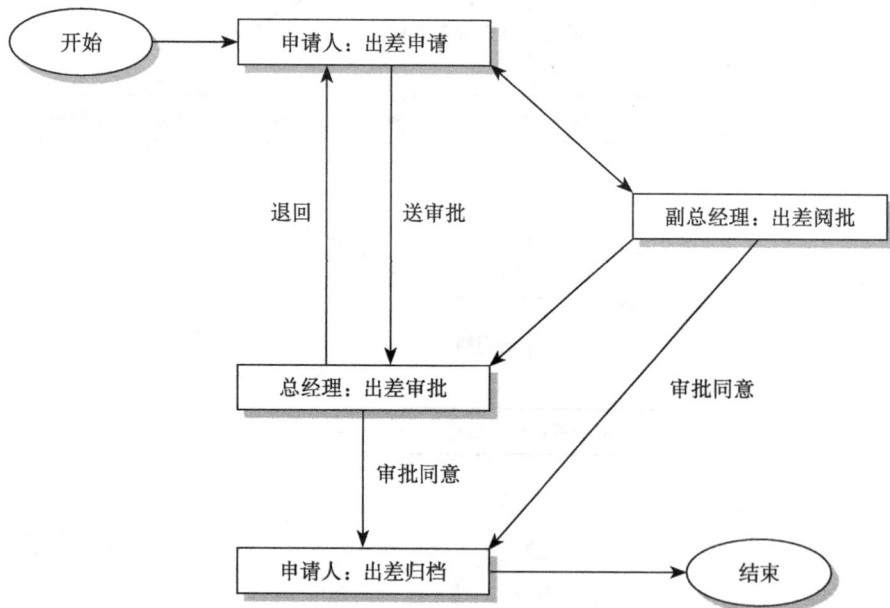

图5-5　出差申请流程

出差申请流程说明如下。

（1）出差申请。出差时须填写出差申请表，填写完毕后送领导审批。

（2）出差阅批。根据相关规定，副总经理阅批出差申请。副总经理可以不同意退回申请人或者同意申请，也可以送总经理进行审批。

（3）出差审批。由总经理对出差申请进行审批。总经理可以选择退回申请人或者同意申请。总经理同意申请后，将申请表送申请人并由申请人进行归档。

（4）出差归档。由申请人进行出差归档。

071　出差汇报流程

出差汇报流程如图5-6所示。

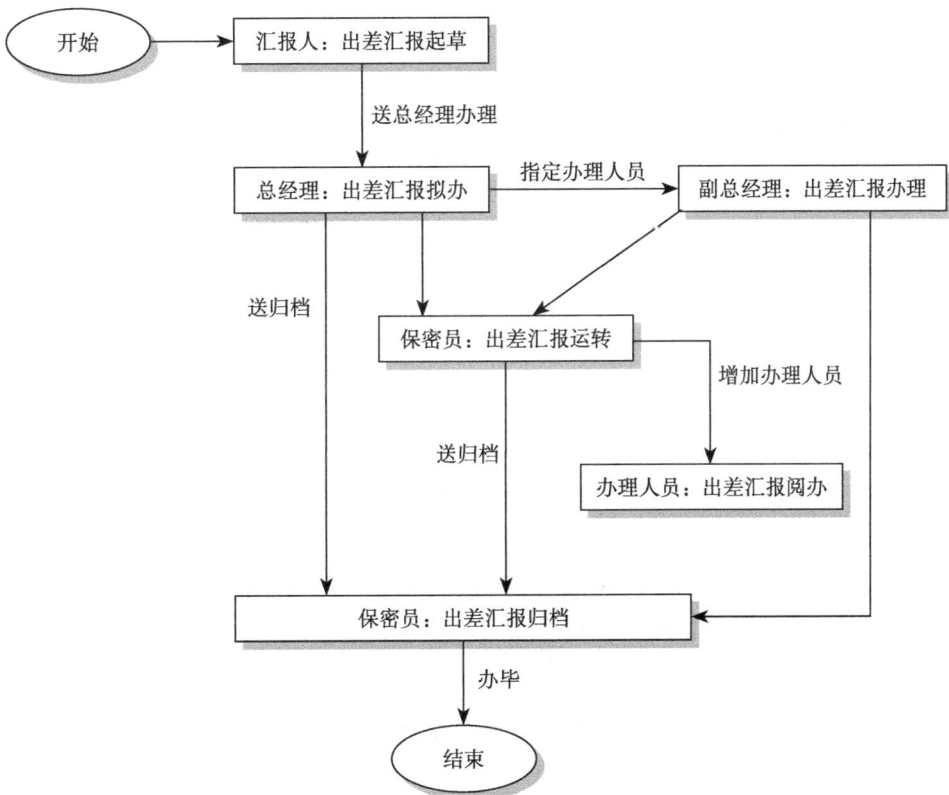

图5-6　出差汇报流程

出差汇报流程说明如下。

（1）出差汇报起草。由相关人员填写出差汇报表，填写完毕后送总经理拟办。

（2）出差汇报拟办。由总经理对出差汇报进行拟办。总经理可以选择送归档、送副总经理办理或送保密员运转。

（3）出差汇报办理。如果需要副总经理对出差汇报进行办理，副总经理可以选择送归档或送保密员运转。

（4）出差汇报运转后，运转人员可以监控文件的办理情况，也可增加办理者，同时负责文件的办毕工作。办毕后，所有经办人不能再进行办理工作。

（5）所有人员办毕后，由保密员负责文件的档案管理和借阅工作。

072　请假申请流程

请假申请流程如图5-7所示。

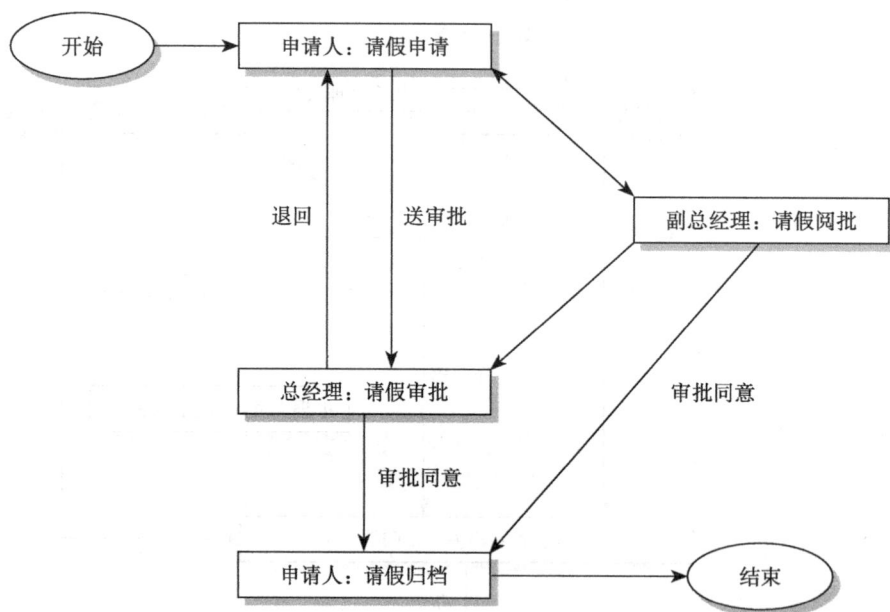

图5-7　请假申请流程

请假申请流程说明如下。

（1）请假申请。由相关人员填写请假申请表，填写完毕后送领导审批。

（2）请假阅批。由副总经理按规定对请假申请进行阅批。副总经理可以选择退回申请人或者同意申请。同意申请后，将申请表送申请人并由申请人进行归档。副总经理也可以送总经理进行审批。

（3）请假审批。由总经理对请假申请进行审批，可以同意申请或者不同意退回申请人。

（4）请假归档。由申请人对请假申请进行归档。

073　来电管理流程

来电管理流程如图5-8所示。

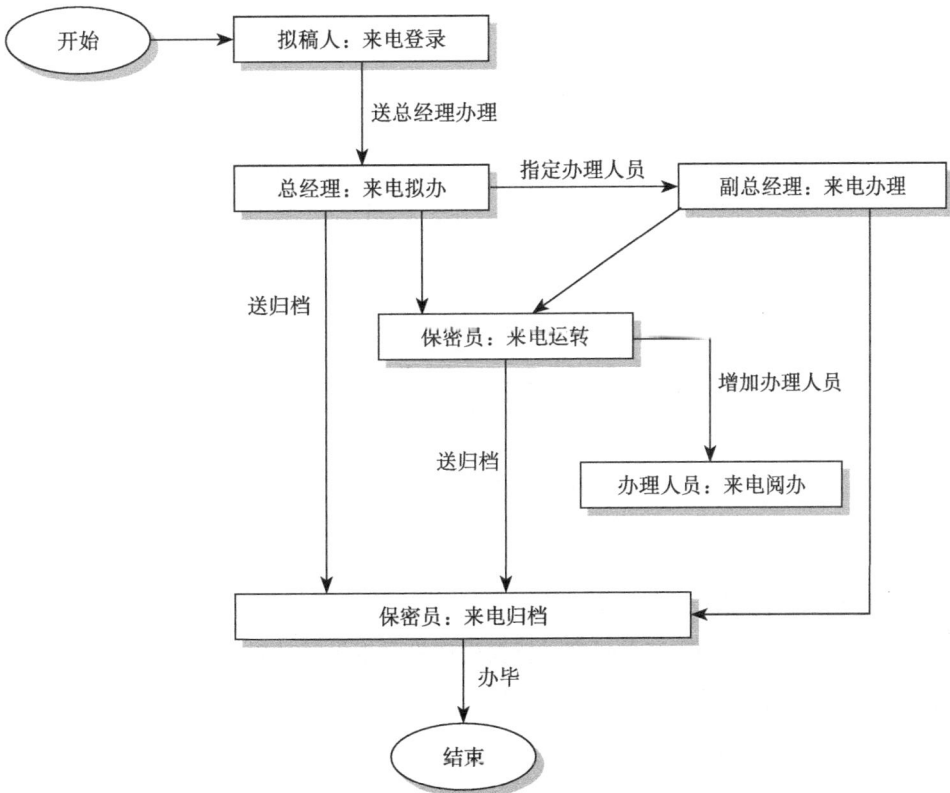

图5-8　来电管理流程

来电管理流程说明如下。

（1）来电登录。由相关人员进行来电登录，填写完毕后送总经理拟办。

（2）来电拟办。由总经理对来电进行审批。总经理可以选择送归档、送副总经理办理或送保密员运转。

（3）来电办理。由副总经理对来电进行办理，副总经理可以选择送归档或送保密员运转。

（4）来电运转后，运转人员可以监控文件的办理情况，也可增加办理者，同时负责文件的办毕工作。办毕后，所有经办人不能再进行办理工作。

（5）所有人员办毕后，由保密员负责文件的档案管理和借阅工作。

074 公告管理流程

公告管理流程如图5-9所示。

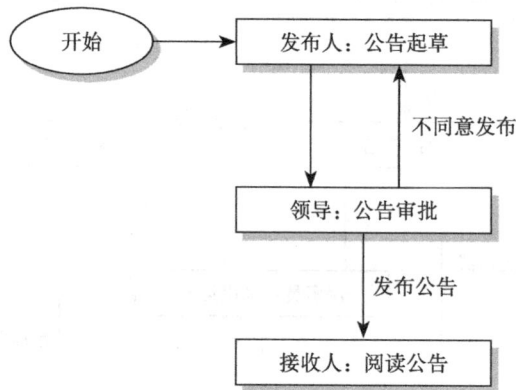

图5-9 公告管理流程

公告管理流程说明如下。

（1）公告起草。由相关人员起草公告。

（2）公告审批。总经理和副总经理进行公告审批，审批通过后发布公告。

（3）阅读公告。公告发布后，所有人可以阅读。

075 用车申请流程

用车申请流程如图5-10所示。

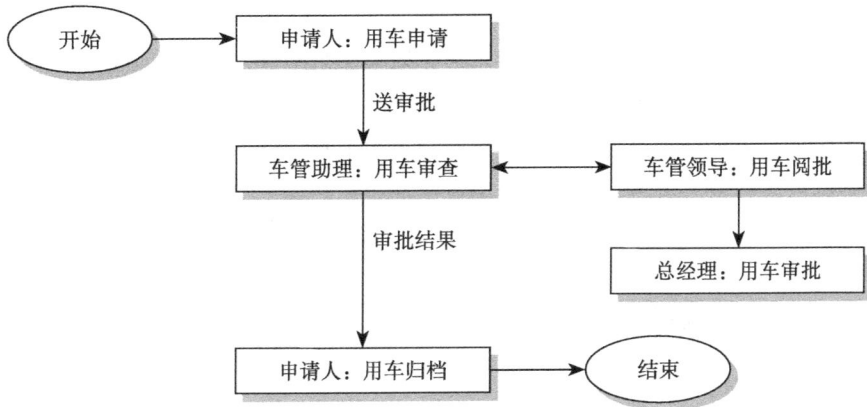

图5-10　用车申请流程

用车申请流程说明如下。

（1）用车申请。相关人员如需要用车，先填写用车申请，送车管助理审查。

（2）用车审查。由车管助理对用车申请进行审查，可以回复申请人，也可以送车管领导审批。

（3）用车阅批。车管领导对用车申请进行阅批。

（4）用车审批。总经理对用车申请进行审批。

（5）归档。由申请人进行用车申请归档。

076　车辆维修管理流程

车辆维修管理流程如图5-11所示。

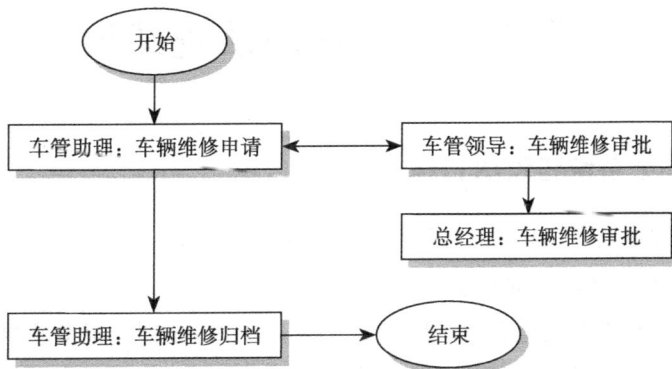

图5-11　车辆维修管理流程

车辆维修管理流程说明如下。

（1）车辆维修申请。相关人员如需用车，先填写用车申请，送车管领导阅批。

（2）车辆维修阅批。车管领导对车辆维修申请进行阅批。

（3）车辆维修审批。总经理对车辆维修申请进行审批。

（4）车辆维修归档。由申请人对车辆维修申请进行归档。

077 档案借阅流程

档案借阅流程如图5-12所示。

图5-12 档案借阅流程

档案借阅流程说明如下。

（1）档案归档以后，除了档案员，其他任何人都无权再查看档案，如需查看，先要向档案员提出借阅申请。

（2）档案员收到借阅申请后，可按相关规定对其进行审批。

（3）档案借出以后，如果借阅人没有及时归还，档案员可以强制收回。

第四节   OA办公系统建设

078   OA办公系统建设的目标

OA办公系统的建设可以推动企业基础管理向规范、高效、管控、变革的方向发展。

1．OA办公系统可规范审批业务

OA办公系统可以全面规范企业基础管理流程，如业务单据、审批流程、审批权限、审批时间、审批意见、流程使用范围、审批委办、审批转办、历史审批查看等，以此帮助企业将制度落地。

2．OA办公系统可提高业务审批效率

OA办公系统将纸质的审批单据电子化和模板化，将人工审批流程、业务催办督办网络化和自动化，实现网络办公和移动办公。OA办公系统可以全面提升业务审批效率，帮助企业优化工作岗位、减少人员投入，将单位时间内的审批效率提高300%。

3．OA办公系统可实现高效协作和沟通

OA办公系统通过部署各种信息化的沟通工具，如即时消息、邮件、协同工作、论坛、通知、公告、关联人员等，可帮助企业管理者和员工之间及时地进行更多、更广泛、更有效的沟通和协作。

4．OA办公系统可助力企业文化建设

通过OA办公系统可以搭建企业论坛、公司动态、单位新闻、活动通报、发展建议、领导心声、调查问卷、合理化建议、专家支持、员工天地、电子期刊、意见采集、销售快报、技术快报、产品改进等各种互动栏目，提高员工的主人翁意识，增强企业的凝聚力，倡导学习型文化，实现企业价值观和核心理念的宣贯、统一。

5．OA办公系统可帮助企业打造学习型组织

通过OA办公系统的知识管理模块，可实现知识的采集、分类、沉淀、分享、学习和持续创新，激发广大员工的智慧，积累大量的无形知识资产，方便员工快速查找自己需要的文档、资料，提升知识的开发和利用效率。

6．OA办公系统让信息发布更快捷

通过OA办公系统模块中的通知、公告、论坛、问卷等工具，可将日常经营中每天产生的大量信息，如奖罚通报、人事公告、组织调整、产品发布、政策新闻、制度变更等分门别类地、及时性地传达给相关部门和员工。与此同时，OA办公系统的消息引擎能够实现人与系统之间的信息互动，及时对系统中的信息变更、待办工作等进行在线提醒。

7．OA办公系统可加强计划管理

通过OA办公系统的计划管理模块，可让员工把精力投入重要事项，员工可按照不定期计划、月计划、周计划、日程、不定期总结、月总结、周总结、日志等安排个人工作、管理下级工作、检查和考评下级工作。

8．OA办公系统可帮助企业打造信息化门户和集成平台

OA办公系统是企业实现全面信息化的第一步。OA办公系统是对其他系统进行集成的中心平台，OA办公系统能够打破各业务系统之间的数据孤岛、信息孤岛和应用孤岛，实现信息在不同系统间的推送、共享和调用。

079 OA办公系统常见功能模块

市面上的OA办公系统产品很多，一般都具有如表5-11所示的常见功能模块。

表5-11 OA办公系统常见功能模块

序号	功能	说明
1	通知公告	通知公告的起草、审核、发布、提醒、浏览、回复、检索
2	文件公布	文件的起草、审核、发布、提醒、浏览、回复、检索
3	文件交换	部门与部门、部门与个人、个人与个人之间的资料发送、接收、提醒、分类入库
4	信息发布	支持栏目自定义、内容和样式自定义、流程与权限自定义、信息展示位置自定义，支持在线编辑和图文混排，支持Word和Excel的直接复制和粘贴
5	资料中心	资料分类的创建，资料的添加、修改、删除、共享、检索，相关系统的资料入库管理，支持Word、PDF、Excel、PPT、HTML等类型文档的全文检索
6	流程管理	流程管理主要用于日常办公审批流程的处理，它可通过申请、上报、审批、发放等流程动作来设置工作流程并对其进行查询和监管等。常见的流程包括发文、业务审批、内容起草和制发、文件传阅、批示处理、工作请示、工作报告、工作交办、部门间的工作联络、出差申请、采购申请、报销、请假等。主要功能包括待办流程、在办流程、已办流程、出差委托、流程跟踪与监控
7	办公用品管理	办公用品入库、出库，办公用品申购、申领、审批，办公用品申请的修改、删除等
8	客户关系管理	企业用客户关系管理系统来管理与客户之间的关系。建立合格的客户档案是企业信息管理的起点，是企业日常的基础性工作
9	人力资源管理	人力资源管理包括人才信息库管理、招聘管理、公司或部门用人申请、公司用人汇总、人事档案管理
10	个人办公	个人办公包括计划任务管理（任务的创建、跟踪、任务反馈与提醒）、个人日程安排与提醒、通讯录管理、短消息发送、接收、回复与提醒等
11	电子邮件	电子邮件管理包括新建邮件、收件箱、草稿箱、发件箱、已删除邮件
12	网上论坛	网上论坛可以自行设置分论坛和议题，为用户提供了一个信息交流、沟通和问题讨论的空间，让用户可以开放、平等、自由地交流和发言，包括进行咨询、解答问题和收集意见
13	事务管理	事务管理包括留言回复、车辆管理、会议室管理。留言板具有可以让相关人员以实名和匿名的方式进行留言的功能。与此同时，事务管理还包括出车管理、加油管理、维修管理、驾驶员管理，会议室的使用申请、查询、管理等

序号	功能	说明
14	系统管理	系统管理包括用户、组织、栏目、权限的管理，表单定义、工作流定义、论坛管理、配置管理等
15	OA办公精灵	OA办公精灵是一种类似于QQ的客户端软件

080　OA主页面功能模块及导航功能模块设定

1．OA主页面功能模块的设定

企业在设计时应结合自身实际情况，参照各种OA系统版本，将电子邮件、公告通知、待办工作、会议管理、规章制度、新闻（中心）、在线学习、企业论坛等设定为OA主页面功能模块，在屏蔽用户端控制面板的情况下，将这些模块按照一定的顺序排放。

2．OA导航功能模块的设定

关于OA导航功能模块的设定，建议在桌面设置所有功能模块，包括但不限于企业文化（含核心理念、发展纲要、文化故事）、规章制度（含管理准则、管理规定、管理办法）、公共事务（含会议管理）、工作流（含待办工作）、新闻中心（含内部新闻和行业新闻）、企业论坛（含管理论坛和管理文摘）、技术专栏（含产品专栏、市场研发、工艺分析）、销售管理、HR管理（增设在线学习）、供应链管理（待定）等。

无论是主页面功能模块还是导航功能模块里面的分支结构模块，都需要进一步的细化，企业要和软件供应商一起来完成这项工作。

081　OA办公系统的建设模式

企业的规模不同，OA办公系统的建设模式也不同。企业处于不同的发展阶段，其OA办公系统的建设模式也可能不同。常见的OA办公系统的建设模式主要有以下四种。

1．自主开发模式

这种模式主要依靠企业自身的力量开展企业信息化建设，能够充分、真实地反映企业的实际业务要求，实施起来比较容易且风险较小。但由于对企业自身员工的素质要求较高，因此该模式不适合中小企业。

2．合作开发模式

这种模式是企业与系统集成商、软件公司联合进行企业信息化建设，它可以有效规避企业自主开发模式存在的开发经验少、技术力量薄弱的问题。由企业人员参与开发与建设全过程可以使系统的实用性得到保证，且系统的使用与维护也比较方便。该模式比较适合中小企业。

3．整体引进模式

该模式实际上是通过购置商品化软件实现企业信息化。一般来说，商品化软件功能完善、使用方便，但价格昂贵。对中小企业来说，商品化软件包中的很多功能模块根本无法使用。

据统计，购置成套商品化软件的用户，其模块使用率不足40%，浪费十分严重。由于商品化软件不是根据中小企业的实际需要量身定制的，因此容易脱离企业实际，适用性较差，项目实施风险也较大，因此该模式不适合中小企业。

4．系统托管模式

这是一种适合经济实力和技术实力都比较差的中小企业使用的信息化模式。系统托管模式是指中小企业租用专业的软件托管服务商的融合商务平台提供的企业信息化系统，在该平台上实施企业信息化应用，系统建设与维护及升级工作由托管商完成。

对中小企业来说，企业信息化价格昂贵是其面临的最主要问题，在线托管企业信息化系统可以很好地解决这一问题，这种模式减少了企业的费用支出。该模式适用于所有企业，尤其是中小企业。

082　OA办公系统的建设流程

企业可以从以下三个方面建设企业的信息化系统。

1．充分利用资源，完善网络基础设施建设

随着网络技术的迅速发展，企业也不可避免地进入了网络信息时代。计算机网络基础设施是加速信息化建设的前提条件，企业必须建设充分体现本企业特色的、生产过程自动化和管理现代化的计算机信息网络，充分利用现有资源建设高速、大容量、高水平的信息网络，从而实现资源共享。

2．分步实施，层层开展

分步实施又称渐进式实施，主要是指企业为了避免项目实施风险，使信息化能够在平稳的状态下顺利推进，在具体实施步骤上遵循"分步实施，层层开展"的基本原则。这是中小企业实施信息化建设的最佳途径。

（1）中小企业信息化建设的目的是增进信息交流，包括企业内的信息交流，其可以通过企业内部网络联通实现。企业可以利用企业局域网实现办公自动化，以实现信息快速传递和共享的目的。

（2）从最基本的管理系统开始，各种管理软件在企业的应用比较早，且大多数已十分成熟，因此选用成熟的管理软件对中小企业实施企业信息化来说没有任何风险。

（3）建立企业网站，逐步探索电子商务。由于互联网在全球迅速普及，建立企业门户网站不仅可以展示企业形象，提高企业知名度，而且有助于加强企业与社会之间的联系。

（4）在企业管理等诸多方面的条件具备的情况下，企业应建立完善的企业信息化系统，包括生产过程控制自动化系统、管理决策信息化系统等。企业信息化建设是一个庞大的系统工程，从"分步实施，层层开展"的具体过程来说，每一步的目标应该是"一步到位"的，而对于达成长远目标来说，应该是"循序渐进"的。

3．建立一支高素质的信息技术队伍

企业要想加速信息化建设进程，必须制定有效措施加强技术人才的培训，通过各种方式将现代信息技术与先进管理理念和管理模式融合起来，发挥信息技术与管理手段的重要作用。

083　选择软件供应商的要点

面对众多的OA办公系统管理软件，企业要怎样才能选出适合本企业实际情况的软件呢？其实，这一过程并不仅仅是选择软件的过程，更重要的是检查软件供应商及其系统整合能力的过程。一般来说，企业可以从以下三个方面进行考虑，具体如图5-13所示。

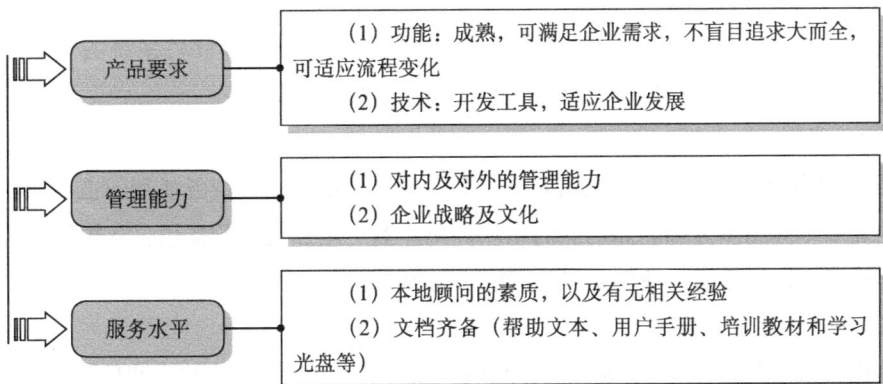

图5-13　选择软件供应商的要点

084 OA办公系统管理软件的选择步骤

以下是企业选择软件供应商的九个步骤。

1．寻找供应商，发出邀请

企业应参考各种媒体信息，然后选出10家左右的软件供应商，并向他们发出邀请。

2．第一轮演示

第一轮演示开始后，软件供应商会派软件顾问到企业进行实地调研。在这一阶段，建议企业给每家软件供应商一天的准备时间。

3．第一轮评选，选出前五家软件供应商

在所有软件供应商第一轮演示结束后，企业应该立即组织相关人员进行评分，并根据软件供应商提供的报价方案及评分结果，选出排在前五名的软件供应商进入下一轮角逐。

4．第二轮演示

由于这一轮的软件供应商相对较少，因此企业接待的时间较充裕，可以为每家软件供应商派来的顾问安排一周的调研时间。

5．参观案例

企业在第二轮评选中要参观各软件供应商的实施案例。企业应对将要参观的案例有所限制，一般包括地域、规模和行业上的限制。

6．第二轮评分，选出两家进入最后一轮角逐

第二轮评分时，企业的相关人员应在原来的评分表上增加一些内容，如对所参观的实施案例的评价、对本企业某些特殊要求的解决方案、对软件顾问的评价及对本企业需求的满足情况等。最后，企业应选出两家软件供应商进入下一轮角逐。

7．让软件供应商顾问进行辩论

企业应安排一两次辩论会，让两家软件供应商的顾问就各自软件系统的优缺点进行辩论。这样做可以让企业更清楚地了解这两家软件供应商的优缺点。

8．商务谈判

企业在最终确定软件供应商之前要进行商务谈判，以此掌握商务谈判的主动权。开展商务谈判时需要考虑诸多方面，如购买的模块、用户数、增加用户的费用、各模块的报价、实施费用、每年的维护费用、硬件要求及实施计划等。

9．确定供应商

企业应指派相关人员撰写分析报告，从两家软件供应商的优点、缺点和风险点三个方面展开论述。最后，相关负责人或企业主要领导根据分析报告及商务谈判的结果确定供应商。

085　OA运行过程中的资源分配及权限界定

1．OA后台维护及系统管理员工作的界定

OA资源的分配等很多事情都是通过系统管理员在后台操作完成的。考虑到OA系统的稳定性和所含信息的安全性需要归口管理，建议由专门的部门出专人来管理，并在此基础上编写《OA办公软件系统管理员手册》，对系统管理员的权限进行界定，该手册至少包括OA产品说明及功能简介、OA资源的分配、OA日常维护与监控等内容。OA产品说明及功能简介对现有功能模块的使用和操作进行说明与指导；OA资源的分配包括基本用户、中级用户、高级用户的资源分配及使用权限的说明；OA日常维护与监控包括OA的开通、维护、关闭，以及数据备份、数据恢复、版本升级、应用服务器的监视与安全等。

2．OA前台使用审批的权限界定

从OA系统使用的有效性和高效性来讲，除了内部邮件、短信，OA系统中任何一个模块内容的导入、更新、发布都需要一个审批流程。OA系统中的信息发布和更新等内容应统一归口，让固定的部门／人员负责管理，其申请流程可以借鉴用车申请的审批流程。

086　OA各模块维护和内容的日常更新

1．OA各模块维护

OA导航功能模块的确定并不意味着企业就可以一劳永逸。企业要通过一段时间的运行，结合企业的发展，通过网络调查了解员工的改进意见，综合各方意见对模块进行增、减、删、改，对相应的模块功能进行修改和调整。这项工作技术性较强，应由系统管理员定期收集数据并进行有效分析，然后组织实施。

2．OA各模块内容的日常更新

OA各模块内容的日常更新是一项琐碎的工作。行政部应制定《OA日常更新管理规定》，将所有的OA模块分为通用资源模块、专业资源模块和个人业务模块。举例来说，就主页面功能模块而言，通用资源模块包含通知公告、新闻（中心）、在线学习和企业论坛；就导航功能模块而言，技术专栏、销售管理、IIR管理、供应链管理属于专业资源模块，而内部邮件、待办工作属于个人业务模块。企业可以将所有的模块及模块功能分为以上三类，然后明确总归口和分支归口管理部门，总归口管理由人力资源中心负责，分支归口管理主要由各相应的中心负责。例如，通用资源模块由行政部负责日常维护与更新，专业资源模块由各中心负责日常维护与更新。至于各模块内容的更新管理，各中心可以在不违背《OA日常更新管理规定》的前提下制定细则。

第五节　行政人员配备

087　行政部的设置

行政部是企业的"大管家"，负责企业各项行政事务。一般而言，企业在设置行政部时应按表5-12所示的要求进行。

表5-12　行政部设置要求

序号	设置要求	详细说明
1	职权明确，层次分明	（1）按照职权明确、层次分明的要求，确定每个层次人员的岗位职责 （2）授予完成相关工作的员工必要的权限 （3）根据各个工作环节的关系，确定每个层次的人员配置，做到少而精，避免人浮于事、因人设岗 （4）人员分工要清楚，做到在任何情况下都能按分工标准找到经办人员
2	管理幅度合理，统一指挥	（1）设置行政部时要考虑管理幅度，管理幅度即一名管理者能管理的合适人数。管理幅度与企业的规模、管理者的素质和能力、管理者的技能和经验等有直接关系 （2）如果管理幅度设计不合理，将会出现管理的空白点或越权管理等现象 （3）管理幅度适宜可以避免多头领导，不至于让下级无所适从
3	信息畅通，提高工作效率	行政部的设置要保证各项信息能够得到准确、及时的流通，这对提高管理效率有着十分重要的作用 行政部必须解决信息传递缓慢的问题，建立一个健全的信息反馈系统，确保信息反馈快，办事过程短，公文处理迅速、准确、安全

088　大型企业行政部常见架构

大型企业行政部常见架构如图5-14所示。

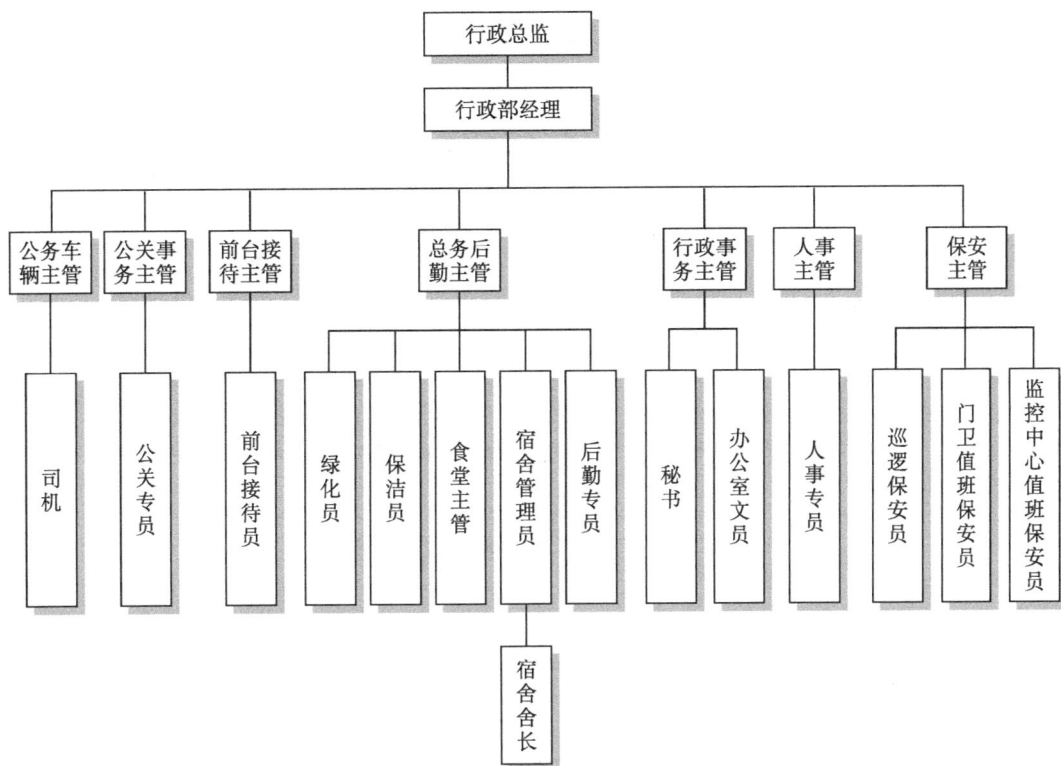

注：①大型企业的组织层级较多，往往在行政部经理之上再设一个行政总监，全面负责行政部的各项事务；②大型企业往往设有专门的前台接待主管和前台接待专员负责接待事务，同时由于人员较多、公务繁忙，往往会设有公务车辆主管，由其负责对多位司机的管理工作。

图5-14　大型企业行政部常见架构

089　中小型企业行政部常见架构

中小型企业行政部常见架构如图5-15所示。

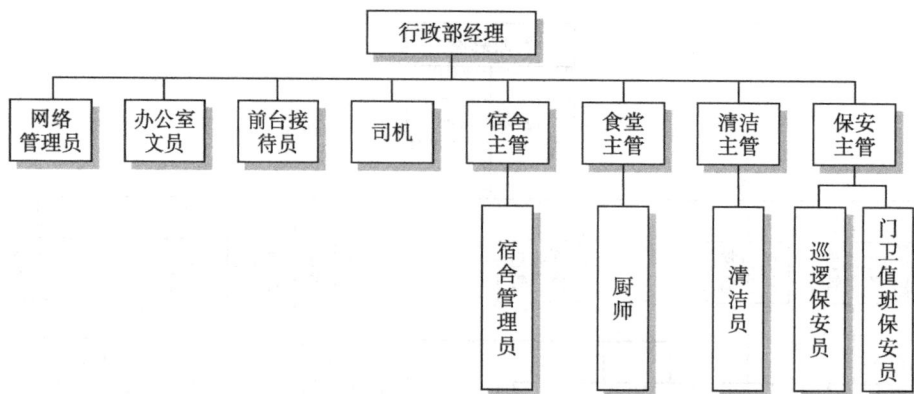

注：①根据《中小企业划型标准规定》，对于工业企业，从业人员1000人以下或营业收入40000万元以下的为中小微型企业，也就是本书内容所指的中小型企业；②中小型企业行政部层级较少，职责较为明确，其与相关部门之间的沟通比较简单。

图5-15　中小型企业行政部常见架构

090　行政部经理岗位说明

行政部经理岗位说明如表5-13所示。

表5-13　行政部经理岗位说明

1．岗位设置目的 全面负责公司的行政管理工作，督促行政部各级员工做好岗位工作
2．岗位职责 （1）组织制定行政部发展规划、工作计划与预算方案 （2）组织人员进行行政办公、员工生活及劳保用品等物资的采购、保管、发放和登记工作 （3）组织制定行政管理规章制度及督促、检查制度的贯彻落实 （4）组织、协调公司年会、员工活动、市场活动及各类会议 （5）负责外联工作及办理公司所需各项证照 （6）组织来客接待和相关的外联工作 （7）对公司设备使用、维修等情况进行监督和管理 （8）组织专人负责公司办公区和生活区的卫生保洁 （9）负责公司安保、消防管理、劳动保护以及环境建设 （10）组织建立和完善公司档案管理体系，组织制定公司档案借用、复印、借阅等管理制度，组织制定公司档案分类标准和档案编号标准，并进行分类存档、保管 （11）搜集、整理公司内部信息，及时组织编写公司大事记

（续表）

（12）负责公司重要资质证件的管理 （13）完成上级交办的其他事项
3．工作关系 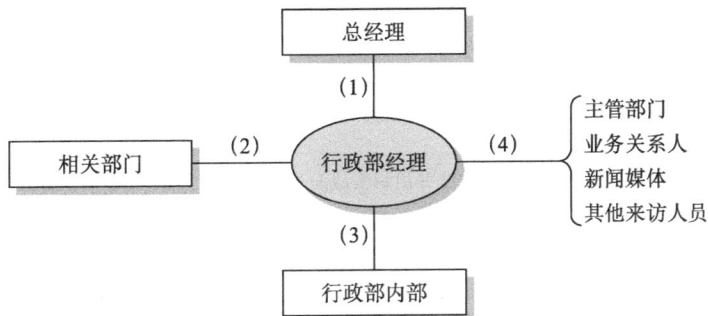 （1）向总经理提供行政管理建议，并落实其工作安排 （2）与相关部门做好沟通工作，向其提供办公用品、办公设备以及车辆 （3）带领下属员工做好行政部的日常工作 （4）接待主管部门的检查，同时主持接待业务关系人、新闻媒体以及其他来访人员

091　保安主管岗位说明

保安主管岗位说明如表5-14所示。

表5-14　保安主管岗位说明

1．岗位设置目的 全面负责公司的保安管理工作，维护公司安全
2．岗位职责 （1）向行政部经理汇报工作 （2）协助行政部经理处理安保日常工作，制定并实施保安部内部管理规定 （3）负责下属（保安人员）的工作班次安排及工作监督考评 （4）处理突发事件（包括工伤事故、员工冲突、防台风等）及违规行为，做好记录并存档上报 （5）负责安排保安人员维护与使用监控系统 （6）定期组织保安人员进行专业知识学习，提高保安人员素质 （7）定期组织保安人员进行业务、消防训练，提高其应对突发事件的能力 （8）负责组织保安人员维护考勤、宿舍、食堂秩序 （9）带头工作，团结同事，虚心接受工作意见和建议 （10）负责公司的消防设施、消防用水管道的检查维护工作

（11）负责监督公司员工打卡秩序及文明生产

（12）负责后勤食堂食品采购的检查监督及开饭秩序的维护跟踪（排队）等工作

（13）负责公司物资、设备及个人财物的安全防护措施的监督落实

（14）负责公司用电安全检查工作及消防安全培训工作

（15）负责夜间巡逻、值班工作的监督、抽查及处理

（16）负责公司车辆出入、车辆停放秩序、停放调度等事宜

（17）负责预防治安事件（赌博、打架）的发生和阻止不法分子的骚扰

（18）指导下属正确填制车辆出入登记表，外来车辆出入登记表，人员、行李出入登记表，认真填写值班日记，详细记录值班情况

（19）定期向新进员工讲解消防器材使用方法并组织实战演习

（20）完成上级交办的其他事项

3．工作关系

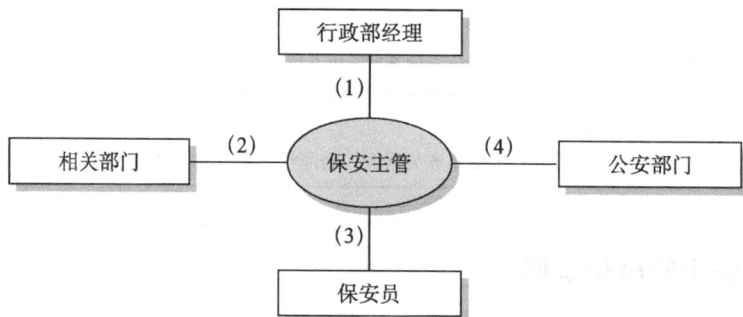

（1）接受行政部经理的直接领导，协助其完成公司的安全保卫工作

（2）与各相关部门做好沟通工作，安排保安员到各部门进行安全巡查

（3）指导门卫值班保安员守卫大门，指导巡逻保安员开展巡逻工作

（4）公司内部发生重大治安事件时，及时与当地公安部门联系解决

092　门卫值班保安员岗位说明

门卫值班保安员岗位说明如表5-15所示。

表5-15　门卫值班保安员岗位说明

1．岗位设置目的 负责公司大门的守卫工作，防止无关人员进入公司
2．岗位职责 （1）向保安主管汇报工作

（续表）

（2）监督员工排队上下班，佩戴工作证并按规定排队打卡

（3）负责来访登记及进出公司车辆登记

（4）在上班时间监督员工的外出情况，一律凭部门主管签署的放行条放行

（5）对于外出车辆，一律凭相关负责人签署的车辆放行条放行；材料、货物凭出货单放行；私人行李凭行政部经理签署的私人物品放行条放行

（6）客户及公司经理级以上领导坐轿车进出公司时应行礼（未经许可，出租车不得进入公司）

（7）禁止外来、无关人员进入公司

（8）负责公司周边及办公楼的巡查工作

（9）负责看管员工车棚，确保车辆安全

（10）完成上级交办的其他事项

3．工作关系

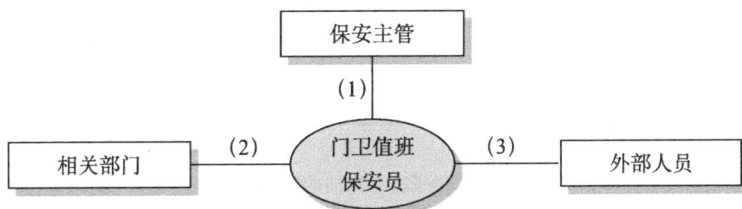

（1）接受保安主管的直接领导，并协助其做好大门的守卫工作

（2）监督相关部门员工的进出，凭证才能出入

（3）禁止外来、无关人员进入公司，遇到前来拜访的人员，及时同前台接待员做好沟通工作

093 巡逻保安员岗位说明

巡逻保安员岗位说明如表5-16所示。

表5-16 巡逻保安员岗位说明

1．岗位设置目的
对公司各部分区域进行巡逻，确保公司各区域安全

2．岗位职责
（1）向保安主管汇报工作
（2）每半小时巡逻一次
（3）检查电路、开关、消防设施是否完好，确保消防安全
（4）重点巡视出入口等区域，严防偷盗
（5）督促员工严格遵守操作规程
（6）完成上级交办的其他事项

3. 工作关系

```
┌──────────┐  (1)   ╭──────────╮  (2)   ┌──────────┐
│ 保安主管 │───────│ 巡逻保安员 │───────│ 相关部门 │
└──────────┘        ╰──────────╯        └──────────┘
```

(1) 接受保安主管的直接领导，并协助其做好巡逻工作
(2) 在开展巡逻工作的过程中与被巡逻部门充分沟通，记录其提出的安全问题，并向其提供建议

094　清洁主管岗位说明

清洁主管岗位说明如表5-17所示。

表5-17　清洁主管岗位说明

1. 岗位设置目的
领导清洁员清洁公司各区域，为公司员工提供干净、整洁的工作环境

2. 岗位职责
(1) 向行政部经理汇报工作
(2) 负责清洁员的班次安排
(3) 监督清洁员完成每天的工作任务
(4) 负责维持清洁员劳动纪律
(5) 负责办公楼各部门的清洁卫生并保管好各部门的钥匙
(6) 要求清洁员按公司的规章制度进行清洁作业
(7) 组织清洁员做好下雨前的准备工作
(8) 完成上级交办的其他事项

3. 工作关系

```
                    ┌──────────┐
                    │ 行政部经理 │
                    └──────────┘
                         │
                        (1)
                         │
┌──────────┐  (2)   ╭──────────╮  (3)   ┌──────────┐
│ 相关部门 │───────│ 清洁主管 │───────│  清洁员  │
└──────────┘        ╰──────────╯        └──────────┘
```

(1) 接受行政部经理的直接领导，协助其完成公司的清洁管理工作
(2) 与需要清洁的相关部门提前沟通，安排好清洁时间、人员等
(3) 制订清洁计划，指导清洁员开展清洁工作

095 清洁员岗位说明

清洁员岗位说明如表5-18所示。

表5-18 清洁员岗位说明

1．岗位设置目的

负责公司各区域的具体清洁工作

2．岗位职责

(1) 向清洁主管汇报工作

(2) 服从清洁主管的管理，按时上下班，不得缺勤

(3) 负责按要求认真清理自己所辖区域的卫生

(4) 在清理卫生时要小心谨慎，以免损坏各类办公用具、家具等

(5) 在清理卫生的过程中，不可将公司或他人的物品据为己有

(6) 在将垃圾运出时应主动接受保安检查

(7) 完成上级交办的其他事项

3．工作关系

| 清洁主管 | (1) | 清洁员 | (2) | 相关部门 |

(1) 接受清洁主管的直接领导，并协助其做好公司各部门、各区域的清洁卫生工作

(2) 在各部门清洁卫生时，做好沟通，避免清洁时损坏文件资料等

096 食堂主管岗位说明

食堂主管岗位说明如表5-19所示。

表5-19 食堂主管岗位说明

1．岗位设置目的

负责食堂的日常管理工作，为员工提供良好的就餐环境

2．岗位职责

(1) 向行政部经理汇报工作

(2) 负责安排、监督厨师的日常工作及教育培训

(3) 负责带领下属厨师准时供应饭菜

（续表）

（4）负责食堂的卫生管理工作（包括个人、餐具、食品、餐厅卫生等），严格遵守卫生防疫制度，购买合格食品，杜绝食物中毒事件

（5）负责做好灭鼠、灭蚊蝇等工作，防止饭菜污染

（6）负责定期组织厨师体检，预防传染病

（7）负责按时供应开水、凉茶

（8）负责按时保质保量供应员工夜宵

（9）负责收集员工对食堂提出的建议并及时制定改善方案

（10）负责食堂的消防安全管理工作

（11）负责带领下级努力改善营养结构，坚持菜谱菜色多样化

（12）负责管理好食堂的设施设备

（13）完成上级交办的其他事项

3. 工作关系

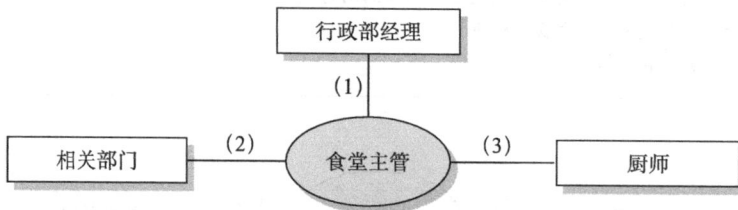

（1）接受行政部经理的直接领导，协助其完成公司的食堂管理工作

（2）向相关部门提供高质量的食品，向采购部提出食材等餐饮物品采购申请，同清洁主管协商食堂的清洁工作

（3）指导厨师制作可口的菜肴

097　厨师岗位说明

厨师岗位说明如表5-20所示。

表5-20　厨师岗位说明

1. 岗位设置目的

负责食堂的菜品制作工作，向员工提供安全、可口的食物

2. 岗位职责

（1）向食堂主管汇报工作

（2）保持仪容仪表整洁、干净，不留长指甲，按公司规定着装

（3）对待就餐人员要热情礼貌，服务周到

（续表）

(4) 每天对食堂的厨具、餐具等进行清洁和消毒，保障食堂卫生，及时清倒垃圾

(5) 在加工制作各种主副食品前必须将食材清洗干净

(6) 食堂采购人员不得采购变质的食材和不新鲜的蔬菜

(7) 剩下的新鲜食物要及时放入冰柜或纱窗柜，防止腐烂变质或蝇、鼠污染，定期灭蝇、灭鼠

(8) 厨师应爱岗敬业，不断提高烹饪技术，努力为员工提供新鲜可口的饭菜

(9) 及时供应开水、凉茶（包括晚上加班的情况）

(10) 按时保质保量供应员工夜宵

(11) 每半年到医院体检一次并将健康证明交行政部存档

(12) 安全使用燃气、电气设备，注意防火防爆

(13) 爱护食堂厨具、餐具等设施设备

(14) 完成上级交办的其他事项

3．工作关系

（1）协助食堂主管做好食堂的日常工作

（2）为相关部门员工提供安全、可口的食物，并接受其意见和建议

098　宿舍主管岗位说明

宿舍主管岗位说明如表5-21所示。

表5-21　宿舍主管岗位说明

1．岗位设置目的

负责对所有员工宿舍的管理，为员工提供良好的住宿环境

2．岗位职责

（1）向行政部经理汇报工作

（2）带领各宿舍管理员认真监督公司员工严格执行宿舍各项管理规定

（3）负责对宿舍卫生、安全、纪律、设施的管理

（4）负责公司员工的住宿安排

（5）坚持每天不定时巡查各宿舍，发现问题要及时做好记录并上报行政部经理处理

（6）负责组织各宿舍管理员对各宿舍进行检查评比，并将评比结果上报行政部经理

（7）负责每月向行政部上报上个月的员工住宿登记表、扣缴水电费明细表、宿舍财产统计表等

（8）完成上级交办的其他事项

（续表）

3. 工作关系

```
                    ┌─────────────┐
                    │  行政部经理  │
                    └─────────────┘
                           │
                          (1)
                           │
┌──────────┐   (2)    ╭─────────╮   (3)   ┌──────────────┐
│  相关部门  │─────────│ 宿舍主管 │────────│  宿舍管理员    │
└──────────┘          ╰─────────╯         └──────────────┘
```

（1）接受行政部经理的直接领导，协助其做好公司各宿舍的日常管理工作
（2）与相关部门做好沟通工作，及时安排其员工入住宿舍，协助保安部做好员工宿舍的安全管理工作
（3）指导宿舍管理员管理好各宿舍

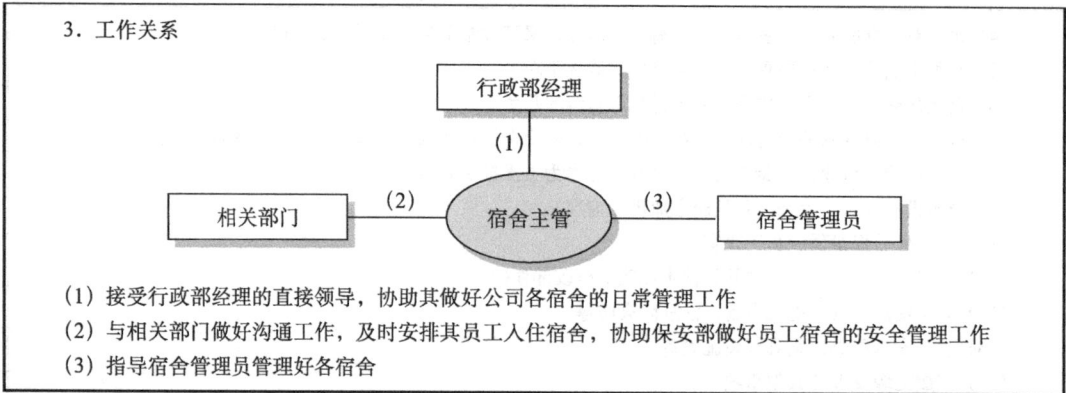

099　宿舍管理员岗位说明

宿舍管理员岗位说明如表5-22所示。

表5-22　宿舍管理员岗位说明

1. 岗位设置目的
协助宿舍主管管理各宿舍的具体工作，为员工提供良好的住宿环境

2. 岗位职责
（1）向宿舍主管汇报工作
（2）协助宿舍主管做好宿舍管理工作
（3）监督宿舍住宿员工严格执行宿舍各项管理制度
（4）每周按时参加宿舍评比活动
（5）负责落实宿舍每天的卫生轮流值班制度，定期组织全体住宿员工进行大扫除，确保宿舍清洁、干净
（6）负责禁止非本公司人员进入宿舍，监督各住宿员工对宿舍管理规定的执行情况
（7）负责禁止员工在宿舍内做出大声喧哗等行为
（8）监督宿舍员工爱护宿舍公共设施
（9）负责宿舍新入职员工的床位安排及离职人员的行李检查
（10）完成上级交办的其他事项

3. 工作关系

```
┌──────────┐   (1)    ╭───────────╮   (2)   ┌──────────┐
│  宿舍主管  │─────────│ 宿舍管理员  │────────│  相关部门  │
└──────────┘          ╰───────────╯         └──────────┘
```

（1）协助宿舍主管做好宿舍管理工作，定期向其汇报宿舍情况
（2）办理相关部门员工的入住、住宿、退宿等相关事宜

100　司机岗位说明

司机岗位说明如表5-23所示。

表5-23　司机岗位说明

1．岗位设置目的

负责公司车辆的使用、管理工作，为公司用车人员提供车辆服务

2．岗位职责

（1）向行政部经理汇报工作

（2）保持良好的个人形象，注意个人言行、卫生，在驾驶过程中保持端正姿态

（3）遵守交通规则，确保交通安全，维护公司形象

（4）遵守公司保密制度，不与客人谈论公司事务，当客人问起关于公司的商业性问题时应婉言回避

（5）对车辆实行专人驾驶、专人保管，责任到人，未经公司领导批准严禁将车辆交给他人驾驶

（6）经常清洗车辆，保持车内外清洁、美观

（7）严格按照派车单的要求出车

（8）手机24小时开机，下班时间或节假日如公司有紧急任务应及时赶到

（9）及时申报车辆维修、保养、年审、季审、保险等

（10）保管好车辆的行驶证、保险卡、营运证、购置附加费证、路费证及加油登记本等

（11）出车前要坚持检查，确保机油、汽油、刹车油、冷却水、轮胎气压、制动转向、喇叭、灯光等安全可靠，保证车辆处于良好状态

（12）出发前应确认路线和目的地，选取最佳行车路线

（13）用车人（特别是公司客户和领导）上下车时，应主动打招呼，为其开关车门

（14）用车人如提出不合交通规则或公司规定的要求，应委婉拒绝

（15）司机因事需离开车辆时，必须锁死车门

（16）完成上级交办的其他事项

3．工作关系

```
              ┌──────────┐
              │ 行政部经理 │
              └──────────┘
                   │
                  (1)
  ┌────────┐   (2)  ╭──────╮  (3)  ┌──────────┐
  │ 相关部门 │───────│ 司机 │───────│ 办公室文员 │
  └────────┘        ╰──────╯        └──────────┘
```

（1）接受行政部经理的直接领导，协助其做好车辆管理工作

（2）为相关部门员工提供车辆服务

（3）接收办公室文员的用车通知，用车结束后及时向其报告

101 前台接待员岗位说明

前台接待员岗位说明如表5-24所示。

表5-24 前台接待员岗位说明

1．岗位设置目的 负责对来宾的接待工作以及各类电话的转接工作
2．岗位职责 (1) 向行政部经理汇报工作 (2) 注意自身形象，保持仪表端庄 (3) 负责接听电话，接听电话时要注意声音清脆、说话流利 (4) 熟练、礼貌地接转电话，保证电话信息的准确传递 (5) 接待来访的客人 (6) 负责传真文件的收发及登记工作 (7) 完成上级交办的其他事项
3．工作关系 (1) 接受行政部经理的直接领导，并协助其做好来访接待工作 (2) 与相关部门做好沟通工作，为其转接电话、转发传真、文件等，同时安排来访工作 (3) 接待来访人员，同时要及时接听来电，并做好沟通

102 办公室文员岗位说明

办公室文员岗位说明如表5-25所示。

表5-25 办公室文员岗位说明

1．岗位设置目的 负责行政部办公室的日常管理工作，确保行政部办公室保持正常运行

（续表）

2．岗位职责

(1) 注意自身形象，保持仪表端庄

(2) 负责管理各类文件资料

(3) 负责管理档案室，并定期整理档案

(4) 协助打印、复印本部门及公司领导交办的文件及其他相关工作

(5) 负责公司车辆专用油票的领用、登记和保管工作

(6) 负责食堂餐卡的发放、回收、统计上报工作

(7) 负责办公用品的申购、保管、发放工作

(8) 完成上级交办的其他事项

3．工作关系

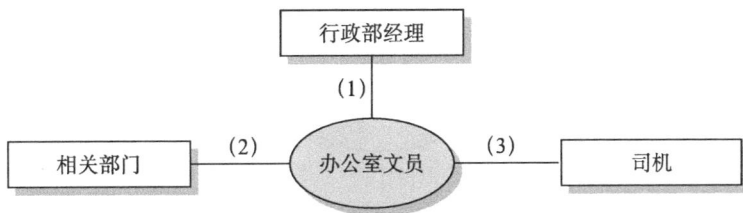

(1) 接受行政部经理的直接领导，并协助其做好日常行政管理工作

(2) 为相关部门安排车辆，受理其办公用品、办公设备采购申请，并监督其发放工作

(3) 向司机发出用车通知，并做好用车记录

103　网络管理员岗位说明

网络管理员岗位说明如表5-26所示。

表5-26　网络管理员岗位说明

1．岗位设置目的

全面负责公司网站建设与内部网络管理，确保内部网络安全，保管好网络资料

2．岗位职责

(1) 负责公司网站域名注册、审核以及内部局域网建设

(2) 负责服务器和网络软件的安装、维护、调整及更新

(3) 负责协调解决各联网单位在使用网络的过程中发生的问题

(4) 监督机房网络设备及软件的正常运行

(5) 开发和建设公司公共服务信息管理系统，提供公共服务信息的发布、查询等功能

(6) 负责网络实体，如服务器、交换机、集线器、路由器、配线架、网线、接插件等的维护和管理

（续表）

（7）负责网络账号管理、资源分配、数据安全和系统安全

（8）参与网络值班，监视网络运行，调整网络参数，调度网络资源，保持网络安全、稳定、畅通

（9）负责计算机系统备份和网络数据备份

（10）保管网络拓扑图、网络接线表、设备规格及配置单、网络管理记录、网络运行记录、网络检修记录等资料

（11）监督公司员工对网络的使用，阻止非法行为

（12）完成上级交办的其他事项

3．工作关系

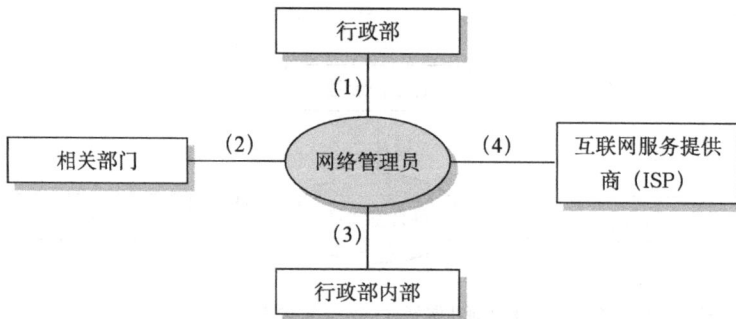

（1）接受行政部经理的直接领导，协助其完成公司的网络管理工作

（2）与相关部门做好沟通工作，做好各部门员工的账号、密码的管理工作，协助其发布公共信息

（3）与行政部员工就行政事务管理进行沟通协调，排除网络故障

（4）与互联网服务提供商（ISP）保持联系，维持公司网络的正常运行

第六章　行政接待管理

导读 >>>

行政接待是日常行政管理工作的重要内容，对宣传企业形象、扩大企业知名度起着非常重要的作用。

　　Q女士：最近公司的接待事务好多啊，我刚刚担任行政经理，担心自己做不好。

　　A经理：面对公司的接待事务，首先，要对自己有信心；其次，要掌握接待的各种礼仪，如递送物品的礼仪等。最重要的是，要督促所有接待人员熟练掌握这些礼仪，这样才能做好接待工作。

　　Q女士：明天有几位外宾要来公司拜访总经理，我该如何接待他们呢？

　　A经理：接待的对象不同，相关要求也不同。接待外宾时，要了解其个人背景、爱好，特别要注意外宾的风俗习惯。

第一节 常规接待事务管理

104 接待工作的基本要求

接待人员必须按照图6-1所示的基本要求开展接待工作。

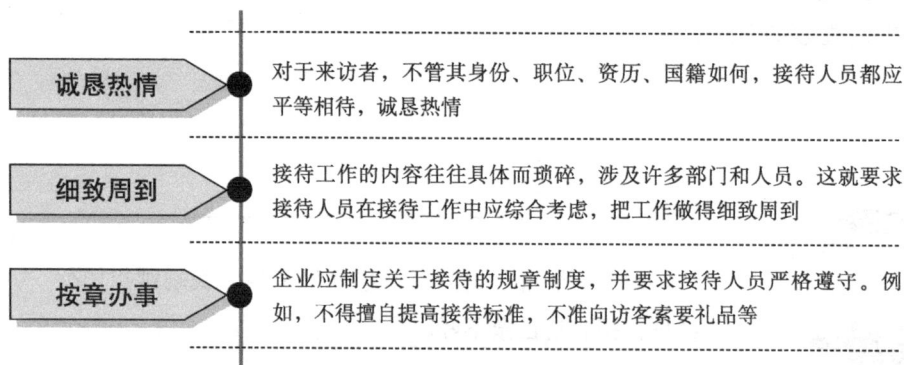

诚恳热情	对于来访者，不管其身份、职位、资历、国籍如何，接待人员都应平等相待，诚恳热情
细致周到	接待工作的内容往往具体而琐碎，涉及许多部门和人员。这就要求接待人员在接待工作中应综合考虑，把工作做得细致周到
按章办事	企业应制定关于接待的规章制度，并要求接待人员严格遵守。例如，不得擅自提高接待标准，不准向访客索要礼品等

图6-1 接待工作的基本要求

105 接待规格划分

接待的规格主要指接待的条件及陪同者的级别，一般根据来访者的具体情况而定。接待规格包括高规格接待、低规格接待和同等接待三种形式，具体如图6-2所示。

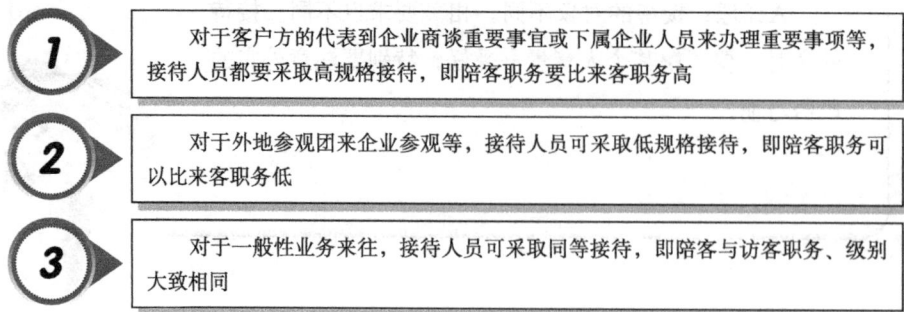

① 对于客户方的代表到企业商谈重要事宜或下属企业人员来办理重要事项等，接待人员都要采取高规格接待，即陪客职务要比来客职务高

② 对于外地参观团来企业参观等，接待人员可采取低规格接待，即陪客职务可以比来客职务低

③ 对于一般性业务来往，接待人员可采取同等接待，即陪客与访客职务、级别大致相同

图6-2 接待规格划分

106　常规接待程序

接待工作是行政管理的一项常规性任务，对向社会传递企业信息和宣传企业有着非常重要的意义。

接待对象不同，接待程序也会有所不同。一般来说，企业常规接待流程如图6-3所示。

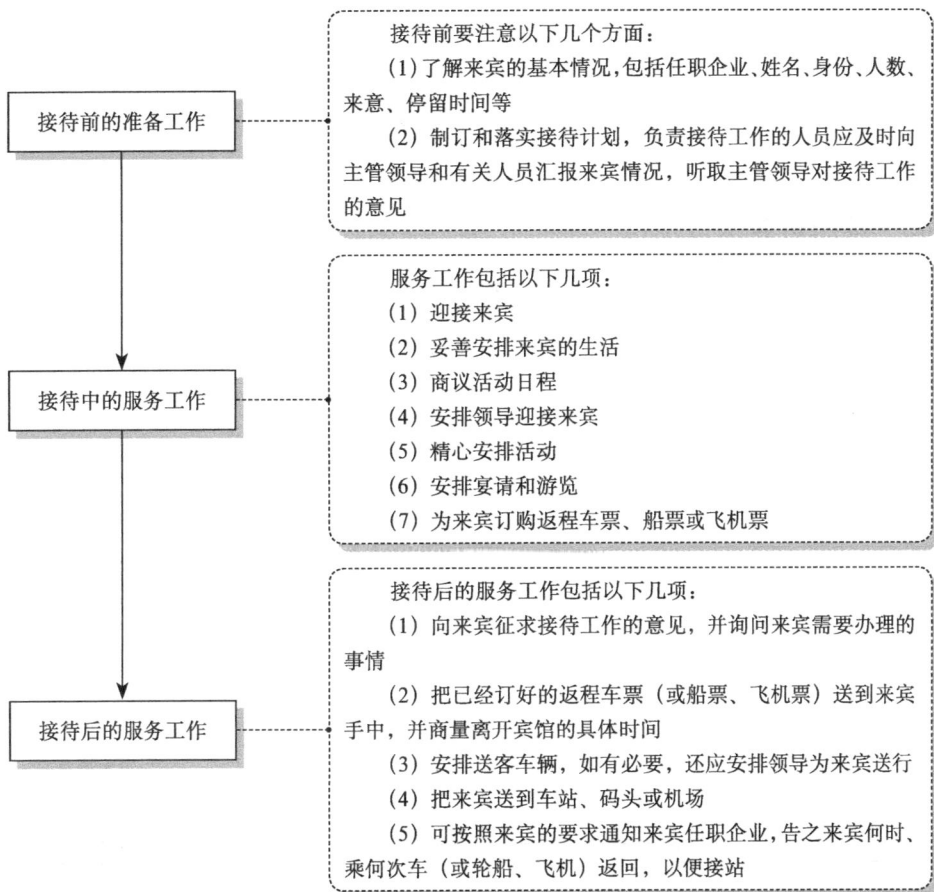

接待前的准备工作 ┄┄┄ 接待前要注意以下几个方面：
（1）了解来宾的基本情况，包括任职企业、姓名、身份、人数、来意、停留时间等
（2）制订和落实接待计划，负责接待工作的人员应及时向主管领导和有关人员汇报来宾情况，听取主管领导对接待工作的意见

接待中的服务工作 ┄┄┄ 服务工作包括以下几项：
（1）迎接来宾
（2）妥善安排来宾的生活
（3）商议活动日程
（4）安排领导迎接来宾
（5）精心安排活动
（6）安排宴请和游览
（7）为来宾订购返程车票、船票或飞机票

接待后的服务工作 ┄┄┄ 接待后的服务工作包括以下几项：
（1）向来宾征求接待工作的意见，并询问来宾需要办理的事情
（2）把已经订好的返程车票（或船票、飞机票）送到来宾手中，并商量离开宾馆的具体时间
（3）安排送客车辆，如有必要，还应安排领导为来宾送行
（4）把来宾送到车站、码头或机场
（5）可按照来宾的要求通知来宾任职企业，告之来宾何时、乘何次车（或轮船、飞机）返回，以便接站

图6-3　企业常规接待流程

107　接待室的准备

接待室是为企业内人员和访客商谈公事所提供的场所。准备接待室时应做好如图6-4所示的工作。

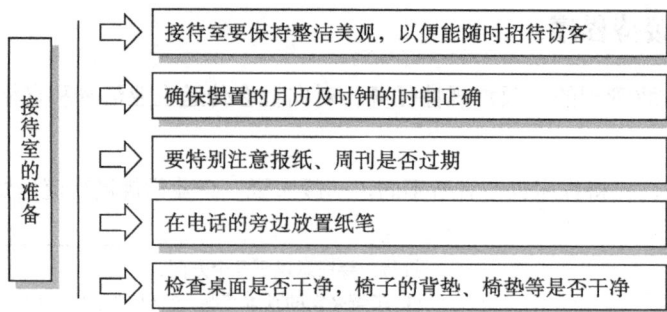

图6-4　接待室的准备

108　预约访客来访接待

接待工作按照访客是否事先与企业有约定可分为预约接待和无预约接待。企业的接待工作大多是预约接待，接待时可以根据访客身份确定接待规格。

预约访客来访接待流程如图6-5所示。

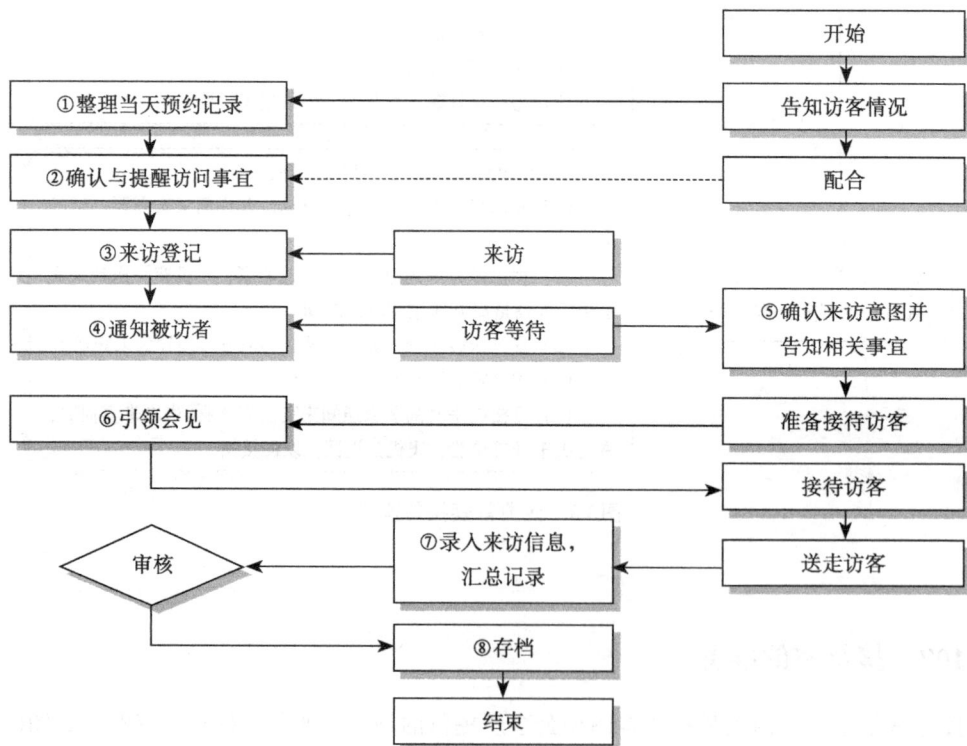

图6-5　预约访客来访接待流程

109 无预约接待

访客事先没有预约会见面谈，而是临时来访的，我们将这种接待称为无预约接待。无预约接待的要点如图6-6所示。

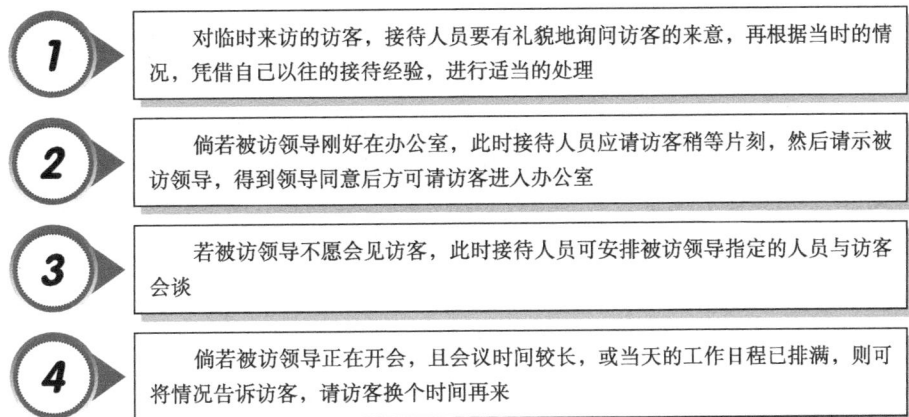

1 对临时来访的访客，接待人员要有礼貌地询问访客的来意，再根据当时的情况，凭借自己以往的接待经验，进行适当的处理

2 倘若被访领导刚好在办公室，此时接待人员应请访客稍等片刻，然后请示被访领导，得到领导同意后方可请访客进入办公室

3 若被访领导不愿会见访客，此时接待人员可安排被访领导指定的人员与访客会谈

4 倘若被访领导正在开会，且会议时间较长，或当天的工作日程已排满，则可将情况告诉访客，请访客换个时间再来

图6-6 无预约接待要点

110 接待各类参观人员

做好参观人员的接待工作可以让外界了解企业各方面的情况，使企业同外部建立良好关系。前来参观的人员人数不等、规格不同，其接待方式也有所不同，具体如图6-7所示。

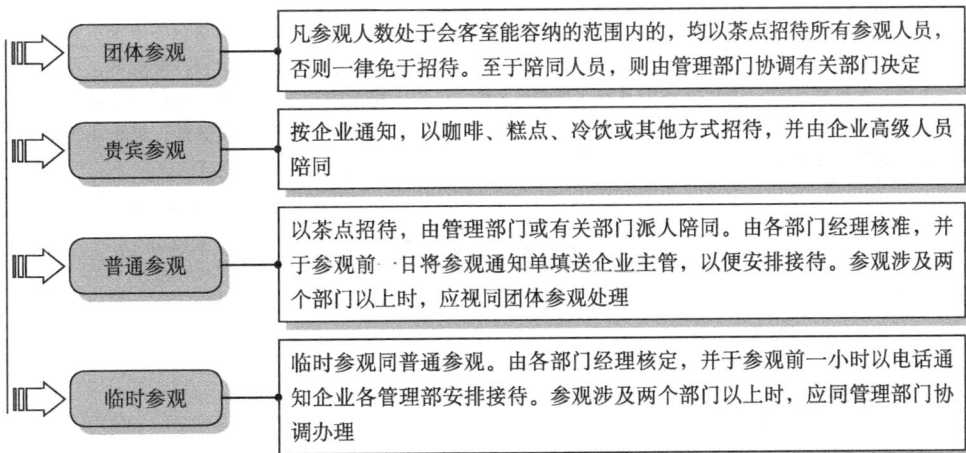

团体参观 凡参观人数处于会客室能容纳的范围内的，均以茶点招待所有参观人员，否则一律免于招待。至于陪同人员，则由管理部门协调有关部门决定

贵宾参观 按企业通知，以咖啡、糕点、冷饮或其他方式招待，并由企业高级人员陪同

普通参观 以茶点招待，由管理部门或有关部门派人陪同。由各部门经理核准，并于参观前一日将参观通知单填送企业主管，以便安排接待。参观涉及两个部门以上时，应视同团体参观处理

临时参观 临时参观同普通参观。由各部门经理核定，并于参观前一小时以电话通知企业各管理部安排接待。参观涉及两个部门以上时，应同管理部门协调办理

图6-7 接待各类参观人员要点

111 接待下属企业来人

一般来说，下属企业来人通常都是来汇报工作或请示问题的，接待他们时应注意如图6-8所示的要点。

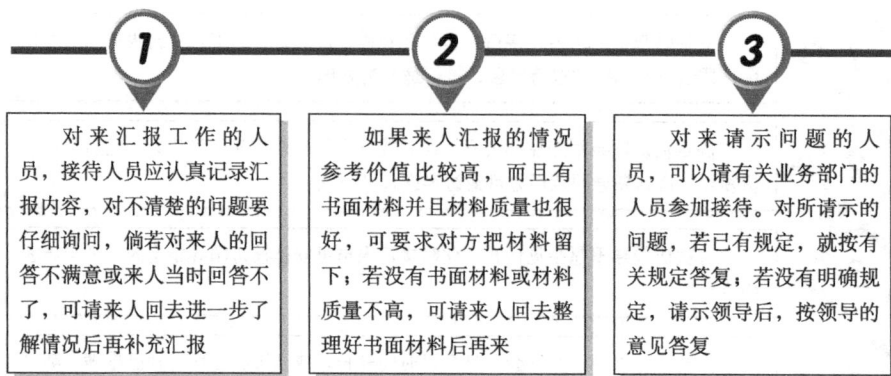

图6-8 接待下属企业来人要点

112 接待与企业有业务往来的人员

与企业有业务往来的人员，大多是来商谈业务合作的，一般按企业领导意图，找有关业务部门负责人一同接待。在接待这类人员时应注意如图6-9所示的事项。

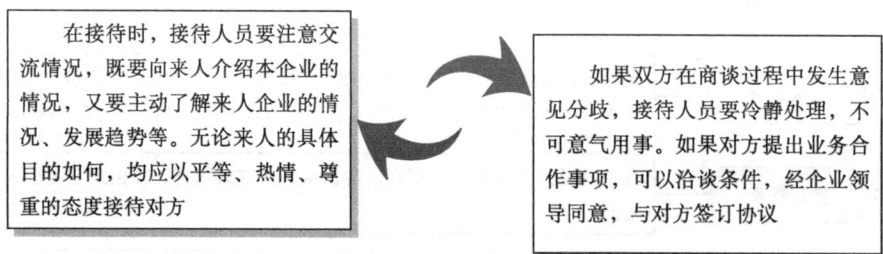

图6-9 接待与企业有业务往来的人员注意事项

113 接待新闻记者

新闻记者来访，除了指名要见领导的，一般都由行政接待人员接待。接待工作要点如

图6-10所示。

1　接待人员要主动热情地接待记者，对与采访有关的要求尽力予以满足。记者的提问往往比较尖锐，接待人员应在遵守企业规定的前提下坦诚相告，尽量使他们得到满意的答复，避免使用"不能说""不知道"一类的词语

2　记者采访完毕，接待人员可以问清是否为公开报道，如果对方给予报道，就请他们写好报道稿件，送给企业领导审阅，由领导决定是否可以报道

3　如果记者准备报道不利于企业的新闻，接待人员要保持冷静，耐心加以解释，并尽可能为记者提供相关资料，供他们核实

4　如果记者要进行歪曲报道，接待人员应据理力争，并通过合法手段维护企业声誉

图6-10　接待新闻记者要点

114　接待前来洽谈业务的人员

对前来洽谈业务的人员，经企业领导同意，接待人员或随领导一起接待，或与有关业务部门负责人一同接待，具体内容如图6-11所示。

1　接待人员参与业务洽谈，要事先做好准备，做到知己知彼。知己就是真正了解企业的情况，以客观的态度介绍企业的优势和薄弱环节；知彼就是尽可能多地掌握和准备好有关对方的资料，以此预测对方想要通过洽谈实现的目标

2　在业务洽谈中，不能采用欺骗等不正当手段来赢得有利于企业的结果

3　遇到不同的意见和看法，接待人员要通过洽谈逐步达成一致。既要站在企业的立场上据理力争，又要适当满足对方的要求，达到互利共赢的目的

图6-11　接待前来洽谈业务的人员要点

115　接待上级检查机构

为了督促、检查下属企业对企业方针、政策的落实情况，或者为了处理重大案件、解决重要问题，管理机构可能会派各种检查机构前往下属企业进行检查。接待人员要根据检查机构的要求，积极做好接待工作。

一般情况下，主要领导应出面接待检查机构，接待人员要根据检查机构检查的范围、内容、重点、步骤及方式，协助领导做好准备工作。对检查机构的指导意见，接待人员要认真听取和记录，整理后向领导汇报。

116　接待外宾

在经济全球化的背景下，企业需要与来自世界各地的客户打交道，这就要求企业重视外宾接待工作。

外宾接待工作关系到企业的国际声誉，因此，行政管理人员必须做好外宾接待工作。

（1）行政管理人员应协调有关部门做好外宾接待工作。

（2）外宾接待工作必须按照公司的有关规定和统一安排办理。

（3）接待外宾的基本原则是认真负责、热情周到、不卑不亢、言行得体、严守秘密。

（4）外宾来访时，接待人员要准确掌握外宾乘坐的交通工具和抵离的时间，提前通知有关单位和人员做好接送准备。

（5）外宾来访时，接待人员要根据其目的、兴趣、意愿等安排参观项目，确定活动内容，拟订接待方案，并报请主管批准。

（6）接待人员应根据批准的接待方案认真做好业务洽谈工作；如果在洽谈中遇到超出自身权限内的事情，要向上级请示，来不及逐级请示时可直接请示总经理。

（7）安排外宾用餐时，陪同人员不宜过多；安排娱乐活动时，陪同人数亦应适当控制，杜绝不必要的消费。

117　外宾接待注意事项

1．准确掌握抵达时间

接待人员应准确掌握外宾抵达时间，提前到达车站、码头或机场，以示对来宾的尊重。

2．迎接外宾及介绍宾主

若迎候地点人声嘈杂或人数众多，一定要事先了解一下外宾的外貌特征，最好举个小牌子来迎接外宾。

3．事先安排外宾住宿

应事先了解和安排外宾的住宿，对宾馆的服务情况了如指掌。

在接待外宾时，以下话题最容易引起对方的兴趣。

（1）外宾来参与的活动的相关背景资料、筹备情况、相关建议等。

（2）当地的风土人情、气候、特产等。

（3）富有特色的旅游景点。

（4）近来当地发生的大事。

（5）当地知名人士的情况。

（6）当地的物价。

在迎接外宾的整个过程中，接待人员应始终面带微笑，表情不要僵硬。

118 做好来访登记工作

无论是哪类客人来访，接待人员都要做好来访登记工作，行政管理人员要经常抽查公司来访人员登记表（如表6-1所示），以便随时了解来访客人的情况。

表6-1 公司来访人员登记表

编号：   日期：____年__月__日

序号	日期	姓名	所在单位	来访人数	手机	被访人		事由	时间		备注
						姓名	部门		到达	离开	

制表人：   审核人：

第二节　行政接待礼仪管理

119　接待人员仪表要求

接待工作事关企业形象和切实利益，行政管理人员必须十分重视。要做好接待工作，行政管理人员首先要对接待人员的仪容仪表提出明确要求。

120　接待人员手势要求

接待人员的肢体语言尤其是各种手势对接待效果影响非常大，行政管理人员要对其手势的运用提出明确要求，如表6-2所示。

表6-2　手势要求

手势要求	详细说明
幅度恰当	手势的上界一般不超过对方的视线，下界不低于自己的胸区，左右摆的范围应在人的胸前或右方。动作的幅度不宜过大，次数不宜过多
自然亲切	多用柔和的手势，少用生硬的手势，以拉近双方的距离
避免不良手势	(1) 在与人交谈的过程中，讲到自己时，不要用手指自己的鼻尖，而应将手掌放在胸口 (2) 谈到别人时，不可用手指别人，更不可对他人指指点点 (3) 避免在交谈时指手画脚或手势过多、幅度过大 (4) 不可在接待客人时做抓头发、玩饰物和剔牙齿等动作
指向目标	在为客人指引方向时，手指应自然并拢，手掌以肘关节为轴指向目标，同时要看向目标

121　递送物品礼仪要求

接待人员要注意递送物品的各种礼仪，以免因操作不当而给客人留下不良印象。

（1）递送物品的原则是尊重他人。接待人员应双手递物或接物，以体现对对方的尊重。

（2）若双方相距过远，递物者应主动走近接物者。假如自己坐着，应在递物时起立。递给他人的物品，应直接交到对方手中。此外，在递物时，应为对方留出便于接物品的距离。

（3）递笔、剪刀之类尖利的物品时，应将尖端朝向自己握在手中，不要指向对方。

（4）当招待客人用茶时，应一手握茶杯把或扶杯壁，一手托杯底，并说"请用茶"。若茶水较烫，可将茶杯放到客人面前的茶几上。

（5）当递送饮料、酒水时，应将商标朝向客人，左手托底，右手握在距瓶口三分之一处。

（6）递书籍、文件、资料、名片时，应将有字的一面正对接收者，让对方容易看清楚。

（7）递送、接收、索要名片的礼仪要求如表 6-3 所示。

表6-3　递送、接收、索要名片的礼仪要求

内容	具体要求
递送名片	（1）递送名片时应起身站立，走上前去，将名片正面朝上，用双手或用右手递给对方 （2）若对方是外宾，最好将名片印有英文的那一面对着对方 （3）将名片递给他人时，应说"多多关照""常联系"等，或先做一下自我介绍 （4）当与多人交换名片时，应注意先后次序
接收名片	（1）当他人递名片给自己时，应起身站立，面带微笑，目视对方 （2）接收名片时，应用双手捧接或用右手接过名片 （3）接过名片后，要从头至尾把名片认真默读一遍，以示尊重对方 （4）接收他人名片时，应使用谦辞敬语，如"请多关照"
索要名片	（1）向长辈索要名片时，可以说"今后如何向您老请教" （2）向平辈或晚辈索要名片时，可以说"以后怎样与您联系" （3）当他人索取本人名片，而自己又不想给对方时，应委婉拒绝，可以说"对不起，我忘了带名片"或"抱歉，我的名片用完了"

122　接待人员语言要求

使用得体的接待语言会给客人留下良好印象。因此，行政管理人员也要对接待语言提出明确要求。

（1）与客人交谈时，接待人员的站姿要端正，无任何小动作。

（2）面对客人，表情自然大方，态度亲切、诚恳。

（3）话语清晰易懂，注意语音、语调、语速。

（4）正确提及客人姓名，并在后面加上"先生""女士""小姐"等称呼。

（5）谈话中如想咳嗽或打喷嚏，应先说"对不起"，再转身，同时尽可能用面巾纸遮住嘴部。

（6）应先介绍领导和年长者，把职级低者介绍给职级高者；若难以判断，可把年轻的介绍给年长的；可先把本公司的人介绍给其他公司的人。

（7）当把一个人介绍给很多人时，应先介绍其中职级最高者。

（8）应先把男性介绍给女性；男女年龄有很大差别时，若女性较年轻，可先把女性介绍给男性。

123　迎接客人礼仪要求

迎接客人的礼仪要求如下。

（1）当客人来访时，接待人员应立即与其打招呼。来访客人对公司来说都是重要的，接待人员要展现出热情友好和愿意提供服务的态度。如果接待人员正在打字，则应立即停止，即使是在打电话也要对客人点头示意，但不一定要起立迎接，也不必与客人握手。

（2）主动热情地问候客人。打招呼时，接待人员应轻轻点头并面带微笑，如果是已经认识的客人，称呼要亲切一些。

（3）对陌生客人的接待。陌生客人光临时，接待人员要问清其姓名及公司的名称，通常可问"请问贵姓""请问您是哪家公司的"，在问明来意后再进行登记、引领等工作。

（4）客人进门时接待人员要起立迎接并安排客人就座；重要客人来访时，应到门口迎接，客人落座后，应主动为其倒水。

（5）同客人交谈时，接待人员应正视对方，注意倾听。谈话间如遇急事需要马上处理，接待人员应礼貌地示意客人稍候，并表示歉意。

（6）客人到来并进行来访登记后，接待人员要立即通知被访者。如果有需要，前台接待人员应该运用正确的引导方法和引导姿势给予引导。

（7）客人到来时，若公司负责人由于种种原因不能马上接见，接待人员一定要向客人说明等待理由与等待时间。若客人愿意等待，应该为客人提供茶水和杂志。

（8）客人要找的负责人不在时，接待人员要明确告诉对方负责人到何处去了，以及何时返回。若有需要，可请客人留下电话、地址，明确是由客人再次来公司，还是公司负责人到对方公司。

（9）对不速之客的接待。当有未预约的客人来访时，接待人员不要直接回答其要找的人在或不在，而要告诉对方："请稍等，我看看他在不在。"同时婉转地询问对方的来意："请问您找他有什么事？"如果客人没有通报姓名则必须问明，尽量通过对方的回答判断能否让对方与同事见面。如果客人要找的人是公司的领导，更应谨慎处理。

（10）当客人离开公司时，接待人员要主动打招呼致意，并欢迎对方下次再来。

第七章　企业会议管理

导读 >>>

通过定期或不定期地召开各类会议，企业可以有效促进信息传递，保证工作顺利开展。行政部是企业会议的主要管理部门，因此，行政管理人员应带领部门人员做好每一次会议的管理工作，确保所有会议顺利进行。

　　Q女士：A经理，下个月公司就要召开股东大会了，我以前还没有主持过这么大规模的会议，害怕做不好。

　　A经理：你只要认真做好各项会议筹备工作，接待好与会人员，就不必担心会议失败。此外，在会议中和会议后，你都要组织工作人员做好管理工作，关注每一个细节。

　　Q女士：公司过去开会的成本很高，总经理要求这次会议要严格控制成本，我该怎么做呢？

　　A经理：你可以与总经理协商，通过制定会议审批制度、做好会议预算、精简会议数量、减少会议频率等一系列措施降低会议成本。

第一节　会议筹备管理

124　认识企业常见会议

企业常见会议如表7-1所示。

表7-1　企业常见会议

序号	类别	具体说明
1	股东大会	股东大会是企业的最高权力机关，由全体股东组成，对企业重大事项进行决策，有权选任和解除董事，并对公司的经营管理有决定权
2	董事会	董事会是指董事长在职责范围内为了研究并决定企业重大事项和紧急事项而召开的会议。董事会一般由董事长主持召开，根据议题可请有关部门相关人员列席
3	新闻发布会	新闻发布会又称记者招待会，它是政府、企业、社会团体为公布重大新闻而举办的会议，是一种向公众传递信息的手段
4	座谈会	座谈会属于探讨性会议。会议主持人与参会者可以在座谈会上充分探讨问题，阐述自己的观点和想法
5	经验交流会	经验交流会是企业管理者指导和深入开展工作的重要手段
6	展览会	展览会是指通过实物、图片来宣传企业的最新产品、企业形象以及经济建设成果的会议。由于展览会较为直观，加之生动形象，往往容易使公众信服，达到预期效果
7	年终表彰大会	这种会议的召开主要是为了表彰本年度为公司做出卓越贡献的员工

125　确定会议议题

会议议题是会议需要商议研究的主题内容，它一般由企业管理者确定，行政管理人员从旁协助。行政管理人员可以在确定召开会议后，有针对性地收集一段时间以来相关工作的进展情况。例如，出现了哪些问题，哪些问题需要尽快解决等，供企业管理者参考。

126　制定会议方案

会议方案是指会议召开前制定的开会方案。大型的会议方案一般包括会议名称、会议内容、指导思想、任务要求、会议地点、出席人员、会议期限、日程安排、会议领导、注意事项等内容。

127　制定会议费用预算

行政管理人员应为每一次的会议制定费用预算，通盘考虑整个会议，预计可能发生的每笔费用，如会议组长途电话费、酒水费、纸张费、复印费、临时购买物品的费用等。

行政管理人员可编制会议费用预算表（如表7-2所示），列明所有预算项目。

表7-2　会议费用预算表

编号：　　　　　　　　　　　　　　　　　　　　　　　　　　日期：___年__月__日

费用类型	项目	专项费用	单价	数量	小计
资料	设计				
	印刷				
	发行				
会场	专项费用				
	其他杂费				
食宿	住宿				
	餐饮				
差旅费					
礼品					
其他杂费					
总计					

制表人：　　　　　　　　　　　审核人：

128　拟定会议议程

会议议程是指会议的程序表。会议议程除了涵盖足以实现会议目标的各种议案之外，还

103

包括与会者姓名、会议时间以及会议地点等项目。

1．会议议程编排要求

（1）按照议案的轻重缓急编排

会议工作人员应将紧急事项排在议程的前端处理，将非紧急事项排在议程的后端处理。

（2）合理安排入场及离场时间

假如议程中明示几点几分到几点几分用于探讨某一议案，则会议工作人员可以特意安排某些人晚一些到场（即令某些人在他们的议案被讨论的前几分钟进入会场），也可以让某些人早些离场（即令某些人在他们的议案被讨论后离开会场）。

2．会议议程编排注意要点

（1）有些企业并不准备会议议程，这是一种坏习惯。议程不仅能够规范会议的内容，而且可以约束沟通的次序与沟通的节奏。

（2）为了让与会者及早做好准备，会议工作人员应将会议议程随会议通知事先发给与会者。

129　确定与会人员名单

为了确定与会人员名单，行政管理人员和会议工作人员必须熟悉各部门的设置、业务工作范围及其主管。

（1）对于有固定出席人员的会议，会议工作人员应根据会议性质、内容和相关规定，制作固定出席及列席人员名单，并上报有关主管审核。同时，行政经理要根据会议需要制作其他列席人员名单，报请主管审定。

（2）对于一些没有固定出席人员的会议，会议工作人员应当根据会议主管的指示、会议性质、内容及相关规定，制作会议出席及列席人员名单，并报请主管审定。

130　拟定会议日程与时间

会议日程是指会议期间每一天的具体活动安排。会议日程是行政管理人员判断会议组织实施情况、与会人员参加情况的重要依据。

在选择会议时间时，行政管理人员首先应该考虑自己方便出席的时间；其次应该考虑与会人员方便出席的时间。倘若与会人员对会议时间安排有所不满，则势必会影响会议目标的实现。

1．会议时间必须包括起止时间

经验表明，绝大多数的会议安排都只列明会议开始的时间，而无结束的时间。这种做法有两大不足。

第一，与会人员无法对会后的工作做规划。

第二，这样可能会降低会议的效率。因为倘若没有结束时间，本来一个小时可以结束的会议，则可能被拖到三个小时才结束。

为了避免上述两种情况，每一场会议都必须标明结束时间。对于有些会议，比如解决问题的会议，会议工作人员难以确切地把握结束时间，但至少应指明会议大约要在何时结束。

2．会议持续时间

（1）会议持续时间以不超过一个小时为宜，因为一般人集中注意力的时间最长不超过一个小时。

（2）倘若会议所探讨的是极其严肃的或是极其复杂的主题，则一场会议的持续时间以不超过一个半小时为宜。

131　选择会议场所

无论是公司年会、新闻发布会、高峰论坛还是产品推介会，活动场地的选择对行政管理人员来说都是重要的一环。行政管理人员在选择会议地点时，一定要考虑会议的目的、会议的持续时间和会议的预算。会议地点的选择说明如表7-3所示。

表7-3　会议地点的选择说明

序号	内容	具体说明
1	现场会议	大多数现场会议（有15个或更少的与会人员）通常都在公司中举行。这种会议花费少、效率高
2	本地非现场会议	行政管理人员最好亲自考察非现场会议的召开地点
3	外地现场会议	（1）位于其他地区的分公司有相关议题需要总部管理人员参与讨论时，常常采用这种外地现场会议 （2）行政管理人员应进行现场考察。另外，如果分公司也有活动策划人，要两人合作，共同安排 （3）完成所有准备工作后，行政管理人员应检查一切是否按照计划进行。如果计划有误，行政管理人员应负主要责任

（续表）

序号	内容	具体说明
4	外地非现场会议	一些特别会议（如销售会议）往往会采取这种方式，而且会议可能会持续很多天。如果要使活动受欢迎，行政管理人员可以考虑把会场设在风景名胜区，这样，可以使与会人员更为放松地参加会议。但是，行政管理人员需要事先进行现场考察

132　会议文书资料准备

大多数会议文书在会议召开之前就形成了，其准备工作一般与其他会前准备工作同时进行。

1．会议文书的撰写

会议文书的撰写是一项十分严肃而又细致的工作。它包括素材、数据及典型材料的搜集、整理，文件的起草与修改等环节。会议工作人员要认真撰写会议的各种文书，特别是会议报告、议案、决议、会议纪要等。

2．会议文书的审核

会议文书的审核是确保文件合法化的重要环节。会议主旨文书应由企业管理者审核；其他会议文书由行政部门人员审核；涉及职能部门业务内容的文书，则由部门负责人审核。

3．会议文书的整理

在会议开始前，会议工作人员要精心印制发言稿、会议日程安排表、会场指示图，并将相关文件及附送的本市交通图装订成册，注意不要缺页，要便于携带和查阅。

会议工作人员应根据与会人数印制文书并注意留出足够份数，以备与会人员在遗失文书时使用。印制好的文书要根据与会人员不同的单位、部门、级别整理好，以便分发。

4．文书的印制和分发

文书印制要及时、统一、美观。会议工作人员应随着会议进程的推进，提前准备相关文件，留出足够的校核、印制时间。

133　准备会议用品

会议用品包括文具、纸张、簿册、放映装置（如幻灯机）、记录物品（如摄像机）、麦克风等。表7-4为会议用品明细表，供读者参考。

表7-4　会议用品明细表

编号：　　　　　　　　　　　　　　　　　　　　　　　　　日期：____年__月__日

会议名称					
主办单位				负责人	
协办单位					
名称	单位	数量	规格		备注

制表人：　　　　　　　　　　　　　　　　　　　　　审核人：

134　布置会场

会场选定后，会议工作人员要做好布置工作。不同的会议要有不同的会场气氛，如庆祝大会的会场要喜庆，纪念性会议的会场要肃穆典雅，座谈会的会场要温暖亲切。

大型会议的会场大多设主席台，会议主持人和与会人员呈面对面形式。大型会议多在礼堂、会堂召开，主席台一般设在舞台上。中型会议的主席台设在舞台上下均可；如设在台下，要离与会者近一些。小型会议不用设主席台。

会场布置形式依会场大小、形状、会议的需要、与会人数的多少而定，并要符合美学原理，表7-5为会场布置形式说明，供读者参考。

表7-5　会场布置形式

序号	布置形式	说　明
1	圆桌式	会议工作人员应在圆桌或方桌的周围安放椅子，确保会议成员可以自由交谈。此形式适合15～20人的小型会议
2	"口"字型	如果出席会议的人员较多，会议工作人员可以把桌子摆成"口"字型，内侧也可以安排座位
3	"U"字型、"V"字型	在将桌子摆成"U"字型、"V"字型时，会议工作人员要注意屏幕的位置
4	教室式	在召开发布会、以传达信息为目的的会议或员工大会时，由于人数众多，会议工作人员可将会场布置成教室的样子

135   拟定会议通知

会议通知一般采取书面形式。公司内部所发的书面通知要由当事人签名。

行政部应按公司规定制作公司内部通知函；在制作公司外部通知函时，要根据会议的性质，慎重进行。

会议通知范本如下所示。

【经典范本 01】会议通知

会议通知

被通知人：

意见反馈：

（会议通知已设回执，若您不能参加会议请点击按钮，并向会议召集人请假。若您不反馈"有事不能参加"的信息，即默认您能够准时参加。）

时间	
地点	
会议主题	
召集人	
与会人	
会议议程	
附件	

136   做好会前审核工作

会议的一切准备工作就绪后，行政管理人员和部门人员必须做最后的审核，以免出现疏漏。表7-6为会前审核的项目及内容，可为行政管理人员会前审核提供参考。

表7-6   会前审核项目及内容

审核项目	审核内容
活动作业明细分工	大会秘书组、大会文件组、大会组织组、大会宣传组、大会后勤组、大会保卫组的设置情况

审核项目	审核内容
会场的预订	主会场、分会场、洽谈室、展示室、来宾休息室、工作人员休息室、演艺人员休息室的落实情况
制作来宾名册	来宾的姓名、地址、公司名称、电话、职务等是否准确无误
邀请函	信封、邀请卡、回函明信片、指引地图、餐券定制张数（多印20%的备份）、信封书写、投递日期（应在活动前两三个星期寄给对方）等的确认
纪念品	纪念品的选定、包装、外包装书写、礼品提款、定制数量（多出20%的备份）是否确定
交通工具	飞机、火车、轿车等交通工具的选择
新闻宣传	文字记者、新闻稿、摄影记者及电源的准备情况
住宿安排	来宾的住宿（套房、单人房、双人房）、房间的分配情况
费用	住宿费、餐费、食品费、电话费、交通费、酬谢费的发放
安排用餐	住宿者的用餐事宜，来宾、司机的用餐事宜，服务人员的用餐事宜，演员、乐队的用餐事宜
活动行程	司仪开场白、主持人致辞、来宾致辞、宣读贺电、致谢辞、活动行程表、播放背景音乐、播放宣传片的准备情况

第二节　会议期间的管理工作

137　会议签到

在会议举办期间，行政管理人员要做好相关的组织工作，如做好会议进度的控制、资料的管理等，使会议向着既定的目标进行。

为了准确了解与会人员的出席情况，在会议开始之前，行政管理人员要吩咐会议工作人员做好入场签到工作，统计出席、列席和缺席人数。表7-7是会议签到表的范本，供读者参考。

表7-7　会议签到表

编号：　　　　　　　　　　　　　　　　　　　　　　　　　　日期：＿＿年＿月＿日

会议主题			主持人		
会议地点			会议时间		
部门	姓名	签名	部门	姓名	签名
缺席人员记录					
部门	姓名	原因			

制表人：　　　　　　　　　　　　　　　　审核人：

138　接待与会人员

　　行政管理人员一定要嘱咐接待人员做好接待工作。对于大型会议，如商务会议，行政管理人员要亲自接待来宾，同时要注意接待礼仪、规格等。

139　管理会议资料

　　如果会议资料较多，资料的管理将会成为会议组织工作的难点，会议工作人员不仅要将资料分类，还要掌握好资料的剩余量。会议工作人员可以使用会议资料管理表（如表7-8所示）列出会议资料的详细情况。

表7-8　会议资料管理表

编号：　　　　　　　　　　　　　　　　　　　　　　　　　　日期：＿＿年＿月＿日

类别	编号	资料名称	总数量	发放数量	发放日期	剩余量

制表人：　　　　　　　　　　　　　　　　审核人：

140　跟踪会议进程

跟踪会议进程时，若议程发生变动，要及时通知每一位与会人员。对于无法处理的事，行政管理人员要及时和会议工作人员进行协调。

会议工作人员要记录会议期间的电话、传真，及时处理各类信息。

会议工作人员对会议中的动态、与会者的建议等要做到心中有数；若大型会议的议程临时出现变化，则要向上级报告。

开会时，对于不是特别紧急的电话，一般不予传呼，可先记录电话内容，待会议中间休息或散会后交给当事人；对于内容十分紧急的电话，可用纸条通知当事人接听。

141　做好会议记录

会议记录是会议过程的真实凭证。会议记录的措辞要符合实际、简明扼要。必要时会议工作人员也可用录音笔先录下会议全过程。会议记录如表7-9所示。

表7-9　会议记录

编号：　　　　　　　　　　　　　　　　　　　　　　　日期：＿＿年＿月＿日

1. 开会时间：＿＿年＿月＿日＿时＿分至＿时＿分
2. 开会地点：
3. 会议名称：
4. 主持人：
5. 出席人员：
6. 讨论事项及结论：
7. 会议记录人：

制表人：　　　　　　　　　　　　审核人：

142　会议保密措施

行政管理人员和会议工作人员要做好会议现场的保密工作，严格执行企业关于保密工作的规定。具体的保密措施如下。

（1）会议文件要准确地划分保密等级，必要时可规定只能在会场内查看，离开会场时应上交。

（2）注意检查会场上扩录音设备及通信线路，防止泄密。

（3）对与会人员尤其是会议工作人员应予以严格限制，加强保密纪律和保密观念教育。

（4）无用的会议文件及底稿应存放在指定地点并妥善保管，在会后一定时间内指定专人销毁。

如果会议内容属于机密内容（例如，产品鉴定会的内容属于公司的研发机密），那么会议的保密工作就显得十分重要了。表7-10是某公司行政管理人员为产品鉴定会的保密工作制定的保密清单。

表7-10　会议保密清单

事项	应检查事项
场地检查	必须由专人检查场地，确保场地无问题
录音设备	指定专人配合工作人员播放音乐，不得私自录音
指引牌	不写明具体会议内容，并在人员入场后立即撤掉指引牌
胸卡检查	检查进入会场人员是否佩戴胸卡，无胸卡者禁止入场，这是为了防止竞争对手趁机入场了解公司产品开发进度
资料发放	为每份资料编号并将其与人员相对应，这样一来，若缺少资料，就能很快确定是谁将资料带出会场
资料、会议议程回收	会议结束后，会议工作人员应按照资料编号一一回收清点会议资料、会议议程，确保鉴定委员会人员未携带鉴定资料离开会场

143　保障现场通信畅通

与会人员之间、参会各部门之间、会议与外界通信的畅通，是开好会议的基本条件。行政管理人员选择开会地点时，应重点考虑通信条件。特别重要的、绝密级的会议，可规定与会人员在一定时间内不得与外界联系，但必须保证参加会议的各部门、各单位、与会人员之间的通信畅通。

会议使用的电话、数据通信、电子邮件等要安全畅通。行政管理人员和会议工作人员应做好会议通信保障工作，必要时可架设专线，配备无线通信设备或租用卫星线路等。

144　协助做好新闻报道工作

有些会议因为社会影响大或研究、讨论的问题很重要，常常为新闻界所关注并被报道。

会议工作人员应根据会议的纪律、规定和行政管理人员的指示，协助记者做好新闻报道工作。

145　举办会议活动

1．举办会议参观活动

会议参观有两种类型，一种是作为会议主要内容的参观活动，其目的是增加与会人员的感性认识。这种参观多出现在现场会议上，要占会议相当一部分时间。另一种是在会议休闲期间组织的参观活动，这种参观多出现在会期较长的会议上，是调节与会人员生活的一种方式。

行政管理人员应认真组织参观活动，选好参观地点和参观内容，调度好车辆。参观人数较多时，还应做好分组编队工作；有些会议参观，还应配备好翻译或讲解人员。

2．安排会议文体活动

安排会议文体活动的目的是调节气氛，使与会人员精神愉快，开好会议。会期越长，文体活动应越丰富。行政管理人员可以就近安排与会人员观看一些电影、戏剧等。在条件允许的情况下，可以组织专场演出或放映专场电影，还可举办舞会等，以增进与会人员之间的感情。此外，行政管理人员应尽量将文体活动同会议的主题结合起来。

146　做好会议后勤工作

会议后勤工作的主要事项如表7-11所示。

表7-11　会议后勤工作事项

序号	事项	具体内容
1	做好接站工作	如果会议邀请了外地与会者，行政管理人员应安排工作人员接站
2	会议住宿服务	安排与会者的住宿是一项重要工作，要以舒适为首，让与会者有宾至如归的感觉
3	会议餐饮服务	饮食直接关系到与会者的健康，因此，管理人员应在会议期间提供较好的饮食条件和餐饮服务。其应根据有关规定，尽力满足与会人员在饮食方面的合理要求，为与会人员提供优质高效的餐饮服务
4	会议交通服务	会议承办者必须做好会议交通服务工作，以免影响到会议的顺利进行。会议的交通主要指地面交通。地面交通范围较广，包括当地铁路系统、机场接送巴士、酒店免费汽车、出租车等

序号	事项	具体内容
5	会议茶点与休息	如果会议时间较长，行政管理人员应为与会人员安排休息时间并提供茶点
6	会议安保工作	安全是会议顺利召开的保障，行政管理人员必须做好安保工作
7	会议清洁安排	在会议现场，行政管理人员一定要做好会议场地的清洁工作，以便给与会人员带来良好的感受
8	与会人员送站工作	对于贵宾，行政管理人员应安排人员送站，这是会议接待的最后一项工作，也体现了对与会者的尊重

147 处理会议突发事件

良好的汇报机制是突发事件能够得到及时处理的基础，行政管理人员在安排会议工作人员的工作时应考虑到突发事件的处理。如有必要可每日定时召开例会，由各成员总结当天的工作。

一旦发生意外事件，会议工作人员首先要尽快通知相关责任人，并立刻调动内外部资源处理问题，做好会议议程及相关资料的调整工作，及时通知与会人员。对于无法处理或会议工作人员无权作决定的突发事件，应及时向行政管理人员或其他在场领导汇报。

第三节　会后管理工作

148 检查会后现场

会议结束后，行政管理人员要督促会议工作人员做好会场检查工作，查看是否有遗漏文件或物品。行政管理人员可以实行退场检查制，也就是按设备清单核对携带的仪器是否齐全，相关会议资料有无遗漏，然后回收剩余的文件、资料、文具、礼品，收存会议用的仪器、设备。

149 清理会后现场

会议结束后，行政管理人员应指挥会议工作人员清理会场留存的各种会议标志和相关资料。在开展清理工作时，应严格遵守保密规定。

1．在公司召开的会议

如果是在公司办公室或会议室召开会议，在会议结束后，行政管理人员要安排相关人员打扫会场，将物品归还相关部门，保持会场干净整洁。行政管理人员可以列出会场清理人员名单（如表7-12所示），以便对清理人员进行管理。

表7-12　会场清理人员名单

编号：　　　　　　　　　　　　　　　　　　　　　　　　　日期：＿＿＿年＿月＿日

序号	清理事项	负责人	检查人
1	地板清扫		
2	墙壁清洁		
3	搬运桌椅		
4	摘除海报		
5	摘除横幅		
6	摘除彩条		
7	摘除气球		
8	摘除评委牌照		
9	清理垃圾		

制表人：　　　　　　　　　　　　　　　　　　　　审核人：

2．租用场地的会议

如果是在租用场地召开会议，则行政管理人员要将属于公司的物品清点并整理好，以防遗漏。行政管理人员最好准备一张公司物品清单，以便一一核对。

150　评估会议

会议结束后，行政管理人员要对会议进行评估，以确认会议效果。行政管理人员可以利用会议成果评估表（如表7-13所示）逐项进行评估。

表7-13　会议成果评估表

编号：　　　　　　　　　　　　　　　　　　　　　　　　日期：＿＿＿年＿月＿日

会议成果评估内容	评估结果
1．会议是否如期开展	
2．会议的目的及议题是否周全	
3．会场或设备是否合适	
4．会议必要的资料是否齐全	
5．会议是否按计划进行	
6．是否按预定时间散会	
7．全体人员是否了解会议主题	
8．会议开始时，相关人员是否简要地叙述议题的重点	
9．会议气氛是否热烈	
10．在与会人员进行讨论时，是否有偏离议题的论点出现	
11．是否有很多生动且有建设性的发言	
12．与会人员是否有所抱怨	
记载事项：	

制表人：　　　　　　　　　　　　　审核人：

151　收退会议文件

会议文件的收退也称会议文件的清退，是指会议工作人员在会议结束时，根据规定清理会议上发放的文件并退回会议行政部。此项工作对机密程度较高的会议尤为重要。

1．重要会议文件收退原因

（1）文件内容是高度机密的，若长久存放在个人手中，可能会被遗失或泄密。

（2）会议文件，特别是领导在会议上的讲话、与会人员的即席发言不宜扩散。

2．会议文件收退工作程序

（1）会议工作人员向会议主席团或主持人汇报文件发放情况，并提出收退文件建议。

（2）待主席团或行政管理人员批准建议后，会议工作人员应下发会议文件目录卡（如表 7-14 所示），并做必要的解释工作。

（3）会议结束后会议工作人员应进行收退工作，若有文件丢失，应查清原因并及时向领导报告。

表7-14　会议文件目录卡

编号：　　　　　　　　　　　　　　　　　　　　　　　　　　　　　日期：____年__月__日

编号	档案名称	性质	类别	建档位置	建档时间	销档时间	备注

制表人：　　　　　　　　　　　　　　　　审核人：

152　对会议文件进行立卷归档

会议文件的立卷归档是指在会议结束后，会议工作人员依据会议文件的内在联系将其加以整理，归入档案。会议文件的立卷归档是会议结束后的一项重要工作。

1．会议文件立卷内容

行政管理人员和会议工作人员要注意会议所有材料的形成、使用过程，包括会议批示，会议通知，会议名单，会议主要文件的历次修改稿，会议的议题、日程和程序安排，会议的各种文件、各种发言材料、各种记录、简报、快报，会议纪要，会议总结等。

凡是印刷下发的文档都要留有一定的份数，行政管理人员应注意跟踪会议主要文件的历次修改稿、会议纪要的修改稿，在会议结束后，马上按立卷要求将其收回。

2．会议文件立卷方法

行政管理人员应根据会议类型和材料的多少确定会议文件的立卷方法。

大中型会议文件的立卷方法是先区别文件类别，然后按问题、时间立卷。同一文件的不同修改稿按修改的时间顺序排列，但要把定稿放在前面。

工作会议文件通常按工作顺序排列：会议批示，会议通知，会议议题、议程，会议纪要，会议决定事项，会议决定事项所涉及的文件。有些决定事项没有会议文件，行政管理人员应在卷内注明。对于一次会议决定几个事项的情况，行政管理人员在立卷时应将其按决定事项的重要程度排列。

3．会议文件汇编

有些会议结束后，需要行政管理人员汇总编辑会议文件。会议文件的汇总编辑一般有两种情况：一种是汇编传达、贯彻会议精神的，正式的主要文件；另一种是汇编所有的会议文件，包括会议作息时间表、分组名单、会议须知、会议的各种文件、各种材料，将其分门别类或按时间顺序装订成册。

153　催办落实会后事务

催办会后事务指会议决定事项的催办工作。催办的内容如下所述。

（1）催办写报告。

（2）催办改写会议文件。

（3）催办代拟指示、批示等相关文件。

（4）催办会议议定事项的落实。

行政管理人员可以建立催办制度，发放会议决定事项催办通知单（如表7-15所示），进行电话催办等，直至事项全部落实。

表7-15　会议决定事项催办通知单

催办通知单编号			催办人		
催办 内容		催 办 日 期			
受催 部门		联 系 人		联系 电话	
办理 情况		备 注			

154　处理会后其他事务

会后其他事务的处理说明如表7-16所示。

表7-16　会后其他事务处理

序号	处理事务	具体说明
1	送别与会人员	会议工作人员要预先登记与会者的返回日期和乘坐的交通工具，代购飞机票或车船票，以便他们在会议结束后及时踏上归程，对于个别需要暂留的人员，要为其安排好食宿
2	处理遗忘物品	若有被遗忘的物品，会议工作人员要尽快与失主取得联系，及早送还。若距离较远，可利用快递寄送
3	寄感谢信	对给会议提供帮助的人士，会议工作人员要及时寄送感谢信表达谢意，措辞要热情诚恳
4	打印会议记录	会议工作人员应将相关的会议记录进行编排、整理，再打印出来
5	印发纪要和决办通知	(1) 绝密级的会议纪要只印发给与会领导 (2) 一般会议纪要可印发给参加会议的工作人员 (3) 对于保密内容，只需要印发会议决定办理事项通知，即决办通知

155　制作会议简报

会议简报是在会议期间编发的，用以简要报道会议进展情况，推动会议进程的一种特殊文书。

1. 制作会议简报

如果会议超过一天，会议工作人员可以每天制作一份会议简报，告知与会者最新的信息和日程变动。

2. 编写简报

简报的编写一般需要经过记录、构思、整理、校对四个环节，下面我们主要介绍一下会议简报的构思方法，具体内容如表7-17所示。

表7-17　会议简报构思方法

序号	方法	具体内容
1	归纳法	通过综合分析会议发言内容，梳理归纳出几个问题
2	报道法	借用新闻报道的方式，将要反映的内容用两三句话概括，然后分别从不同侧面报道会议讨论内容
3	摘录法	将会议发言人的发言摘要整理编排成简报
4	排比法	将发言的内容按一定次序编写成简报

156 会议费用报销

在会议结束之后，会议工作人员要报销所有会议费用。

1．整理相关费用清单

会议工作人员要将所有会议费用清单，如住房结算表（如表7-18所示）、会议费用清单接收记录表（如表7-19所示）等汇总，并按时递交财务部门。

表7-18　住房结算表

编号：　　　　　　　　　　　　　　　　　　　　　　　　　　　日期：＿＿＿年＿月＿日

日期	房间类别	申请房间号	退房号	实际使用数量	金额结算	确认
备注	会议工作人员应每日与酒店核对相关情况，若与会人员较多，须由专人负责。					

制表人：　　　　　　　　　　　　　　　　审核人：

表7-19　会议费用清单接收记录表

编号：　　　　　　　　　　　　　　　　　　　　　　　　　　　日期：＿＿＿年＿月＿日

日期	送单人	费用说明	金额	审批人	接收人

制表人：　　　　　　　　　　　　　　　　审核人：

2．向财务部递交费用清单

会议工作人员将会议费用清单整理好之后，应将相关单据上交行政管理人员审批，然后转交财务部审核。

第四节　会议成本控制

157　建立会议审批制度

要想做好企业会议成本控制工作，行政管理人员首先应协助企业管理者制定会议审批管理制度，明确公司允许举办的会议。以下为某公司的会议审批制度，供读者参考。

【经典范本 02】××公司会议审批制度

××公司会议审批制度

1. 目的

1.1 保证会议质量及会议安全。

1.2 满足员工在工作、生活上的兴趣和需求。

1.3 厉行节约，杜绝浪费，提高效率。

1.4 促进员工队伍健康成长，塑造集团良好形象，提高集团美誉度和知名度。

2. 审批内容和考虑事项

2.1 会议目的是否有意义。

2.2 会议性质是否健康、积极向上，是否违反公司各项规章制度及相关法规。

2.3 会议质量及安全是否有保障，是否具备开展条件。

2.4 会议持续时间与会议经费安排是否合理。

2.5 会议是否满足员工兴趣，使员工在工作技能、企业文化氛围营造方面有所收获。

3. 会议审批备案流程

3.1 审批权限

以会议及会议的组织单位、涉及范围确定。

（1）部门名义：由部门负责人审批，外出会议还应报总经理办公室备案。

（2）公司名义：由公司总经理审批，外出会议还应报总裁备案。

（3）集团名义：由集团总裁审批。

（4）项目工作：针对具体项目开展的相关工作人员会议，由具体项目负责人或主管部门负责人审批，涉及重大决议事项的，由具体负责人报请总裁审批。

（5）大型会议（会议参加人数超过100人，或跨部门、跨公司等涉及范围较广的会议）以及员工外出旅游（包括自费）必须报集团总裁审批。

（6）会议需要的经费支出，应报总经理（集团报总裁）审批。

3.2 审批流程

（1）会议组织部门填写审批表，按照相应权限进行审批并备案。

（2）审批通过后方可进行后续流程，会议组织部门应按批准的经费严格控制费用支出，如遇重大调整，还应重新上报审批。

3.3 罚责

未经批准，对于擅自组织会议的人员，企业应给予口头批评；屡次发现的给予通报批评，并处以50元～200元的罚款；造成不良影响的，直接通报批评并处以100元～500元的罚款。对不按规定审批备案，使得会议出现安全问题的，企业应追究组织者相应的责任。

158　精简会议数量

降低会议成本的一个有效方法就是控制会议的数量。

在实际工作中，企业在客观条件可能和需要的情况下，可以利用召开会议的方式推进工作，但不能只依靠召开会议这一种工作方式去完成所有工作，以免造成人力、物力、财力和时间等的浪费，降低工作效率。

159　控制各类会议频率

企业还可以采用控制会议频率的方式来控制会议成本，如每月只召开一次固定的部门会议，每半年召开一次全体会议，避免频繁召开处理突发事件的会议，但可以随时召开一对一的会议。

160　提升会议质量

1. 影响会议质量的因素

会议质量是指会议效果的好坏。要使会议取得良好效果，行政管理人员必须对会议质量实施控制。如果会议的召开没有达到预期效果，那么就会造成浪费，从而增加成本，因此保证会议质量也是控制成本的方法之一。

影响会议质量的因素如下所述。

（1）是否具有召开会议的必要。

（2）会议准备是否充分。

（3）会议期间能否排除各种干扰（打电话、找人、无关人员入场、与会者退场等）。

（4）主持人和与会人员的学识、业务水平、工作作风等如何。

（5）环境卫生条件如何（包括房间大小、室内温湿度高低、光线好坏、空气流动情况、安静程度等）。

（6）技术设备条件如何。

（7）议程是否科学合理。

（8）对会议决议的执行是否实施有效的监督等。

2．控制会议质量的措施

行政管理人员要针对影响会议质量的相关因素，采取相应措施来控制会议质量，具体内容如下所述。

（1）行政管理人员应建立并健全包括会议规则在内的一整套会议制度，以制度约束与会议有关人员的行为。

（2）行政管理人员应严格执行会议审批制度。对于不合乎标准的会议，一律不能召开。

（3）行政管理人员应提高控制会议进程的能力与水平，掌握主持会议的有效规则与技巧。

（4）行政管理人员应保证主持人和与会人员具有足够的权力和明确的责任，以便议而有决、决而有行。

（5）行政管理人员应保证议题集中，日程高度紧凑，尽量缩短时间，让与会人员能集中精力。

（6）行政管理人员应科学、有效、充分地做好会议准备工作。会前应注意使每一位与会人员明确会议目的、宗旨、议题，掌握有关文件材料并做好发言准备，不开"空手"会议，不开无准备的会议。

（7）行政管理人员应充分运用现代化技术手段，灵活运用图板、实物、模型、照片、广播、电话等用具或设备，提高信息传递的效率与质量，缩短议程，提升会议效率。

（8）行政管理人员应保证会场秩序，创造良好的物质条件、环境条件和卫生条件。

161　推行候会制度

候会制度是指允许一部分人员只参加会议的一部分，具体是指根据会议议题的需要，召集有关人员前来参加会议并发表意见，当该项议题讨论完毕之后，这部分人员即可退出会议。采用候会制度，可以有效节约人力成本，避免浪费时间。

参加会议的人数越多，充分利用与会人员个人智慧、使与会人员达成统一意见的可能性就越小。如何根据会议的不同形式和内容确定参加会议人员的数目，这是每一位行政管理人员都应认真对待的问题。

162 做好会议应急预算

对于一些规模较大的会议，行政管理人员应留出一部分预算以应对紧急情况。

行政管理人员最好制作一个费用预算表，把应急预算填入表格中，如果与会人数或固定成本发生变化，那么可以对整个预算进行修改。

第八章 企业物资管理

导读 >>>

企业物资种类繁多，一般包括各类印信、证照、办公用品、办公设备和车辆等。这些物资都是企业的财产，行政管理人员应充分了解这些物资，并在日常工作中对其进行有效管理，确保企业物资得到正确的使用和保管。

Q女士：公司的物资好多啊，有各类印信、证照、办公用品、设备等，都要我来管理，感觉压力好大呀！

A经理：公司的物资多不要紧，关键是要掌握管理物资的方法。你要先将各类物资进行分类，然后分别进行管理。例如，对印信的管理要非常严格；对办公用品和设备的管理要从细处着手，做好采购工作，避免浪费。

Q女士：公司的两位司机几次私自将公司的车辆开出去，我批评过他们，但他们都不改，我该怎么办呢？

A经理：你应该制定严格的车辆管理制度，明确司机应遵守的各项规定。如果司机违反规定，你有权按规定做出相应的处理。

第一节　企业印信管理

163　企业印章的种类

印章是代表企业权力、职责的凭据。相关人员在文书上加盖印章,标志着文书生效和对文书负责。

企业在行政管理活动中常使用的印章主要有以下三种。

(1)自企业成立之日起,由上级主管部门颁发的机构全称公章或钢印,此种印章证明该企业合法存在。文书、证件等一旦盖上企业公章,即表示已被企业认可,正式生效。

(2)企业领导的签名或图章。这类印章代表了企业领导人的身份,同样具有权威性。

(3)企业行政办公部门印章。这种印章一般只在企业内部使用。

印章的种类如表8-1所示。

表8-1　印章的种类

序号	种类	具体说明
1	印鉴	印鉴指的是公司向主管机关登记的公司印章或指定业务专用的公司印章。印鉴可以分为刻有公司全称的公司名印、分公司名印等,一般用于较为重要的文件或表格,特别是在对外使用时,可作为公司法人的标志之一
2	职章	职章指的是刻有董事长、各公司总经理名衔及职别的印章。根据具体职衔的不同,职章主要包括董事经理职章、董事副经理职章、常务董事职章、董事职章、监事职章等
3	职衔签字章	职衔签字章指的是刻有各公司中层以上主管职衔及签名的印章。职衔签字章是在职务印章的基础上加上使用者签名的印章,也是企业强化责任制的标志之一
4	部门印章	部门印章指的是刻有公司及部门名衔的印章。根据公司具体的组织结构,部门印章包括总务部印章、物资部印章、财务部收据专用印章、财务部申请专用印章及其他不同部门的印章等
5	校对章、骑缝章、附件章	这几种印章指的是刻有公司名衔和"校对章""骑缝章""附件章"等字样的印章

164　刻制印章

印章的刻制是印章管理工作的一个重要环节。刻章单位无论刻制哪一级单位的印章,都要审核确认上级单位批准成立该单位的正式公文。

在刻制印章前，企业或部门必须填写印章刻制申请表（如表8-2所示），开具公函，并写明印章的名称、式样和规格；上级单位批准后，到企业所在地的公安部门办理登记手续。企业必须在持有公安部门颁发的特种行业营业执照的刻章单位制作印章。

在印章刻制的过程中，所有人员都要严格保密。承担印章刻制工作的单位和刻字者一律不许留样和仿制，企业不许自行刻制企业的印章。

表8-2　印章刻制申请表

编号：　　　　　　　　　　　　　　　　　　　　　　　　日期：＿＿年＿月＿日

申请部门		印章名		申请人	
资料名称				份数	
申请事由：					
部门主管意见： ＿＿年＿月＿日	行政部经理意见： ＿＿年＿月＿日		总经理意见： 年　月＿日		董事长意见： ＿＿年＿月＿日

制表人：　　　　　　　　　　　　　　　审核人：

165　启用企业印章

在确定了印章启用时间后，企业应向相关单位发出正式启用印章的通知，注明正式启用日期，并附上印模，同时报上级单位备案。

颁发机关和使用机关、单位都要将关于启用时间的材料和印模立卷归案，永久保存。在启用日期之前，印章是无效的，只有在启用后，印章才能使用。

166　选择印章保管人员

行政管理人员在选择印章保管人员时，应挑选责任感强、保密观念强、敢于坚持原则的人员，并与之签订印章保管委托书，以明确保管责任。以下为印章保管委托书的范例，供读者参考。

【经典范本 03】印章保管委托书

印章保管委托书

公司印章名称				
印章保管委托人		印模		
委托人职务				
委托保管期限				
接受委托保管人	保管人职务	身份证件号码		有效联系方式

委托书

一、即日起，将公司印章委托给××保管，该同志即为公司印章保管人。印章保管人应按《公司印章管理使用规定》管理印章。

二、印章保管人必须妥善保管印章。印章保管人没有印章使用权。

三、印章的使用权人以书面签字、发文签字形式通知印章保管人用印；印章保管人未接到使用权人用印指令不得擅自用印。

四、本《印章保管委托书》一式两份，一份交办公室存档，一份连同印章与印章启用函件一并交付印章保管人保管。

委托人签字：

接受委托人签字：

____年__月__日

167 建立印章台账

为了便于管理企业印章，行政管理人员应建立企业印章台账（如表8-3所示），将所有印章登记在册，以便统筹管理。

表8-3 企业印章台账

编号：　　　　　　　　　　　　　　　　　　　　　　　　　日期：____年__月__日

序号	印章名称	印章种类	保管部门	保管人签字	移交人、监交人签字	领出时间	退回人签字	退回时间	接收人、监交人签字	备注

制表人：　　　　　　　　　　　　　　　审核人：

168　日常使用印章

行政管理人员要重视印章管理工作，要求使用印章者履行审批手续，并进行登记。印章管理人员在他人使用印章时应做好以下几项工作。

1．检查批准使用印章的签字

在他人使用印章前，印章管理人员应检查是否有相关负责人批准使用印章的签字。原则上，印章的使用应由企业的相关负责人批准。

2．审阅、了解使用印章的内容

印章管理人员不能不看内容就盲目盖印。除了要审核内容，印章管理人员还要检查留存材料是否交全。一般使用印章要保留的材料如下。

（1）对于一般信件，印章管理人员应留有管理者签批的草稿。

（2）对于协议书、合同，印章管理人员应保留一份文本。

（3）对于荣誉证书等各类证书，印章管理人员要确保其附有颁发文件或领导人批准的书面材料、名册及证书的样本。印章管理人员要逐一核对证书与名册的姓名是否相符，并清点证书数量与名册的人数是否相同。

3．使用印章登记

企业员工每次使用印章时都必须进行登记，登记项目包括使用日期、印章编号等，如表8-4所示。

表8-4　印章使用登记表

编号：　　　　　　　　　　　　　　　　　　　　　　日期：＿＿＿年＿＿月＿＿日

印章编号	印章类别	印章数量	使用人	使用部门	使用日期	批准人	监印人及代行人签字	备注

制表人：　　　　　　　　　　　　　　审核人：

4．加盖印章

对公文、函件经过上述审查、登记以后，印章管理人员即可按要求加盖印章。

5．整理留存材料

印章管理人员应将留存材料进行编号整理、归档，对其中具有查考价值的，要在年终整理立卷时归档保存。

6．正式印章使用的地点

工作人员应在办公室内使用正式印章。印章管理人员一般不能将印章带出企业使用。印章不能脱离印章管理人员的监督。当印刷厂套印盖有企业印章的文件时，印章管理人员应在现场监印。

7．不允许盖空白凭证

印章管理人员应保证不会出现盖有印章的空白凭证，否则将承担相应的责任。

169　停用企业印章

若企业因名称变更、撤销等原因要停止使用印章，行政管理人员应该按照上级规定，认真做好印章停用后的各项工作。

首先，行政管理人员要发文给有业务往来的单位，通知其企业已停止使用印章，并说明停用的原因，标明停用的印模和停用的时间。其次，行政管理人员要彻底清查所有的印章，不能在企业长期留存停用的印章，要将其及时送交颁发单位处理。

当旧印章停用或作废并启用新印章时，行政部门要发布"旧章作废、启用新章"的通知。作废的旧印章用红色印在"印模栏"内，启用的新印章用蓝色印在"方框栏"内，表示刚刚启用。

按规定，旧印章被停用后，便已失去原有的法人标志，不能作为现行企业职权和活动的凭证。当必须使用原企业名称时，也须使用新印章，不能使用旧印章。但相关人员可到公证处进行公证，公证"××单位"就是"原××单位"。这样做既遵守了印章使用制度，又可顺利开展工作。

170　旧印章的存档和销毁

旧印章停用后，行政管理人员应清查全部印章，并把清查结果报告企业领导，请领导审定旧印章的处理办法。根据领导的批示，行政管理人员应将旧印章或者上缴颁发机构切角封存；或由印章作废单位填制作废印章卡片，连同作废印章一起交给当地档案馆（室）立卷备查，并将作废印章予以销毁，或由本企业自行销毁。

在销毁废旧印章时，行政管理人员必须报请企业领导批准，销毁时要由主管印章的人员监销。行政管理人员要登记所有销毁的废旧印章，并将印模保存起来，以备日后查考。

171　介绍信的类型

介绍信一般包括以下几种类型。

1．业务介绍信

企业对外进行业务联系时需要用到业务介绍信。

2．专用介绍信

专用介绍信用于办理特定事务，如购买飞机票、办理出国手续等。专用介绍信有特定的内容和样式，可一次印制多张。

3．存根介绍信

存根介绍信有两联，一联是存根，另一联是外出时使用的介绍信。存根介绍信的两联都有号码，以方便查对；两联之间有一条缝，相关人员开出介绍信时，应在缝上盖章（骑缝章），以便于核对。

4．证明信

证明信可以企业、机关、团体、个人的名义开出，用以证明某个组织、团体、个人或有关来件的真实性。如果证明信是以个人名义开出的，信上除了应有个人的签字或盖章外，还应有个人所在组织的盖章，以证明个人的身份。

172　介绍信管理要点

介绍信是一种使用范围相当广泛的身份证明，例如，企业相关人员若要出差办事，就需要有说明任务、证明身份的介绍信。行政部门应严格遵守介绍信使用制度，当开则开，不开空白介绍信；开出介绍信或转出介绍信时，要履行一定的手续。

1．介绍信的开具手续

需要企业开具介绍信者，应填写企业介绍信签批单。在所属主管批准后，行政人员应根据企业介绍信签批单填写介绍信，盖章后发给需用人。履行签批手续，一可防止个人乱用介绍信，二可使企业领导掌握员工的工作情况。

2．介绍信本的管理

大型企业的介绍信往往分给几个部门使用，行政部门在给职能部门分发空白介绍信本时，必须严格履行登记签收手续。

173　使用介绍信时的注意事项

企业使用介绍信时的注意事项如下所述。

（1）负责管理介绍信的行政人员，应严格履行介绍信签批手续，以免出现问题后无处查证。

（2）行政人员应妥善保管介绍信存根，并按保密要求归档，保管期一般为五年。

（3）若因情况变化，介绍信领用人没有使用介绍信，则应立即退还。未及时退还的，行政部人员要去收回，在收回后，将它贴在原存根处，并写明情况。

（4）若发现介绍信丢失，领用人应立即向相关人员反映情况。

（5）行政部在接待外来人员时，应认真查对来者姓名、商办事项与介绍信所开列的事项是否相符。

（6）在工作结束前，介绍信持有人可持续使用介绍信。在工作结束后，行政部一定要将持有人的介绍信收下备查。

（7）当介绍信持有人办妥事情并留下介绍信时，行政人员应要求其在介绍信反面签注办理情况，以便日后查对。

第二节　办公用品日常管理

174　提出办公用品采购申请

各部门的办公用品一旦出现不足，应向行政部提交办公用品采购申请单（如表8-5所示）。

表8-5　办公用品采购申请单

编号：　　　　　　　　　　　　　　　　　　　　　　　　日期：＿＿年＿月＿日

序号	办公用品名称	品牌	规格型号	申请项目			行政部调查审批项目		
				数量	单价	金额	数量	单价	金额

（续表）

合计:		合计:
部门申请理由		
行政经理意见	部门负责人审核	总经理审批

制表人： 　　　　　　　　审核人：

175 制订办公用品需求计划

行政管理人员根据各部门的采购申请，制订办公用品需求计划并开展采购工作。表8-6为办公用品需求计划表，供读者参考。

表8-6　办公用品需求计划表

编号. 　　　　　　　　　　　　　　　　　　日期：＿＿年＿月＿日

个人领用类							业务领用类						
办公用品名称	代号	单位	数量	单价	金额	备注	办公用品名称	代号	单位	数量	单价	金额	备注
小计							小计						
预算金额： 实际金额：					部门主管					经办人			

制表人： 　　　　　　　　审核人：

133

176 办公用品采购

1．选择办公用品采购方式

办公用品的采购方式如下所述。

（1）小型或零星办公用品，如铅笔、小刀等要由行政部人员到指定的办公用品专卖店选购或订货。

（2）大型办公用品要由不少于两名员工到指定门店采购或到其他大型商场采购。

2．开展采购工作

采购工作的具体要领如表8-7所示。

表8-7 采购工作要领

序号	内容	具体说明
1	决定购入何种办公用品	（1）办公用品负责人应调查市场上的办公用品，把握其性能、功能及价格 （2）办公用品负责人应选择最适合本单位的办公用品 （3）办公用品负责人应经常关注新产品，以便寻找符合本单位要求的办公用品 （4）办公用品负责人应经常接触办公用品供应商以取得商品目录，或者经常出入展览会场了解新产品情况等
2	办公用品负责人提出购买要求，购货负责人订货	（1）购货负责人与购货处就价格及交货期进行协商 （2）提出购买要求的办公用品负责人或购货部门应选择购货处 （3）一般由购货部门决定在何处购货
3	办公用品负责人在制订计划时应认识到若购入数量过多，作为存货积压的用品会增多，从而会导致资金无法被有效地运用；购入数量过少则会造成库存中断，使业务停止	（1）办公用品负责人应依据办公用品的需求计划和年度预算来决定购入数量和交货期 （2）办公用品负责人应做到在易耗品快用尽前购入用品 （3）存货用完日期可用现在的存货量除以每日计划需用量计算得出 （4）要向订货处表明该用品快要用完并需要马上交货的要求 （5）订货量可通过每日计划需求量乘以订货间隔天数计算得出

177 办公用品发放管理

行政管理人员要建立发放和领用办公用品管理制度，严格掌握办公用品的发放范围，根据实际需要进行发放，避免浪费。对经费已经超支的部门，行政管理人员要限制其领用数量。

178 办公用品领用登记

办公人员日常使用的办公用品一般实行定期定量发放，各使用人自行领用并进行登记。表8-8是办公用品领用登记表，供读者参考。

表8-8 办公用品领用登记表

编号：　　　　　　　　　　　　　　　　　　　　　　　日期：＿＿年＿月＿日

领用时间	编号	用品名称	数量	领用人	登记人	备注

制表人：　　　　　　　　　　　审核人：

在领用非日常使用的用品时，工作人员应填报领物单或借用单，由行政人员审核批准，交保管人发放。领物单应包括用品名称、请发数量、实发数量、用途、批准者、审核者和领物者等项目。当发放办公用品时，保管人应备簿登记，每月统计一次并送行政管理人员处查阅，使之了解企业办公用品消耗情况，以便改进工作。

179 设专人保管办公用品

行政管理人员要设专门的保管员保管办公用品，并对其工作职责作出明确规定。

（1）保管员应按照规格、数量、质量验收采购员购入的办公用品，并进行登记、上账、入库和精心保管。

（2）保管员要合理摆放库房内的各种用品。

（3）保管员要经常检查库房内的用品，防止用品损坏、变质、变形，并对存货进行整理、整顿和修理，以使其得到有效利用。

（4）保管员要及时登记保管账卡，定期（季度或半午）清理库存，做到账物相符。保管员还要根据库存和需求情况定期制订采购计划。

（5）在制订采购计划时，保管员要注意防止物资积压，努力压缩库存，节约资金。

（6）保管员应分开存放常使用与不常使用的办公用品，并可将不使用的办公用品存放在特定场所。

（7）保管员应将用品放到该放的地方，在摆放时要注意便于今后拿取。

180 定期盘点办公用品

为了提高办公用品的利用率并防止办公用品丢失破损，行政管理人员应定期盘点办公用品，盘点方法如下所述。

（1）调查易耗办公用品的存货量。行政管理人员可通过办公用品盘点表（如表8-9所示）对存货量进行检查。

（2）将现有存货量与过去存货量进行比较，若相差较大，则行政管理人员需要调查存货被大量使用的原因。

（3）若办公用品是由办公用品负责人进行分配的，则办公办品负责人应定期比对、检查存货量与账簿上的存货量。

（4）办公用品负责人应将办公用品的收支记在台账上，并努力使其与实际的存货量保持一致。

（5）若办公用品为日常用具和办公设备附件，则行政管理人员在盘点时需要检查办公用品是否完好，并且明确办公用品的管理人员、使用部门等。

（6）为了方便盘点，办公用品负责人必须在各种办公用品上贴上管理序号。

表8-9 办公用品盘点表

编号：   盘点日期：____年__月__日

编号	名称	数量	单位	规格	价格	备注

制表人：   审核人：

181 管理工作服

行政管理人员应对工作服的管理工作作出明确规定，如工作服的使用和发放标准以及故意损坏工作服的处罚措施。

1．工作服的发放与使用

（1）办理正式入职手续的员工，可在入职后领取工作服及工作牌。

（2）对于由于工作原因发生意外损坏需要提前换发工作服的情况，员工应填写工作服领用申请表（如表 8-10 所示），写明情况，经行政部核实后，进行提前换发。

（3）对于因个人原因，造成工作服或工作牌丢失、被盗或破损需要提前换发的情况，员工应补缴相应的费用（按批发价）。

（4）离职时，员工须将工作牌和工作服一起交还，并按所领用的工作服的种类上交一定费用（从离职当月的工资内扣除）。

（5）员工的仪容仪表将作为个人绩效考核的依据之一。

2．处罚措施

（1）员工若未按要求穿工作服，则会受到相应的处罚。

（2）员工人为损坏、丢失工作服（因洗涤、保存方法不当），应按工作服制作费进行赔偿。

3．工作服的穿着规定

（1）在上班时间员工必须统一穿着公司配发的工作服并佩戴工作牌。

（2）员工对配发的工作服有保管、修补的责任。

（3）员工不得擅自改变工作服的式样。

（4）员工不得擅自转借工作服。

（5）员工应保持工作服的整洁，如有污损，应自费进行清洗或修补。

（6）行政部不定期进行抽查，惩罚不按规定着装及佩戴工作牌者，并将违规行为计入绩效考核结果中。

（7）各部门主管均有指导与监督员工规范穿着工作服的责任。

表8-10　工作服领用申请表

编号：　　　　　　　　　　　　　　　　　　　　　　　　　　　申请日期：＿＿＿年＿＿月＿＿日

领用类别及型号：	部门类别：		件数：＿＿＿件
申请原因			
部门经理：	部门主管：	组长：	申请人：
部门经理：	经办人：		扣款金额：＿＿＿＿＿＿元
领用确认：		行政部：	

制表人：　　　　　　　　　　　　审核人：

182 管理工号、工作证

1．工号管理

（1）公司员工的工号由行政部依据工号编排原则统一编制、分配、管理以及注销。

（2）公司员工的工号由部门名称的前两个字母和流水号组成，如 XZ001（XZ 表示行政部，001 表示序号）。

（3）工号是公司员工在公司内的身份识别符号，员工不得擅自涂改、销毁，否则视同损坏公司形象。

2．工作证管理

工作证是公司员工的身份识别证明，属于公司财产，员工不得擅自涂改、损毁或转借他人。

工作证一般由考勤卡、工作牌、工作牌外套三部分组成。工作牌分正反两面，正面用于记录员工的基本信息，包括员工的姓名、职务、部门、工号等；反面用于记录工作牌的使用规定。工作牌的使用规定如下所述。

（1）工作牌属于公司财产，员工不得擅自涂改、损毁或转借他人。

（2）员工离职时应将工作证交还行政部，否则将从其工资中扣除工本费。

（3）员工若损坏或遗失工作证，应及时向行政部申请补办。

（4）工作证的版式分为两种：横式和竖式。一般来说，生产车间员工的工作证为横式工作证，办公室人员的工作证为竖式工作证。

公司员工必须按要求佩戴工作证，否则保安有权拒绝放行并记录其姓名，并由行政部依据公司规章制度给予适当的处罚。

员工应将工作证佩戴于胸前，照片朝外；严禁将工作证置于口袋内或随意挂在其他位置上。遗失工作证需要补办新证者，应缴纳工本费，一般由财务部直接从遗失者当月工资中扣除。

第三节 办公设备管理

183 日常办公设备采购

由于业务量增多，很多公司常会发生办公设备不足的情况。此时，各部门负责人应填写办公设备采购申请书（如表8-11所示）并向行政部提出采购申请。

表8-11　办公设备采购申请书

编号：

申请部门			申请人			日期	
设备名称	型号及规格	月度内预算（是/否）		数量	单价		总金额
合计							

申购原因：

　　　　　　　　　　　　　　　　　　申请人：　　　　日期：

部门经理意见：

　　　　　　　　　　　　　　　　　　签名：　　　　日期：

库存情况：

行政部意见：

　　　　　　　　　　　　　　　　　　签名：　　　　日期：

财务部意见：

　　　　　　　　　　　　　　　　　　签名：　　　　日期：

总经理意见：

　　　　　　　　　　　　　　　　　　签名：　　　　日期：

制表人：　　　　　　　　　　审核人：

注：申请人填写申购设备及申购原因并经部门经理签署意见后交行政部，行政部负责执行申请程序并将结果反馈给申请人。

184　新旧设备交替采购

1．新旧设备交替采购时机

办公设备在长时间使用后会因磨损而发生故障。行政管理人员应时刻注意其使用时间是否过久，酌情申请新旧设备交替采购。行政管理人员可与旧设备供应商联络，商谈采购事项。

2．新旧设备交替的注意事项

（1）旧设备的价格可查询。虽然之前采购的金额很可能与现在不同，但行政管理人员可利用此价格与供应商交涉。

（2）在进行新旧设备交替采购时，企业一般会选择以前合作过的供应商，以节约选择供应商的时间。

（3）办理采购手续后，行政管理人员必须确认新设备是否与旧设备相符，并在办公设备财产目录表中删除旧设备记录，以免设备报废之后出现账实不符的情况。

（4）行政管理人员应在事前听取使用者的意见，了解旧设备在使用中常发生的问题，以备采购新设备时参考。

185　制作办公设备管理卡

1．办公设备管理卡是办公设备的"病历表"

行政部在购入办公设备时应将它们的相关资料登记在办公设备管理卡（如表8-12所示）中。办公设备管理卡犹如病历表一样，是一项重要资料。

表8-12　办公设备管理卡

编号：　　　　　　　　　　　　　　　　　　　　　　　　　　日期：＿＿年＿月＿日

购入日期	部门编号	耐用年数	购入编号	启用日期：＿＿年＿月＿日				
办公设备编号（编号No.）		型号（编号No.）		购买厂商（编号No.）				
购买金额：		购买日期：		购入厂商地址和电话：				
				购买数量		耐用年数		折旧率（%）
折旧记录栏（定率法、定额法）	折旧年度	折旧金额	保留价格	记账人	保管修理日期	保管修理记录		负责人
备注：				使用部门：		检验人		经办人

制表人：　　　　　　　　　　　　　　　　审核人：

2．卡片登记要求

办公设备管理卡的卡片登记要求如表8-13所示，供读者参考。

表8-13　卡片登记要求

序号	内容	具体说明
1	编号	行政部相关人员在将管理卡归档并置于柜中时，必须一一编号，以便整理和辨识
2	设备全称	相关人员应将设备全称登记在案。如果用计算机输入，也必须将代码编号输入，型号不可省略
3	购入厂商	在"购入厂商"一栏中，相关人员必须将厂商负责人的名称记录下来，以便日后联络
4	价格	相关人员应对购入金额进行详细的登记，如果有减价的差额，则应将价格记录在"备注"栏中，以便日后再购买时作为参考

186　编制办公设备管理一览表

为了便于对办公设备进行管理，行政管理人员可利用办公设备管理一览表，具体如表8-14所示。

表8-14　办公设备管理一览表

编号：　　　　　　　　　　　　　　　　　　　　　日期：＿＿年＿月＿日

管理编号				办公设备管理的名称（管理编号）	办公设备的型号（管理编号）	采购厂商（管理编号）	采购人
采购日期	部门编号	耐用年数	购入编号				

地址	采购厂商电话号码	采购金额	购入日期	耐用年数	管理部门名称	审核日期	审核印章

制表人：　　　　　　　　　　审核人：

187 建立故障维修机制

行政管理人员应确立办公设备故障维修机制，具体内容如下所述。

（1）办公设备负责人要从使用者手中收取办公设备的使用报告，监控办公设备的使用情况。

（2）办公设备负责人要制定修理制度，以便发现故障后及时与相关人员联系。

（3）工作人员初次发现办公设备有故障后，应及时与办公设备负责人联系。

（4）对于可能给单位造成重大影响的设备，办公设备负责人要定期进行检查和保养，以免发生故障。

（5）若有必要，办公设备负责人可事先准备替代品。

（6）为了使工作人员有效利用办公设备，办公设备负责人要积极指导工作人员。

188 完善设备报修记录

行政管理人员要督促部门员工做好办公设备报修的记录工作。表8-15为设备报修记录表，供读者参考。

表8-15 设备报修记录表

编号：　　　　　　　　　　　　　　　　　　　　　　　日期：＿＿年＿月＿日

设备名称/编号	部门	姓名	报修时间	故障现象	开始解决时间	经手人	解决完成时间	解决方法

制表人：　　　　　　　　　　　　　　审核人：

189 处理办公设备报废事务

有些办公设备已超过使用年限，难以继续使用，行政管理人员要考虑对其进行报废处理。各办公设备使用部门填写办公设备报废申请单（如表8-16所示），经行政管理人员或行政人员审核后，交总经理审批，审批通过后就可以安排报废处理。

表8-16　办公设备报废申请单

编号：　　　申请人：　　　　　　　　　　　　　　申请日期：＿＿年＿月＿日

办公设备名称及编号	规格型号	单位	数量	预计使用年限	已使用年限	原始价值	已提折旧额
设备状况及报废原因							
处理意见	使用部门	行政部门		财务部门		总经理审批	

制表人：　　　　　　　　　　　　审核人：

第四节　企业车辆管理

190　购入新车辆

1．订购车辆

有关新车供应商和新车品牌的选择、购入金额的确定等都是车辆购入工作的一部分。

如今车辆销售市场竞争激烈，企业在购入新车前应该多考虑几家公司，参观其现场摆设的车种后，再决定购入何种车辆。在确定购入车种后，企业要与供应商交涉价格及附带条件，并签订契约书。

2．交车

（1）交车后，行政人员除了遵守操作说明，还应实施行驶测试。

（2）行政人员在交车时必须仔细检查车体，如车体外部是否有划痕、凹凸等；另外，还应确认附属用品是否齐全。

（3）检查结束后，行政人员应校验车台号码（车辆制造号码）、行车执照号码、汽车检查证明及引擎号码（可以询问交车的营业员）等。

191 制作车辆管理卡

行政管理人员在管理车辆的时候，必须制作车辆管理卡（如表8-17所示）。车辆管理卡如同设备管理簿，相当于车辆的"诊断记录"。在实际管理中，行政管理人员要将车辆管理卡副本交给使用者，使用者依此记录检查、修理情况，并加以管理。

表8-17 车辆管理卡

编号：　　　　　　　车牌号：　　　　　　　　　　　　　　　日期：___年__月__日

车辆登记号码	车辆名称及型号	车辆制造号码	购入日期

购入金额	供应商	供应商所在地及电话		

检验、修理日	检验、修理的记录	经办人	折旧记录栏	折旧年度	折旧额	残值价格	记账
				备注：			

制表人：　　　　　　　　　　　　　审核人：

192 日常车辆使用管理

为了加强企业车辆管理工作，行政管理人员应对车辆的使用作出明确规定，具体内容如下所述。

（1）各部门若有车辆使用需求，必须提前一天填写车辆使用申请单并交行政部审批，以便于行政部做好车辆调度计划。

（2）若多个部门同时申请用车，行政部可以根据用车的紧急程度进行统筹安排。对于无法安排用车的情况，行政部应在车辆使用申请单上注明原因。

（3）车队必须凭有效签准后的车辆使用申请单及时、合理调度车辆和指派司机。

（4）除车辆出车必备证件，其他与公司车辆有关的证件一律由档案室保管。档案室应列出证件清单并交行政部、财务部分别备案。

（5）财务部应统一缴纳公司车辆相关费用。

（6）因公使用车辆，使用人应填写车辆使用申请单（如表 8-18 所示），在部门领导签署意见后，交行政部进行审核。此外，使用人还应出具出门条或出差申请单。

表8-18　车辆使用申请单

编号：

申请日期		申请人员	
申请时间		返回时间	
申请理由			
部门经理意见：		行政经理意见：	

制表人：　　　　　　　　　　　　　　　审核人：

193　车辆使用登记

对于车辆的每次派发行驶，相关人员都必须进行登记，以便查实。行政管理人员要经常检查企业车辆使用登记表（如表8-19所示）。

表8-19　车辆使用登记表

编号：　　　　　　　车牌号：　　　　　　　　　　　　日期：＿＿年＿月＿日

时间	行驶路径	加油费（元）	维修费（元）	公里数（千米）	备注

制表人：　　　　　　　　　　　　　　　审核人：

194 车辆日常运行记载

车辆行驶日记（如表8-20所示）的填写是行政管理中的重点环节。车辆行驶日记一般由车辆驾驶人员填写。

表8-20 车辆行驶日记

编号：　　　　　　　　　　　　　　　　　　　　　　　　　　　　日期：____年__月__日

行驶日期		星期	所属单位		驾驶者姓名	确认
车辆登记号： 车种：		使用前：_____千米		加油量	加油费用	加油站
		使用后：_____千米				
		本日行走：_____千米				
出发时间		目的地		到达时间		乘坐人员
时	分			时	分	
备注：						

制表人：　　　　　　　　　　　　　　　审核人：

195 司机的日常管理工作

行政管理人员对车辆的管理工作很大一部分是通过对司机的管理来实现的，因此，必须做好对司机的管理工作，具体内容如下所述。

（1）司机必须具备有效的驾驶证件，低级别司机不得驾驶高级别车辆。

（2）司机必须遵守《中华人民共和国道路交通管理条例》及有关交通安全管理的法规和相关操作规程，并应遵守本公司其他相关规章制度，安全驾车。

（3）司机应经常检查自己所开车辆的各种证件的有效性，在出车时保证证件齐全。

（4）司机一定要遵守交通规则，文明开车。

（5）司机要对公司各级领导的谈话保密，同时，要保守公司商业秘密和技术秘密。若给公司造成损失，公司将追究其法律责任。

（6）司机在上班时间若未出车，则应在司机室等候；有要事确实需要离开司机室时，要先请假，说明去向和所需时间，经批准后方可离开。开车外出回来后，应立即到行政部报到。

（7）未经领导批准，司机不得将自己负责保管的车辆交给他人驾驶或用作他用。否则，公司将根据情节大小，给予警告或记过处分；若给公司造成损失，公司将要求其赔偿；应当追究刑事责任的，将交由司法机关处理。

（8）司机应爱惜公司车辆，平时要注意保养车辆，经常检查车辆的主要机件。司机应每月至少用半天时间对自己所开车辆进行检修，确保车辆能够正常行驶，并做好检修记录。

（9）司机要每天对自己所负责的车辆进行清洁、保养，并做好清洁、保养记录，行政部则负责监督检查工作，并将上述工作列入考核项目。

（10）出车前，司机要检查车辆的水、电、机油及其他机件性能是否正常，发现异常时，要立即加补或调整；特别要检查车辆转向、刹车、离合、车胎的情况，如有异常，应立刻向主管领导汇报。

（11）出车回来后，司机要检查存油量，发现存油不足一格时，应立即加油。此外，司机还应对车辆在出车过程中的状况进行评估，并将异常情况记录在表格中，提出保养和维修建议。

196　司机违章事故处理

司机违章事故处理的具体内容如下所述。

（1）若司机在驾驶车辆时发生事故，公司将依据事故的性质和责任以及造成损失的大小给予司机相应的处罚。

（2）司机若酒后驾驶、未经过公司批准将车辆借给他人使用、出现交通事故后逃逸、未经公司批准将车辆用于其他用途并发生事故，则应承担全部经济损失和相应的法律责任。

（3）司机若在行驶和停车过程中造成货物丢失或损失，则应按照公司相关规定进行赔偿。

（4）行驶途中，若车辆出现故障并需要维修或更换部件，司机必须事先征得部门主管同意，事后应以书面形式将维修情况报告行政部。行政部进行鉴定、核实，给出处理意见，报行政管理人员审批。

（5）在出现交通事故后，司机应第一时间通知交通管理部门，请求处理，同时告知公司行政部。司机应首先维护现场、抢救伤员；公司行政部应将事故的情况上报总经理，并做好后续的处理工作，必要时可到现场协助交通管理部门工作。

197　车辆油卡管理

1．油卡日常管理

行政管理人员应加强车辆用油的管理，控制用油支出。

（1）公司管理范围内的所有车辆应统一使用油卡加油，实行一车一卡制度。

（2）严禁司机用现金加油，如遇特殊情况需要付现金加油的，则应由部门主管提出申请，报财务经理审核，经执行副总经理批准后，报行政部门备案。

（3）办理油卡后，行政部应将车牌号与油卡号码进行备案登记，油卡一经备案不得变更。如遇特殊情况不能正常加油，司机应将具体情况上报行政部门。

（4）禁止车辆间互换油卡，禁止司机使用其他车辆的油卡加油。

（5）司机在使用油卡加油时，应保留每次加油的小票，并在月底做好统计工作。

2．油卡充值管理

行政部门应及时了解油卡的使用情况，并结合驾驶人员反馈的油卡余额情况，做好油卡充值工作。车辆管理人员在申请油卡充值时，应结合车辆用油统计表填写油卡充值申请表（如表8-21所示），然后报财务部门审核、总经理审批。行政管理人员在进行油卡充值时，要向充值卡中心索要增值税专用发票和油卡消费清单，以便于统计与核实各车辆的用油情况。

表8-21　油卡充值申请表

编号：　　　　　　　　　　　　　　　　　　　　　　　　　　　　日期：___年__月__日

上次充值额（元）		余额（元）	
起始里程		截止充值时里程	
申请日期		行政经理	
申请人（签章）		部门经理	
申请金额		财务经理	
核实金额（大写）		__万__仟__佰__拾__元__角__分	
财务主管：	会计复核：	出纳：	

制表人：　　　　　　　　　　　　　审核人：

198　私车公用管理

私车公用是指符合一定条件的人员，将其私有汽车用于公务活动。具备以下资格的人员可以申请私车公用。

（1）申请人为本公司员工，私车不仅用于上下班，而且用于参加公务活动。

（2）所驾驶车辆为其他单位所有，经领导分配使用或上级批准调用且未在其他单位报销费用的情况。

申请私车公用的人员应填写私车公用申请表（如表8-22所示），并提供驾驶证、行驶证复印件，报行政经理和总经理审批。

表8-22　私车公用申请表

编号：　　　　　　　　　　　　　　　　　　　　　　申请日期：＿＿＿年＿月＿日

申请人		使用车种	□汽车 □机车	车号		目的或目的地	
				车主			
实际路程数	＿＿＿千米		申请补助金额		＿＿千米×＿＿元／千米＝＿＿元		
行政部意见	核准人				行政经理		
核章							

制表人：　　　　　　　　　　　　审核人：

199　购车补贴管理

1．制定购车补贴相关规定

为了规范公司车辆管理工作，合理控制车辆的相关费用，行政管理人员应协助总经理制定购车补贴相关规定。以下案例为××公司中高层管理者购车补贴规定，供读者参考。

【实用案例】

××公司中高层管理者购车补贴规定

1. 车辆补贴标准

序号	职务	购车补贴标准（万元）	备注
1	各职能部门经理（任职五年以上）	10	
2	各职能部门副经理（任职三年以上）	8	
3	各职能部门主管（任职三年以上）	6	
4	工程部高级工程师（任职三年以上）	6	
5	特殊岗位人员	6	

注：燃油费用按年结算，超支自负，节约部分可转入次年。

2. 车辆费用补贴中燃油费具体补贴标准按车辆的排量划分为：

排量	≥3.0升	<3.0升 ≥2.5升	<2.5升 ≥2.0升	<2.0升
补贴金额	0.80元/公里	0.72元/公里	0.65元/公里	0.48元/公里

3. 符合享受购车补贴标准（已有自购车辆）但未享受购车补贴的人员，可申请享受部分车辆费用的补贴。

2. 提出购车补贴申请

满足购车补贴条件的中高层管理者应填写购车补贴申请表（如表8-23所示），并由行政经理审核、总经理审批。

表8-23 购车补贴申请表

编号：　　　　　　　　　　　　　　　　　　　　申请日期：＿＿年＿月＿日

购车人基本情况			
姓名	部门	职务	任职日期

出生年月	参加工作时间	进公司时间	是否为首次购车
购车理由			
申请补贴金额	大写：__拾__万__元__整		¥：_____
行政部 审核意见	审核人：____年__月__日		
总经理 审批意见	审核人：____年__月__日		

制表人：　　　　　　　　　　　　　审核人：

3．购车补贴手续办理

购车补贴申请获得批准后，行政管理人员应代表企业与个人签订购车补贴协议书。购车人应持有效的购车补贴申请表和购车补贴协议书到财务部和行政部办理购车补贴手续。

200 车辆日常保养与维修

对于尚在保修期内的车辆，行政部应定期将其送往购车处进行保养和维修。对于已经超过保修期的车辆，司机和行政部应共同确定其维修服务点，并定期进行考评，以选择最合适的维修服务点。

（1）司机和行政应共同验证维修质量，并将维修记录等资料存档。

（2）司机应按照车辆保养相关规定定期对车辆进行保养，并填写车辆维修、保养申请表（如表 8-24 所示），在维修前先进行估价，经审核批准后，到指定特约维修厂维修；最后凭发票和车辆维修、保养申请表以及维修记录报销。

（3）在保养时，若需要更换零件、添加机油或刹车油，司机也要填写车辆维修、保养申请表，经过批准后进行采购，并将更换的部分交公司行政部进行审验。

（4）在行车途中，若车辆发生故障并需要维修，司机首先应向行政部报告，及时汇报故障严重程度和故障原因，经批准后就近修理，并将更换的零件交回公司，同时写明事情经过，由行政部提出处理意见，经过审核批准后报销。

表8-24 车辆维修、保养申请表

一、车辆基本情况		二、维修项目及资金预算			
车牌号		维修项目	材料费	工时费	小计
部门		1			
车型		2			
购置日期		3			
上次维修时间		4			
上次维修公里		5			
本次行驶公里		6			
上次维修项目		7			
是否为定期保养		8			
是否为常规保养		9			
申请人		合计			
部门经理意见：		财务部经理意见：		总经理意见：	

201 车辆报废换新

1．换新申请

在车辆报废换新过程中，由使用部门提出换新申请，行政部办理采购手续。同时，行政部应对旧车申请报废，其手续依税法规定办理。

2．换新交涉要点

使用部门提出换新申请时，公司主管部门应商讨其必要性，若有必要，再和厂商进行换新交涉。

（1）行政部应确认换新车的预算政策。企业一般将在期中需要支出的金额排在期初预算，但是也会有遗漏的情形，此时便要申请追加预算额，这一般由公司主管部门向财务部提出。

（2）旧车换新车时，行政部应确定新车的价格。

（3）在换车时，行政部应首选旧车的购买厂商，但须参考使用者的意见，如有需要，也可选择其他厂商。

（4）在购车过程中，行政部可以参考旧车的管理账卡及行驶日记。

3．交车时的各项工作

（1）换车和新购入车在交车时的处理和订购时相同，相关人员在此处应留意旧车的转让，具体留意事项如下所述。

①在转让时要检查车辆内外，将无用物品清除后再交给对方。

②在移交后需要过产，将车籍资料（证件）及纳税、保险文件等一并交付对方。

③剩余保险部分可让保险公司转移至新车。

（2）相关人员应制作新的管理卡，并在报废后的两年内继续保存旧车的管理卡。

（3）若账上价格与交易价格不符，且账上价格较大，相关人员应将差额作其他收益处理，相反则作其他损失处理。

202　办理企业车辆保险

（1）在购入车辆时，相关人员要为车辆办理"汽车损害赔偿责任保险"；驾驶人员在行车时，一定要随身携带此保险卡。

（2）有关保险金额，依汽车损害赔偿责任保险法规的规定而定。

203　处理人身事故

当有人身伤亡事故发生时，行政管理人员或其他行政部人员应迅速按以下要点进行处理。

（1）马上联络救护车。在救护车到达之前，将伤者搬至安全场所。

（2）救护车到达时，将伤者安全送上车，并确认送至哪家医院。

（3）联络救护车的同时也要联络交警，交警到达后，应全力配合其进行现场取证。

（4）前往医院探望伤者，询问伤者住址、电话，并速与其家属取得联系。

（5）联系保险公司。

（6）详细记录事故发生的情形。

第九章　文件管理

导读 >>>

企业在日常经营过程中会产生大量文件，这些文件真实反映了企业各方面的经营状况，对企业正常运行有着非常重要的价值。行政管理人员应充分了解企业文件的分类方法，加强文件管理工作，尤其要重视电子文件的管理工作。

　　Q女士：我发现，公司在收发文件时不做登记。这样很不好，因为一旦丢失收发的文件，就很难再找回来。

　　A经理：对，所以你应该加强文件收发管理工作，明确要求收发文件必须登记，同时要做好存档和日常保管工作。

　　Q女士：一位同事告诉我，公司一个硬盘坏了，存储在里面的许多电子文件都损坏了，这件事给公司造成了很大损失。我该为此做些什么呢？

　　A经理：计算机普及之后，电子文件越来越多。你应该特别留意电子文件的著录、收集、日常保管等工作，从多方面入手，保管好电子文件，避免硬盘再次出现损坏，减少公司损失。

第一节 文件收发管理

204 明确文件收发岗位职责

行政管理人员应确定文件收发岗位的工作职责及要求，具体内容如下。

(1) 负责分发报纸、杂志、信函、包裹和快递等。

(2) 将收发的文件登记在文件接收登记表（如表9-1所示）中。

(3) 及时发信、退信。

(4) 保密信件、挂号信件要分类并详细登记。

(5) 提高责任心，做好保密工作，不私拆他人信件。

表9-1 文件接收登记表

编号：

序号	收件日期	来文单位	收件编号	文件名称	份数	收件人	备注

制表人： 审核人：

205 文件的签收

行政管理人员必须建立严格的文件签收手续，以分清责任，便于查考。

1. 当场查验

文件送达后签收人员必须立即签收。签收时，签收人员应该注意查验以下几个方面的内容。

(1) 检查文件单位的名称是否与本企业名称相符，确认相符后再签收。

（2）检查文件的封口和包装是否完好，有无破损、启封或散包等现象。

（3）检查文件的附件是否齐全。

（4）检查文件封皮编号与登记内容是否相符。

（5）查明文件登记件数与实有件数是否相符。

2．签收盖章

查验无误后，签收人员便可以在收件人回执单或登记簿上签收盖章，以示负责。签收之后，再进行登记，继而进行分拣工作。若信件为报纸或刊物，则应清点数量，对照报刊分发登记表上的总数量，查看数量是否正确。

重要公务文件须由收件人亲自签收。一般来说，封皮上写明"亲收"字样的信件，须由收件人亲自签收，收发室不得代收；封皮上写明"亲启"字样的信件，收发室可以代替收件人签收，但是必须交收件人亲自启封。

机密性极高或内容特别重要的文件除了要由文件签收者签名，还应加盖单位的公章。

206 文件的分拣

文件的分拣是指将信件按收件人或部门归类放置，以便转交。文件收发人员应在签收之后及时进行分拣工作，以免误事。信件可按平信、报刊、自取件、急件、机密要件进行分拣。

文件收发人员要先将急件和机密要件拣出，登记在保密文件登记表（如表9-2所示）中，尽快递交给收件人。对于一般信件和报刊，也要随到随拣，按部门或收件人将信件分别存放在固定的柜格里，通知收件人前来拿取。

表9-2 保密文件登记表

编号：

收件日期	收件人	收件编号	保密级别	文件名称

制表人： 审核人：

207　文件的登记

在分拣文件之后，签收人员要对重要的信件进行登记。

1．登记的范围

凡是办理了签收手续的文件都应进行登记，包括公私挂号邮件、包裹单、汇款单、机要信件、专人送来的信件等。有的文件虽未进行签收，但也须登记。

2．登记的方法

行政管理人员应根据企业的规模大小、收取信件的数量以及各部门的设置情况确定登记方法。

(1) 规模较大的企业，收进的信件数量多，下设部门也多，可以按信件去向分设收件登记簿，即每个收件部门分别用一本收件登记簿进行登记，这样也方便收件部门进行签收。

(2) 规模较小的企业，收进的信件数量不多，下设的部门相对较少，可以采用综合性的收件登记簿，即只用一本收件登记簿按收件部门的顺序进行登记，一个部门的信件登记在一起，以便转交。

3．登记的项目

登记的项目一般包括收到时间（急件应注明具体时、分）、登记人姓名、发件单位、收件单位、封皮编号、文件号、件数、附件、办理情况、收件人签名、备注等。收发室只是信件的收转部门，因此，其在登记时按来件的外部标志登记即可，无须另行编号或加注其他标记。

4．登记的要求

相关人员在登记时要逐项认真填写，力求字迹清楚、工整、易于辨认。

208　文件的内部分发

文件收发人员要及时分发已接收的文件，文件内部分发要求如表9-3所示。此外，在分发文件时，文件收发人员还应做好登记工作，表9-4为文件分发登记表，供读者参考。

表9-3　文件内部分发要求

序号	要求	具体说明
1	及时	文件收发人员对领导已批办或可按常规处理的文件，必须及时处理，切实做到当日事当日毕，急事要立即处理

(续表)

序号	要求	具体说明
2	分清主次	（1）分发份数较多的同类文件时，文件收发人员要优先保证单位主要领导、主管领导和业务主管部门的需要，然后再根据文件数量和工作需要分发给相关部门和领导 （2）如遇到特急件，文件收发人员可先将其送至业务主管部门，在业务主管部门提出处理意见后再请示领导或边处理边汇报或事后汇报
3	进行标注	对于应承办的文件，要附"批办单"并加盖"已处理"章；对于那些不需要登记的文件，也要注明领导或部门的名称，以免放乱、拿错
4	登记管理	（1）分发给领导的文件，必须要设置专门的文件登记簿，并注明时间、种类、名称、文号等 （2）分发给各部门的文件，可在部门登记簿上注明相关信息
5	文件分发登记	文件收发人员要将分发的文件登记在文件分发登记表上，以便日后查核

表9-4　文件分发登记表

编号：

文件名				文件编号	
发放人				发放日期	
序号	收文部门	份数	签收人	签收日期	备注

制表人：　　　　　　　　　　　　审核人：

209　文件的寄发

1. 文件寄发要求

文件收发人员应汇集所有待发文件，填好文件发送登记表（如表9-5所示）。文件收发人员必须在一定时间内将待发文件发送出去。

2．注意事项

根据文件的重要程度，文件收发人员在具体寄发文件时应注意以下事项。

（1）对于一般文件，在各部门和相关人员封好之后，直接送交文秘人员统一寄发。

（2）对于机密或亲启文件，文件收发人员必须加盖带有"绝密""机密""亲启"等字样的印章后再发送，并给发件部门或发件者必要的回复。

（3）对于其他重要文件或快递文件，文件收发人员必须加盖带有"专递""面呈""快递"等字样的印章，并给发件者必要的回复。

表9-5　文件发送登记表

编号：

序号	日期	文件编号	文件主题	数量	发送单位	签字	时间	备注

制表人：　　　　　　　　　　　　审核人：

210　国内外传真的收发工作

1．国内外传真收发流程

（1）申请人应填写传真发件申请单（如表9-6所示），经主管批准后连同文件交给文件收发人员。

（2）文件收发人员发送完毕后，在传真发件登记簿上记录有关事项，申请人签认后可领回原稿文件。

2．收件手续

文件收发人员收到传真后，应先在传真收件登记簿上记录相关资料，之后再通知收件者领取文件并签字确认。

3．传真收发注意事项

（1）传出文件为一般信函时，应使用本公司专用的信函格式。

（2）传出文件为一般资料时，文件首页须采用专用的信函格式。

（3）传出文件为承接设计稿、产品广告等时，企划部美编设计人员应先确认格式，格式无误方可发出。

（4）本公司传出的文件均须注明以下内容。

①本公司地址、电话（传真）号码、E-mail、网址等，若传真发往国外，则须加注英文。

②传真人的部门、职称、姓名等。

③收传真人的公司全称（非简称）、部门、职称、姓名等。

④传真主旨。

⑤传真内容。

⑥备注事项。

表9-6　传真发件申请单

编号：　　　　　　　　　　　　　　　　　　　　部门：

编号	文件名称	页数	传真原因	接受单位	日期	备注

制表人：　　　　　　　　　　　　审核人：

第二节　文件归档管理

211　文件的搜集

1. 确定经办人员

行政管理人员应明确各部门负责资料整理的经办人员，并让他们严格遵从归档制度。

2．搜集方法

行政人员可利用归档工具来存放并以"保存文件名称""当季业务年度"（开始日和结案日）等来表示需要保管的文件。归档工具有下述几种。

（1）文件夹。

（2）资料夹。

（3）资料箱。

（4）保存箱。

（5）账簿保管箱。

（6）三孔夹等。

3．文件搜集工作

文件的搜集是指按照有关规定，挑选各单位、部门和个人手中分散的、种类和数量繁多的文件，并将其分别集中到企业的行政部。

（1）搜集范围。

不是每份文件都要进行归档，行政人员应根据一定的实用原则，将能够归档的文件挑选出来。

凡是本企业工作活动中形成的、处理完毕的、对今后工作有查考价值的文件都应归档。

行政人员不能只重视经过收发登记的文件，而忽视未经收发登记的各种文件，如会议文件、内部文件、调查报告、访问记录、人事关系、介绍信等。

（2）搜集要求

①属于归档范围的文件，必须搜集齐全、完整。

②分类、组卷应符合有关原则，能正确保持文件的自然形成联系，反映工作活动内容。

③保管期限划分准确。

④卷内文件的排列科学系统。

⑤标题结构完整（确切地反映了卷内文件的作者、内容、名称），文字简练、通顺。

⑥编目细致、清晰，编号方法统一，装订整齐、美观。

212 文件的整理

文件的整理是指把零散的和需要进一步条理化的文件，进行基本的分类、组合和编目，使之更系统。

文件整理工作内容主要包括分类、组卷、卷内文件的整理、案卷封面的编目、案卷的装订、案卷的排列、案卷的编制等。

1．文件整理的要点

文件整理的要点包括按照文件形成的自然规律，保持各文件的完整；按照文件的来源、时间和内容等，保持文件之间的联系；充分利用原有的整理基础，进行文件的保管和利用。

2．文件分类

文件分类是指按照来源、时间、内容和形式，将全部案卷分成若干类别。分类的方法有多种，具体内容如下所述。

（1）年度与部门分类法：将全部案卷先按年度分类，再在年度内按部门分类，这种分类方法简便易行。

（2）部门与年度分类法：将全部的文件先按部门分类，然后再按年度进行分类。

213　文件的归档

文件归档是指对文件进行分类整理及保存。企业经常使用及需要保存的文件有很多，行政管理人员必须督促部门员工做好企业文件归档工作。

1．企业文件的公有化

企业的文件并不是个人的私有资料，而是满足公司业务需求的公有资料。行政人员应将企业文件集中存放于保管柜中，严禁私人占有资料。

2．有效利用空间

行政人员可以将办公室不必要的陈年资料销毁，以维持整洁的工作环境。整洁的工作环境可以提升客户对公司的印象。

214　文件立卷的要点

文件立卷工作的注意事项如下所述。

1．编好案卷类目

案卷类目是指为便于立卷按照立卷的原则和方法编制的案卷名册。案卷类目是由类目和条款组成的。案卷类目对立卷工作的完成是十分重要的，它可以保证文件的完整性，便于工作人员查找并利用文件。

2．准确确定立卷归档的范围

企业每年都要处理大量的文件和材料，但不能将所有的文件、材料都立卷。立卷时应以本单位形成的文件、材料为主。具体来说，有以下几个主要方面。

(1) 工作、生产、社会活动中形成的具有查考价值的各种文件、材料、传真、电报等。

(2) 各部门报送的重要统计、报告及其他有重要查考价值的文件。

(3) 重要的来信、来访材料。

215　文件立卷的方法

行政人员可根据文件的特征立卷，具体立卷方法如表9-7所示。

表9-7　文件立卷方法

方法	具体内容
按主题特征立卷	按主题特征立卷是指将主题性质相同的文件组成案卷。主题既可以概括，也可以具体，这要根据文件的多少来确定。例如，对于一年中业务工作方面的文件，就可按什么性质的业务来分类立卷；如果这方面的文件数量较多，可细分成若干卷
按时间特征立卷	按时间特征立卷是指按文件形成的时间或文件内容所针对的时间立卷。此方法适用于时间针对性较强的文件,如年度预决算、季度计划、统计报表、期刊、简报等
按"作者"特征立卷	"作者"是指制发文件的部门或个人。将同一部门或个人的文件组合成为案卷，就是按"作者"特征立卷
按文件名称立卷	按文件名称立卷是指将同一名称的文件、材料组成案卷，如总结、请示报告、计划、批复、简报、通知等。一般情况下，这种立卷方法往往同按"作者"特征立卷、按主题特征立卷方法相结合，不单独使用

216　文件立卷的调整

1. 复查案卷文件，确定保管期限

复查案卷文件是指要根据立卷原则、要求和特征，对卷内文件进行复查，剔除不需要立卷归档的文件，纠正分类不准确的文件，然后根据文件保管期限来确定案卷保管期限。

2. 排列卷内文件

卷内文件可按照时间、主题、地区、作者、名称等排列。行政人员在进行排列时要注意正文在前，附件在后；请示在前，附文在后；最后的定稿在前，讨论修改稿在后。

3. 给卷内文件编号

凡被列为永久保管和长期保管的案卷，行政人员都必须为其编写张号。以下为编写张号时的注意事项。

（1）行政人员应依次为文件的每一张编一个号，而不是为每一页编号；空白页不编号。

（2）行政人员应将卷内的小册子与其他文件合在一起编号。

（3）左侧装订的在右上角编张号，右侧装订的在左上角编张号。

（4）张号的编写必须准确无误。

4．填写卷内目录和备考表

行政人员复查调整案卷后，在装订前应及时填写卷内目录。行政人员应对每份文件分别填写卷内目录。如果几份文件的内容均是针对某一个具体问题的，也可以合起来填写。卷内目录一般可填写两份，其中一份附在卷首，不编张号，另一份留以备查。

对于永久、长期保存的案卷，行政人员还要填写备考表，用以说明卷内文件存在的问题，并注明立卷人姓名，以备查考。备考表附在卷末，不编张号，应在装订前填好。

5．装订案卷

行政人员在装订案卷时要注意下述事项。

（1）修整文件，去掉文件上的所有金属物。

（2）对于不装订的案卷：一侧和下边要取齐，使案卷整齐美观。

（3）装订一侧的线外要留有一定的余地，以免翻阅时掉页，但要注意不能把文件的字句订住。

（4）一般横排横写的文件在左侧装订，竖排竖写的文件在右侧装订。

6．填写案卷封面

行政人员应工整地填写案卷封面，填写的项目包括单位名称、案卷标题、卷内文件起止日期、卷内文件张数、保管期限。

217　文件的防护

进行文件防护的目的是防止文件损毁。以下为文件防护工作的具体内容，供读者参考。

1．做好防火工作

企业文件的制作材料大多是易燃物质，因而必须做好防火工作。企业一方面应配备效果良好、数量充足的消防器材，如灭火器、消防栓等；另一方面要建立严格的防火制度和消防器材的使用管理制度，如严禁在库房内吸烟和使用明火，定期对库房进行消防检查，消灭一切火灾隐患。

2．做好防潮、防高温工作

不适宜的温湿度一方面会对企业文件产生破坏作用，影响企业文件制作材料的使用期限；另一方面又会加大其他不利因素对企业文件的危害程度。因此，防潮、防高温，控制和调节温湿度对企业文件的保护具有重要作用。

一般库房的温度应控制在14℃～24℃，相对湿度应控制在45%～60%；对于保管特殊材质文件的库房，其温湿度应做特殊要求。

企业应从两方面控制和调节企业库房的温湿度：一是通过减少库房门窗、设置两道门和过渡间、密闭窗户等措施，控制和防止库房外的高温、高湿影响库房内；二是配备温湿度监测和控制调节设备，加强温湿度监测工作，及时降低库房内的高温、高湿。

3．做好防光照工作

光照对企业文件具有破坏作用，而紫外线对文件的破坏性则更大。防光照的基本方法是尽量减少光照时间，避免阳光对企业文件的直接照射。为此，企业在建造库房时应采用窄窗设计，平时应少开窗，窗户玻璃最好为毛玻璃或花玻璃，也可以安装窗帘。相关人员应对库房内的灯光加以控制，灯上可加灯罩，无人时要及时关灯。

4．做好防虫、防鼠工作

防虫、防鼠工作的具体内容如表9-8所示。

表9-8　防虫、防鼠工作

防虫	有害昆虫对档案的危害相当大。在高温、潮湿的情况下，害虫繁殖得很快，直接威胁着企业文件的安全。所以，相关人员要严格控制好企业档案库房的温湿度，保持库房清洁
防鼠	老鼠会对企业档案造成严重的损害。企业应禁止在库房内堆放食品及杂物，库房墙壁应坚固、平滑，档案柜架应与墙壁保持一定距离

5．做好防尘、防污染工作

防尘、防污染工作的具体内容如表9-9所示。

表9-9　防尘、防污染工作

防尘	灰尘的成分较复杂，其对企业文件的损害包括以下三个方面：一是物理性破坏，即将导致企业文件的字迹模糊不清，损坏纸张纤维等；二是化学性破坏，即腐蚀企业文件；三是生物性破坏，即使企业文件携带各种霉菌
防污染	防污染主要是指防治有害气体对企业文件的破坏。企业应保证库房远离污染源，并具备较好的封闭性。如果库房内的有害气体超过规定的标准，相关人员应及时通风换气

218　文件的利用

1．文件利用工作的基本要求

（1）行政人员必须熟悉行政部保存文件的情况，包括内容、范围、存放地点和作用等。

（2）行政人员应摸清单位利用档案的规律，了解上司和各部门需要利用的文件内容和要求。

（3）行政人员应有计划、有重点地编制必要的检索工具和参考资料。

（4）行政人员应建立查阅制度，包括查阅手续，摘抄、复印范围，清点、核对手续，以及查阅注意事项等。

2．文件利用的方式

对于文件的利用，行政部可采取如下所述的方式。

（1）设立阅览室，开展阅览工作。

（2）将文件借出，供使用者暂时使用。

（3）将文件进行复制以便使用。

（4）根据档案内容编写综合资料以便使用。

3．检索工具的作用和种类

检索工具的作用和种类如下所述。

（1）揭示和介绍所存的全部或其中一部分文件，如案卷目录、卷内目录、重要文件目录等。

（2）揭示和介绍行政部所存的专题材料，如专题卡片、专题目录、专题介绍等。

（3）指明文件的存放地点和文件涉及的人名、地名，如存放地点索引，人名、地名索引等。

4．参考资料的种类

（1）大事记。大事记是指按时间顺序简要地记载一定时期重大活动的资料。

（2）组织沿革。组织沿革是指系统地记载一个组织、一个部门的变革情况的资料。其内容主要包括组织的成立和变动时间、部门设置、名称改变、地址变迁、职权范围和任务及其变化等情况。

219　文件的销毁

行政管理人员应定期对需要销毁的资料进行销毁，并制定销毁工作规范。文件销毁工作规范如下所示。

【经典范本 04】文件销毁工作规范

文件销毁工作规范

一、定期核对

（1）行政管理人员应定期核对已记录的信息资料。若发现丢失信息，应在发放清单和索引目录中查询信息发放对象和信息来源，并以适当的方法恢复信息。

（2）行政管理人员应定期检查已经过期的条目，并加以标注，定期销毁过期、作废的文档。

二、销毁文件类型及注意事项

（1）销毁文件分为纸面文件和电子文件两类。

（2）为了便于跟踪和备查，对销毁的文件行政管理人员要予以登记，保存销毁文件清单。

（3）在删除电子类文件后，行政管理人员必须清空回收站。

三、销毁范围

（1）已过保存期限、不用继续保存的文件。

（2）公司指定要销毁的文件。

（3）会议上回收的保密文件。

（4）不需要部门存档的保密文件。

（5）无保存价值的文件（已处理的传真件、礼品申领表和发放清单）。

四、销毁方式

（1）用粉碎型碎纸机粉碎（适用于纸面文件）。

（2）到郊外垃圾处理站监督烧毁（适用于非机密性、量较大的文件）。

（3）送造纸厂监督打成纸浆（适用于公司过期宣传资料的销毁）。

（4）在删除电子类文件后，行政管理人员应每三个月清空一次回收站。

第三节　电子文件管理

220　有关电子文件的术语

有关电子文件的术语如表9-10所示。

表9-10 有关电子文件的术语

序号	术语	说明
1	电子文件	电子文件是指在数字设备及环境中生成，以数码形式存储于磁带、磁盘、光盘等载体，依赖计算机数字设备阅读、处理，并可在通信网络上传送的文件
2	归档电子文件	归档电子文件是指在各项活动中产生并具有保存价值的电子文件（含电子公文）的形成、积累、鉴定、归档、保管、利用和统计的过程
3	电子文件的逻辑归档	电子文件的逻辑归档指在计算机网络上进行，不改变原存储方式和位置而实现的将电子文件的管理权限向档案部门移交的过程
4	电子文件的物理归档	电子文件的物理归档指把电子文件集中下载到可脱机保存的载体上，向档案部门移交的过程
5	电子文件的真实性	电子文件的真实性指对电子文件的内容、结构和背景信息进行鉴定后，确认其与原始状况一致
6	电子文件的完整性	电子文件的完整性指电子文件的内容、结构、背景信息和元数据等无缺损
7	电子文件的有效性	电子文件的有效性指电子文件应具备可理解性和可被利用性，包括信息的可识别性、存储系统的可靠性、载体的完好性和兼容性
8	背景信息	背景信息指描述生成电子文件的职能活动、电子文件的作用、办理过程、结果、上下文关系以及对其产生影响的历史环境等信息
9	元数据	元数据指描述电子文件数据属性的数据，包括文件格式、编排结构、硬件和软件环境、文件处理软件、字处理和图形工具软件、字符集等数据
10	定稿电子文件	定稿电子文件是用计算机起草文件时形成的最后一稿电子文件，记录了文件的最后修改结果，有重要凭证、依据价值，在收集时应落实必要的签字手续，明确公文拟稿、核稿、签发等环节的责任者。对于需要保存的、特别重要的文件的历次草稿，每一稿应以不同标识加以区别
11	正式电子文件	修改、签发完的定稿电子文件由于具备了相应职能，便成为了正式电子文件
12	文本文件	文本文件指用计算机文字处理技术形成的文字文件、表格文件等。其在收集时应注明文件存储格式、文字处理工具等，必要时应同时保留文字处理工具软件。文本文件以XML、RTF、TXT、NSF为通用格式
13	图像文件	图像文件指用扫描仪、数码相机等外部设备获得的静态图像文件。对用扫描仪等设备获得的采用非通用格式的图像电子文件，在收集时应将其转换为通用格式，如无法转换，则应将相关软件一并收集。图像文件以JPEG、TIFF为通用格式

序号	术语	说明
14	图形文件	图形文件指采用计算机辅助设计或绘图工具获得的静态图形文件。在归档时相关人员应注意其设备依赖性、易修改性等问题，不要遗漏相关软件及各种数据信息。对用计算机辅助设计或绘图等设备获得的图形电子文件，在收集时应注明其软硬件环境和相关数据
15	影像文件	影像文件指用数码摄像机、视频采集卡等视频设备获得的动态图像文件。对用视频或多媒体设备获得的文件以及用超媒体链接技术制作的文件，应同时收集其非通用格式的压缩算法和相关软件。要归档的影像文件以MPEG、AVI为通用格式
16	声音文件	声音文件指用音频设备获得并经计算机处理的文件。相关人员在归档时应注意收集其属性标识和相关软件。声音文件以WAV、MP3为通用格式
17	超媒体链接文件	超媒体链接文件指用计算机超媒体链接技术制作的文件
18	数据库文件	数据库文件指用计算机软硬件系统进行信息处理等过程形成的各种管理数据、参数等。数据库文件以DBF、XLS文件为通用格式
19	计算机程序	计算机程序指计算机使用的商用或自主开发的系统软件、应用软件等

221　电子文件管理体制和职责

企业应建立电子文件管理体制，明确电子文件的管理者及其职责，具体如下所述。

（1）电子文件归档管理由公司档案室负责，其应解决实际问题，为电子档案的保管、查验、复制等提供支持。

（2）电子文件的形成、承办、运转、整理与归档等工作，由承办部门负责，其应将电子文件的整理归档工作纳入电子文件承办人的岗位职责，确保电子文件的真实性、完整性和有效性。

（3）企业应建立由网络管理和技术人员负责审核的电子文件的有效性管理制度。

（4）电子文件管理者应根据电子文件的类型和特点注明文件格式、时间、软硬件环境等相关的数据及参数，保证归档电子文件的质量。归档电子文件同时存在相应的纸质或其他载体形式的文件时，应当在内容、相关说明及描述上保持一致。

（5）对于加密电子文件，电子文件管理者应在解密后再收集归档，确实需要以加密方式保存的，应当将其解密程序同时归档。

（6）网管部门应于每年四月对档案室备份的电子文件进行抽样读取检验，发现问题及时采取措施，并根据软硬件升级换代情况，适时对电子文件进行迁移作业。

(7) 企业应对归档电子文件及其他门类和载体的档案实行集中统一管理。档案管理人员要学习掌握计算机和电子文档管理的操作技能，利用归档的电子文档，积极开展档案编研和服务利用等工作。

222 电子文件收集积累

1. 收集积累范围

凡是在公司管理中反映主要职能活动，包括文书和业务工作在内的电子文件，以及相关的支持软件和数据等都属于电子文件的收集范围。

2. 收集积累要求

(1) 公司电子文件的内容必须真实、准确。

(2) 记录重要文件的主要修改过程和办理情况，有查考价值的电子文件及其电子版本的定稿均应当被保留。正式文件是纸质版本的，电子文件管理者应将纸质文件与数字化后的电子文件一同保存。

(3) 凡是属于收集积累范围的电子文件，电子文件管理者在收集积累时均应进行登记，填写电子文件登记表（如表9-11所示）。

(4) 在电子文件的形成和处理过程中，如需要改动，电子文件管理者应填写电子文件更改登记表（如表9-12所示）。

表9-11　电子文件登记表

类别代码：　　　　　　　　　　　　　　　　　　　　　　　　　第____页共____页

序号	文书登记号	文件标题	稿本代码	档号	备注（软硬件环境）

填表人：　　　　　　填表日期：　　　　　　　　审核人：　　　　　　审核日期：

表9-12　电子文件更改登记表

序号	电子文件名	更改单号	更改者	更改日期	备注

（5）电子文件管理者应定期（每季度）备份电子文件，并应将其存储在能够脱机保存的载体上。

（6）在收集电子文件时，电子文件管理者应该注明电子文件的存储格式及其软硬件环境。公司档案室应当保留各种通用格式电子文件的处理软件、资料及其软硬件环境。原则上相关人员应将电子文件转换成通用格式的电子文件，如不能转换，在收集时应当连同专用软件一并收集。

（7）对于在计算机系统运行和信息处理等过程中涉及的，与电子文件处理有关的参数、管理数据等，应将其与电子文件一同收集。

（8）套用统一模板的电子文件，在保证能恢复原形态的情况下，其内容信息可脱离套用模板进行存储，被套用模板可作为电子文件的元数据保存。

（9）电子文件管理者在形成、接收电子文件时就要制作备份（一式三份）。

3．收集积累的电子文件类型

收集积累的电子文件类型如表9-13所示。

表9-13　收集积累的电子文件类型

序号	类型	说明
1	电子文件稿本	电子文件按其稿本分为草稿、定稿和正式电子文件
2	电子文件信息类型	（1）要收集积累的电子文件信息类型有文本文件、图像文件、图形文件、影像文件、声音文件、多媒体文件、超媒体链接文件、程序文件和数据库文件 （2）对用专用软件产生的电子文件应转换成通用型电子文件，若不能转换，电子文件管理者在收集时应连同专用软件一并收集归档
3	电子文件载体类型	目前电子文件主要有移动硬盘、U盘、光盘、磁盘、磁带等介质的载体类型

4．电子文件的登记

（1）电子文件管理者应在电子文件登记表中登记每一份电子文件。

（2）电子文件管理者应同时保存电子文件登记表及电子文件。

（3）电子文件稿本代码包括 M——草稿性电子文件，U——定稿电子文件，F——正式电子文件。

（4）电子文件类别代码包括 T——文本文件，I——图像文件，G——图形文件，V——影像文件，A——声音文件，O——超媒体链接文件，P——程序文件，D——数据库文件。

223　电子文件鉴定

档案部门在将电子文件归档前应当对其进行鉴定，鉴定内容包括确定归档电子文件的真实性、完整性、有效性及电子文件的密级、归档范围和保管期限。

对于集中归档的电子文件，在归档前应当由文件形成部门按照规定的项目对电子文件的真实性、完整性和有效性进行检验，并由负责人签署审核意见，将检验和审核结果填入归档电子文件移交、接收检验登记表（如表9-14所示）。

对于电子文件保管期限和密级的划分，可参照公司关于纸质文件材料密级和保管期限的有关规定执行。电子文件的背景信息和元数据的保管期限应当与纸质文件信息的保管期限一致。

表9-14　归档电子文件移交、接收检验登记表

移交部门：　　　　　　　　　　经办人：

接收部门：　　　　　　　　　　经办人：

档号或文书登记号	载体检验	病毒检验	真实性检验	完整性检验	有效性检验	技术方法及相关软件说明、资料检验

移交日期：　　　　　　　　审核人：　　　　　　　　审核日期：

224　电子文件归档的要求

电子文件归档的要求如下所述。

(1) 电子文件管理者应按照纸质文件归档的相关规定对电子文件进行归档。

(2) 在进行电子文件归档时，电子文件管理者应当对归档电子文件的基本技术条件进行检测，检测内容包括硬件环境的有效性、软件环境的有效性及其信息记录格式、有无病毒感染等。

(3) 对电子文件的归档应按照归档分类方案所设置的鉴定标识（归档分类代码）进行。

(4) 电子文件管理者应在存储电子文件的载体或装具上贴上标签，注明载体序号、档号、密级、存入日期等内容，应将归档后的电子文件载体设置成禁止写操作的状态。

(5) 对于特殊格式的电子文件，电子文件管理者应当在存储载体的同时存储相应的查看软件。

(6) 电子文件管理者应将相应的电子文件机读目录、相关软件以及其他说明等同时归档，并将电子文件的档案号登入电子文件登记表。

(7) 对需要长期保存的电子文件，电子文件管理者应将机读目录与相应的电子文件存储在同一载体中，同时应当确保载体中存储的归档文件名与机读目录名称一致。

(8) 归档完毕后，电子文件形成部门应当将存有归档前电子文件的载体保存 1 年。

(9) 电子文件的著录应当参照《档案著录规则》进行，同时电子文件管理者应按照保证其真实性、完整性和有效性的要求补充电子文件特有的著录项目和责任者、操作者、背景信息、元数据等其他标识，并按《归档文件整理规则》规定的格式打印纸质目录；同时要制作并打印归档后的封面，以方便查阅。

表 9-15 是电子文件（归档）载体封面的范例，供读者参考。

表9-15　电子文件（归档）载体封面

载体编号：_____	类别：_____
档号：_____	套别：_____
内容：_____	
地址：_____	
编制单位：_____	编制日期：_____
保管期限：_____	密级：_____
文件格式：_____	
软硬件平台说明：_____	

225 电子文件归档步骤

电子文件的归档可分两步进行，先对实时归档的电子文件做逻辑归档，然后每隔半年完成物理归档。

1. 逻辑归档

具有稳定可靠的网络环境、有严密的安全管理措施以及对内容重要的电子文件制作了纸质版本的部门，可以直接向档案室实施逻辑归档，其基本要求如下所述。

（1）电子文件归档操作由具体经办人完成，办理完毕的电子文件要注明标识。

（2）档案室要会同各部门设定查询归档电子文件的权限。

（3）网络管理人员要把归档电子文件的物理地址存放于指定的计算机服务器上，对服务器必须采取双机备份等可靠的备份措施。

（4）归档的电子文件要有该电子文件产生及运行过程的背景信息及元数据。

（5）局域网内部要有可靠的安全防范措施，在进行系统设备更新、数据转换时，操作人员要确保数据准确无误并能在新系统中运行。

（6）电子文件归档后，档案人员要及时清理计算机或网络上重复的电子文件。

（7）各部门设备更新时要及时做好数据向新设备的转换工作，做好数据更新记录，将转换后的新数据交档案室移交归档。

2. 物理归档

档案部门应每半年将已逻辑归档的电子文件分门别类地制作成光盘，并制作相应的、一式两份的归档电子文件登记表，待各归档部门确认无误后双方签署，以实现物理归档。物理归档的基本要求如下所述。

（1）电子文件承办人应根据归档范围，在电子文件产生时就对应归档电子文件标注一定的标记（文件题名、形成日期、编号等）。

（2）对于公司及分公司相关部门办理完毕的电子文件，电子文件承办人应实时进行逻辑归档，凡在网络中予以逻辑归档的电子文件，每隔半年完成物理归档。对于物理归档的电子文件仍要在部门保留一年后方可销毁。

（3）对于特殊格式的电子文件（非通用格式），电子文件承办人在归档时应在存储载体上同时备份相应的查看软件。对用数据库管理系统生成的数据库文件，数据库结构字段名为非汉字的结构归档时，电子文件承办人应附上数据库结构说明书，标明每个字段的汉字名称；如记录内容用代码表示的应将其全部转换为汉字表示，以确保数据库信息的可利用性。

推荐采用的载体，按优先顺序依次为只读光盘、一次性写入光盘、磁带、可擦写光盘、硬磁盘等。不允许用软磁盘作为归档电子文件长期保存的载体。

226　归档电子文件的移交

电子文件的形成部门应在每年3月底前将上年度办理完毕的属归档范围的电子文件向档案室移交归档，数据库文件按季度向档案室移交归档。

1．接收检验

档案室应对已归档的电子文件的每套载体及其技术环境进行检验，合格率必须达到100%。检验项目包括：

（1）载体有无划痕，是否清洁；

（2）有无病毒；

（3）核实归档电子文件的真实性、完整性、有效性检验及审核手续；

（4）核实登记表、软件、说明资料等是否齐全；

（5）对特殊格式的电子文件，应核实其相关的软件、版本、操作手册等是否完整。

2．移交手续

档案室验收合格后，应完成归档电子文件移交、接收检验登记表的填写、签字和盖章等环节。登记表一式两份，一份交电子文件形成部门，一份由档案室自存。

227　归档电子文件的保管

1．保管条件要求

对于归档电子文件的保管，除应当符合纸质档案的要求外，还应当符合下列条件：

（1）归档载体应当作防写处理；

（2）单片载体应当装盒，竖立存放，避免挤压；

（3）存放时应当远离强磁场、强热源，并与有害气体隔离；

（4）环境温度的选定范围应为17℃～20℃；相对湿度的选定范围应为35%～45%。

2．有效性保证

（1）在更新设备环境时，相关人员应当确认库存载体与新设备的兼容性；对于不兼容的，应当及时进行载体转换，原载体保留时间不少于3年。保留期满后，对于可擦写载体擦除后可以重复使用，对于不可清除内容的载体按保密要求处置。

（2）对磁性载体每满2年、光盘每满4年进行一次抽样机读检验，抽样率不得低于10%，如发现问题应当及时采取恢复措施。

（3）对磁性载体上的归档电子文件，应当每4年转存一次；原载体同时保留时间不得少于4年。

（4）档案室应当在检验完成后将结果填入归档电子文件管理登记表（如表9-16所示）。

表9-16　归档电子文件管理登记表

序号	操作日期	操作人	设备检验	载体检验	兼容性检验	读取检验	转存

填表：　　　　　　　填表日期：　　　　　　　审核：　　　　　　　审核日期：

228　电子文件的迁移

电子文件的迁移要求如下所述。

（1）在系统设备更新、系统扩充、应用软件升级或者改变时，相关人员应当及时对归档电子文件进行迁移操作，并填写归档电子文件迁移登记表（如表9-17所示）。

（2）在迁移之前必须做数据备份。

（3）必须保持数据在迁移前后的一致性。

表9-17　归档电子文件迁移登记表

源系统情况	硬件平台：
	软件平台：
	应用软件：
	数据库管理系统：
	存储载体：
目标系统情况	硬件平台：
	软件平台：
	应用软件：
	数据库管理系统：
	存储载体：

被迁移归档电子 文件情况	被迁移归档电子文件的档号范围：		
	记录数：		字节数：
	操作者：		迁移时间：

229　电子文件的利用

企业应规定电子文件的利用要求。

（1）归档电子文件的封存载体不外借。未经审批同意，任何单位或者个人不能擅自复制电子文件。

（2）对于电子文件的利用，相关人员应当使用电子文件的拷贝件。

（3）相关人员在采用联网方式使用具有保密要求的电子文件时，应当遵守国家或有关部门的保密规定。

（4）对电子文件的利用不得超出纸质文件相应的权限规定范围。

230　归档电子文件的鉴定销毁

归档电子文件的鉴定销毁，参照纸质档案鉴定销毁的规定执行，并且应当在办理审批手续后实施。

对于属于保密范围的归档电子文件，如其存储在不可擦除的载体上，相关人员应当连同存储载体一起销毁，并在网络中彻底清除；对于不属于保密范围的归档电子文件，相关人员可进行逻辑删除。

231　电子文件统计、分析

档案室应当及时按年度对归档电子文件的接收、保管、利用、鉴定和销毁情况进行统计。

电子档案管理员提供对归档电子文件的数据分析和利用情况分析。

第十章　企业安全管理

导读 >>>

安全是一切工作的基础，没有一个安全的工作环境，任何工作都无法正常开展。行政管理人员的安全管理工作包括消防安全管理、日常安全管理、突发事件处理以及网络安全管理。

Q女士：我发现公司里许多人对消防安全不是很重视，很多人连灭火器都不会使用。作为新入职的行政经理，我该怎么办呢？

A经理：你要在公司内部开展安全宣传工作，强化员工们的消防安全意识，积极进行消防安全检查，及时消灭消防隐患，同时还要开展消防演习。

Q女士：除了消防安全管理，企业的安全管理还有哪些需要注意的地方呢？

A经理：企业的安全管理涉及面非常广泛，包括日常安全管理，主要是指企业安保工作，还有突发事件处理，这也是你作为行政经理必须注意的一个要点。同时不要忘了现在是网络时代，网络安全管理一定不要忽视。

第一节 消防安全管理

232 消防安全管理要点

行政管理人员应充分掌握消防安全管理要点，以便良好地开展消防工作。消防安全管理要点如下所述。

(1) 要保持消防通道畅通。

(2) 禁止在消火栓或配电柜前放置物品。

(3) 在指定的位置放置灭火器并使其处于可使用的状态。

(4) 应将易燃品的持有量控制在合理范围之内。

(5) 应确保所有消防设施设备处于正常状态。

(6) 应指定专人负责空调、电梯等大型设施设备的开关及使用或制定相关规定。

(7) 应指定专人负责电源、线路的使用或制定相关规定。

(8) 要采取足够的消防措施进行动火作业，作业完成后要确保没有火种遗留。

233 配备基本消防设施

企业应配备一些基本的消防设施，具体内容如下所述。

(1) 室内消火栓。

(2) 室外消火栓（消防车紧急供水，任何人不得私自动用）。

(3) 灭火器（手提式、推车式、悬挂式）。

(4) 防毒面具、应急电筒（应急使用）。

(5) 安全出口指示灯。

(6) 烟感、温感报警器。

(7) 应急照明灯（壁挂式）。

(8) 火警手动报警器。

(9) 事故广播。

(10) 禁止标志。

（11）消防服、隔热服。

（12）消防宣传栏。

234 消防器材定位与标识

企业平时用到消火栓、灭火器的机会比较小，因而很容易忽视它们。行政管理人员应对这些消防器材进行定位和标识，以备不时之需，具体内容如表10-1所示。

表10-1 消防器材的定位与标识

序号	内容	具体说明
1	定位	企业应将灭火器等消防器材放在固定场所。当有意外发生时，要确保人们能立即找到灭火器。当灭火器悬挂于墙壁上时，若其重量超过18千克，则与地面的距离应低于1米；若重量在18千克以下，则与地面的距离不得超过1.5米
2	环境要求	企业内的消防器材如果常被其他物品遮住，势必会延误取用时机，所以，企业要严格规定禁止在消防设备周围放置任何物品
3	标识	消防器材前面一定要保持畅通，以免阻碍取用。企业可在消防器材前面设置安全区，并画上"老虎线"，提醒大家共同来遵守安全规则
4	操作说明	人们通常只有在非常紧急的时刻才会用到消防器材，那时难免会产生慌乱，甚至会忘记如何使用这些消防器材。所以，行政管理人员最好在消防器材的旁边贴上一张放大的简易操作步骤说明图，让所有人都能清晰地看到
5	换药日期	灭火器内的药剂有有效期限，企业一定要按时更换药剂，确保灭火器的可用性。行政管理人员应把灭火器的下一次换药日期明确地标示在灭火器上

235 经常开展消防检查工作

企业要经常对消防设备和消防器材进行维修保养，使之处于良好的使用状态。行政管理人员要派专人负责查看消防设施是否齐全、完好，并处理安全隐患。

消防设备巡查的内容及频次如表10-2所示。

表10-2　消防设备巡查的内容及频次

消防设备		巡查内容及频次
烟温感报警系统		(1) 每周对区域内报警器、集中报警器进行巡视检查，查看电源是否正常，各按钮是否处于接收状态 (2) 每日检查一次各报警器的内部接线端是否松动，主干线路、信号线路有无破损，并对20%的烟温感探测器进行抽查测验 (3) 每半年对烟温感探测器逐个进行一次保养，包括擦洗灰尘，检查探测器底座是否牢固，并逐个进行吹烟试验 (4) 一般场所每三年、污染场所每一年进行一次全面维修保养，主要项目包括清洗吸烟室（罩）集成线路，检查相关设备是否完好等
防火卷帘门系统		(1) 每半月检查一次电气线路、元件是否正常并清扫灰尘 (2) 每月检查电气元件线路有无异常现象，绝缘效果是否良好 (3) 每季度对机械元件进行保养检查、除锈、加油及密封
送风、排烟系统	送风系统	(1) 每周巡视检查各层消防通道内及消防电梯前大厅加压风口是否灵活 (2) 每周巡视检查各风机控制线路是否正常，进行就地及遥控启动试验，打扫机房及风机表面灰尘 (3) 每月维护保养一次送风系统，检查电气元件是否损坏或松动、清扫电气元件上的灰尘并给风机轴承加油等
	排烟系统	(1) 每周巡视检查各层排烟阀、窗、电源是否正常，有无异常现象；同时对各排烟风机控制线路进行检查，就地进行启动试验，打扫机房及排风机表面灰尘 (2) 每月进行一次维护保养，检查电气元件是否损坏或松动，为排烟机轴承及排烟阀机械部分加油，打扫机房；同时，按照设计对50%的楼层实施自动控制试验
消火栓系统		(1) 每周巡视检查各层消火栓、水龙带、水枪头、报警按钮等是否完好无缺，各供水泵、电源是否正常，各电气元件是否完好无损 (2) 每月检查一次各阀门是否灵活，并进行除锈加油；检查水泵是否良好，对水泵表面进行除尘工作，并给轴承加油，检查电气控制部分是否处于良好状态，同时按照设计原理进行全面试验 (3) 在月检查的基础上每季度对水泵进行一次中修保养，检查电动机的绝缘性是否良好
喷淋系统		(1) 每周巡视检查管内水压是否正常，各供水泵电源是否正常，各电气元件是否完好无损，处于应用状态 (2) 每月巡视检查喷淋头有无漏水及其他异常现象，检查各阀门是否完好并加油保养；同时逐层放水，检查水流指示器的报警功能是否正常、水位开关是否灵敏 (3) 将供水泵月保养、季度中修等与消火栓水泵检修配合进行
应急广播系统		(1) 每周检查应急广播系统的主机、电源信号及控制信号是否正常，各控制开关是否处于正常位置，有无损坏和异常现象；及时清洗主机上的灰尘 (2) 检查切换机在每月的试验过程中，是否能正常切换；检查麦克风是否正常，并定期清洗磁头 (3) 检查楼层的喇叭是否正常，并清除喇叭上的灰尘 (4) 进行试播放

236　及时整改消防隐患

行政管理人员在消防检查工作中若发现各种设备、设施存在异常，或其他违反消防安全规定的问题，要立即查明原因，及时下发消防检查整改通知书（如表10-3所示），并采取措施进行处理，不能拖延。

表10-3　消防检查整改通知书

编号：　　　　　　　　　　　　　　　　　　　　　　检查日期：____年__月__日

收件单位		房号		联系人		电话	
发件单位		房号		联系人		电话	
消防检查 异常情况 描　述						检查人：	
整改期限						检查人：	
整改要点						整改人：	
整改验收						验收人：	

制表人：　　　　　　　　　　　　　　　审核人：

237　定期开展消防演习工作

为了强化员工的消防安全知识，提高员工火灾防控能力和突发事件应急救援能力，行政管理人员可定期组织应急疏散演练及消防安全知识培训。消防安全培训与演练的内容如下。

1. 火灾的性质与发展阶段

（1）火灾的性质。在发生火灾时，人们首先要弄清楚是电起火还是由其他物质引起的火灾，若为电起火，一定要先切断电源，然后再展开扑救。室内火灾具有三个特点：突发性、多变性、瞬时性。

(2)火灾发展的四个阶段：初起、发展、猛烈、熄灭。

2．灭火的方法

灭火的方法包括冷却法、窒息法、隔离法、抑制法等。

3．了解各种灭火器（手提式、推车式）的使用方法

灭火器的类型分为干粉灭火器、泡沫灭火器、二氧化碳灭火器、1211灭火器等，行政管理人员要训练员工掌握其操作方法。

4．"三级教育""四懂""三会""四利用""五不要"

对于预防和应对火灾，企业全员应掌握以下知识。

(1)"三级教育"：（消防）厂级教育、车间级教育、班组级教育。

(2)"四懂"：懂岗位火灾危险性、懂岗位预防火灾措施、懂岗位灭火方法、懂火灾报警方法。

(3)"三会"。第一会为会报警，包括电话报警（119）、手动报警（按钮报警、击破报警）、自动报警（烟感报警、温感报警）。第二会为会扑灭初起火灾及会使用灭火器。第三会为会逃生和组织他人逃生。

(4)"四利用"：利用建筑物本身的疏散设施、利用缓降器、利用自救绳、利用避难空间。

(5)"五不要"：不要乘坐电梯，不要躲避在角落或死胡同中，不要因穿戴衣服或寻找贵重物品而浪费时间，不要私自重返火场救人或拿取财物，不要轻易跳楼。

238　做好消防档案管理工作

消防档案是记载企业内的消防重点以及消防安全工作基本情况的文书档案，行政部应建立消防档案。消防档案的内容如表10-4所示。

表10-4　消防档案的内容

序号	内容	具体说明
1	消防设施档案	消防设施档案的内容包括消防通道畅通情况、消火栓完好情况、消防水池的储水情况、灭火器的放置位置是否合理、消防器材的数量及布置是否合理、消防设施更新记录等
2	防火档案	防火档案包括消防负责人及管理人员名单、区域平面图、建筑结构图、交通和水源情况、消防管理制度、火险隐患、消防设备状况、重点消防部位、前期消防工作概况等

行政管理人员应将以上内容详细地记录在消防档案中，以备查阅；同时，还应定期研究消防档案记载的前期消防工作概况，不断提高消防管理水平。

第二节 日常安全管理

239 明确保安主管工作职责

为了加强对安保工作的管理，行政管理人员应明确规定公司保安主管的职责，以便将责任落实到具体的人员。保安主管的工作职责如下所述。

(1) 协助行政管理人员督导及教导各保安人员。

(2) 制订、部署保安部的工作计划，督促各保安人员做好工作。

(3) 执行公司传达的各项工作，跟进日常工作。

(4) 主持保安工作会议，贯彻行政管理人员的指令。

(5) 定期对下属及各部门员工进行防盗、防火等方面的知识教育。

(6) 安排体能训练，确保保安人员处于最佳工作状态。

(7) 及时向行政管理人员反映相关意见。

(8) 与行政管理人员商讨编制有关紧急事故发生时的应急措施。

(9) 了解周围环境，熟悉公共设备的位置和监控重点，以便执行工作。

(10) 做好考勤工作，检查保安人员的仪容仪表。

(11) 加强与所属管辖区警民的关系，以便日后执行工作。

(12) 对重点岗位的巡视，每天不少于三次。

(13) 定期抽查保安部监控中心的记录本，上报记录本及巡逻记录等。

(14) 熟记紧急联络电话号码、对讲机号码。

(15) 考评及报告保安人员的工作情况。

(16) 处理一般性的治安案件和投诉。

(17) 管理好警具器械和公用物资。

(18) 定期与消防单位联系，以便日后执行工作。

(19) 完成行政管理人员交办的其他任务。

240　明确保安人员的工作职责

保安人员是企业安全工作的主要实施人员，行政管理人员应明确其工作职责，督促其做好保安工作。保安人员的具体工作职责如下所述。

（1）负责维护企业治安，预防和查处安全事故，做好安全保卫工作。

（2）维护企业内部治安，消除隐患，防患于未然。

（3）监督员工遵守安全守则。

（4）加强对重点位置的治安检查工作，加强防盗活动，及时上报发现的可疑人员。

（5）检查各层的报警器和灭火器能否正常使用、消防通道是否畅通无阻及照明指示灯能否正常工作。

（6）若发现办公楼内有公共设施被毁坏，应予以记录并通知行政部。

（7）保安人员应在行政部的领导下做好报刊、杂志、信件、电函的收发和分转工作。

（8）文明、礼貌接待来访人员，做好访客登记工作，在接待单位和联系人同意后方可让访客进入。

（9）完成领导交办的其他工作。

241　开展安全巡视工作

安全巡视工作包括门卫登记、守护和巡逻三项内容。

1．门卫登记

门卫登记是指在企业大门进出口处配备1～2名保安人员，履行下述职责。

（1）严格控制人员和车辆的进入，对进入企业的来访人员进行验证登记。

（2）对携带物品外出的人员实行严格的检查，防止财物流失，维护企业的正常秩序。

（3）门卫登记应实行24小时值班制。

2．守护

守护是指保安人员对特定的重要目标实行实地看护和守卫的一种活动。行政管理人员要根据守护目标的范围、特点及周围环境来确定守护人员数量。守护人员应做到"四熟悉"，具体内容如下所述。

（1）熟悉守护目标的情形、性质、特点、治安情况。

（2）熟悉有关制度、规定及准许出入的手续和证件。

（3）熟悉守护岗位周围地形及设施情况。

（4）熟悉电闸、消火栓、灭火器等安全设备以及各种报警装置的位置、性能和使用方法。

3．巡逻

巡逻是指为了确保企业生产活动的安全，治安管理人员在企业区域内进行有计划的巡视和观察。巡逻人员要有发现和排除各种危险因素的能力。

巡逻的方式一般有往返式、交叉式和循环式三种。治安管理人员要交叉使用三种巡逻方式，以避免不法分子掌握规律。

治安管理人员一定要将重点、要害部位，安全事件多发、易发地点安排在巡逻路线上，只有这样，才能有效地防范和打击犯罪行为。

第三节　突发事件处理

242　突发事件的类别

突发事件的类别如图10-1所示。

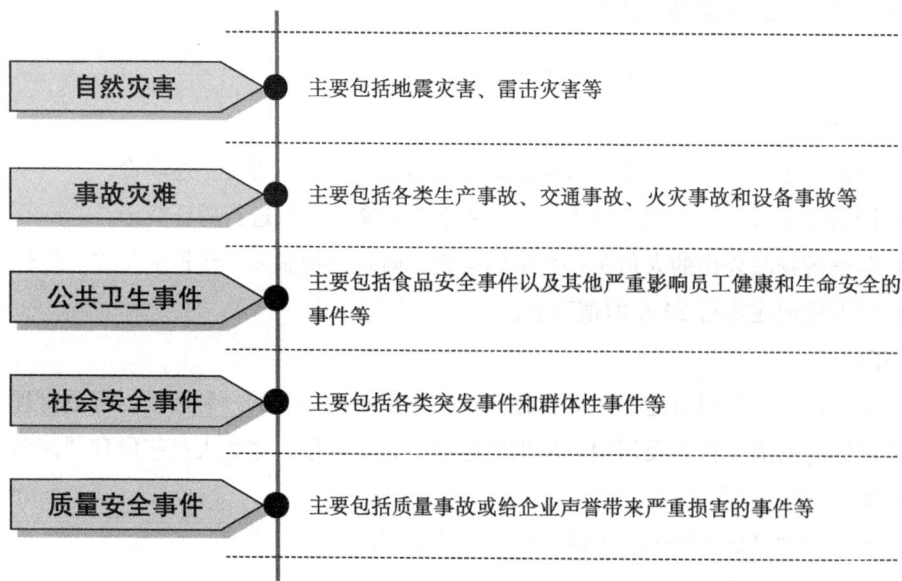

自然灾害	主要包括地震灾害、雷击灾害等
事故灾难	主要包括各类生产事故、交通事故、火灾事故和设备事故等
公共卫生事件	主要包括食品安全事件以及其他严重影响员工健康和生命安全的事件等
社会安全事件	主要包括各类突发事件和群体性事件等
质量安全事件	主要包括质量事故或给企业声誉带来严重损害的事件等

图10-1　突发事件类别

243 突发事件的危害

突发事件的危害如下所述。

(1) 影响企业市场营销战略的整体运作。企业的市场营销是一个整体行为：从营销战略的制定到销售网点的选择，从广告宣传模式到营销实施程序，都有严谨的设计。一旦发生突发事件，就会破坏市场营销战略的整体运作，可能会使市场活动瞬间坠入无序状态。

(2) 损害企业信誉。突发事件一旦曝光，企业的信誉便会受到损害，公众可能因此而拒绝企业提供的产品和服务，从而大大影响企业的销售和市场活动。

(3) 破坏企业形象。突发事件对企业形象的破坏较大。企业形象是企业市场竞争力和公众吸引力的重要组成部分，是企业最重要的无形资产。一旦遭遇突发事件，企业千辛万苦塑造的形象很有可能毁于一旦。

244 建立突发事件应急预案体系

突发事件应急预案体系包括三个方面的内容，如表10-5所示。

表10-5 突发事件应急预案体系

序号	预案	具体内容
1	总体应急预案	总体应急预案由行政部负责制定，是企业应急预案体系的总纲，是企业应对突发事件的规范性文件
2	专项应急预案	专项应急预案由行政部会同相关职能部门制定，是企业及相关部门为应对某一类型或某几种类型突发事件而制定的涉及多个部门职责的应急预案
3	单项活动应急预案	单项活动应急预案是指较大规模的会议、集体活动的安全应急预案，按照"谁主办、谁负责"的原则，由组织部门或单位负责制定和落实

245 建立突发事件管理机构

1．领导机构及职责

企业总经理是突发事件应急管理工作的最高指挥官，负责企业特别重大、重大和较重大突发事件的应急管理工作。

2．常设管理机构及职责

企业应急工作的常设管理机构是行政部，负责企业各项安全制度、突发事件应急预案的制定与落实等工作。

246　突发事件预测、预警

行政管理人员要健全和完善公司对突发事件的预测、预警机制，加强对监测工作的指导、管理和监督，明确监测信息报送渠道、时限、程序；对可能发生突发事件的时间、地点、范围、程度、危害及趋势做出预测。

各相关部门要针对各种可能发生的突发事件开展风险分析，防患于未然，做到早发现、早报告、早处置。

247　突发事件处理流程

1．信息报送

发生突发事件后，现场人员应立即上报行政管理人员，若无法与行政管理人员取得联系，则必须尽快上报企业其他负责人；否则，各单位或部门负责人承担一切责任。

2．先期处置

知晓发生突发事件后，行政部要立即派专人赶赴现场，组织指挥有关人员进行先期处置。

3．应急响应

行政部应根据突发事件的级别启动相应预案，做出应急响应。

对于在先期处置未能有效控制的突发事件，行政部须及时启动相关应急预案，进行最大限度的补救。

4．善后工作

行政部应及时救助受伤人员，对紧急调集、征用的人力、物力按规定给予补偿。

5．调查与评估

突发事件处置结束后，行政部应组织员工对事件的起因、性质、影响、责任、经验教训进行调查评估，并制定相关预防措施。

6．信息发布

企业应指定专人及时、准确、客观、全面地发布突发事件的信息。在请示企业总经理后，可适当向社会发布简要信息，并主动关注社会媒体的反应，采取相关应对办法。

248　做好奖惩工作

对为突发事件处置工作做出突出贡献的集体和个人，企业要给予表彰和奖励；对在处置工作中有玩忽职守、失职、渎职等行为者，或迟报、瞒报、漏报重要情况的相关责任人，企业应给予经济处罚，甚至追究其法律责任。

249　突发事件危机公关

有危机管理专家曾说过："每一次危机本身既包含导致失败的根源，又孕育着成功的种子，发现、培育这颗种子，以便收获这个潜在的成功机会，是企业突发事件管理的精髓。"行政管理人员要做好突发事件危机公关工作，为企业消除不良影响。

1. 树立公关意识

树立公关意识是指企业要具备调节、平衡和统一各种不同的关系、不同的利益、不同的要素的能力，即能够兼顾企业内外部的矛盾，统筹企业内外部资源，调解公众与企业之间的矛盾。树立公关意识一定要做到以下几点。

（1）重视企业内部成员之间的团结协作，使企业全体成员树立共同的价值观。

（2）注意保持企业各部门的统一性，使之形成全局观念、整体观念。

（3）不断加强企业与公众、与社会各界的广泛合作关系，真诚了解公众的意见和愿望，真诚维护公众利益。

2. 组建公关队伍

为了加强对突发事件的管理，企业可以在内部建立一支训练有素、精干高效的突发事件公关队伍。其成员应包括企业最高决策层、行政部门、生产部门、市场销售部门等。

行政管理人员负责在广泛搜集信息的基础上，分析存在的问题和隐患，对可能出现的突发事件做出准确预测，根据预测结果制定切实可行的突发事件防范措施。

当突发事件发生时，突发事件公关小组要起到指挥的作用：建立突发事件控制中心，制定紧急应对方案，推动方案实施，与媒体进行沟通，控制险情扩散，减小突发事件的不良影响，化解公众疑虑和敌对情绪，以便尽快解决突发事件。

3. 修复企业形象

行政管理人员一方面要代表企业如实兑现在突发事件中对公众的承诺，做好善后工作；另一方面要重新树立企业的良好形象，准确定位，更新企业战略。

要弥补突发事件给企业形象造成的损失，重新赢得社会的信任，关键是要更新经营战略，提升管理水平，全面改善产品与服务质量，为客户创造更大的价值，同时为社会公众带来更多的利益，这样企业才可能化危为机，获得新的发展契机。

第四节　值班安全管理

250　划分值班管理责任

行政部是企业值班工作的主管部门。行政管理人员应安排好值班经理的工作，并要求各部门安排好值班人员的工作。

(1) 值班经理对值班期间生产经营活动的安全稳定负有领导责任。

(2) 各部门值班人员对值班期间的分管工作负有管理责任。

(3) 各岗位人员对值班期间的本职工作负有直接责任。

251　值班事务处理注意事项

(1) 在值班过程中遇到的职权范围内的事，值班人员可先行处理，事后再报告。但若遇其职权范围之外的事情，应立即通报并请示主管。

(2) 在遇到重大、紧急事件时，值班人员应及时向上级业务指挥部门和公司领导汇报与请示，以便及时处理并在第一时间通知相关负责人。

(3) 值班人员应将值班时所处理的事项填写在"值班日志表"（如表10-6所示）中，并于交班后送主管领导检查。

(4) 值班人员收到信件时应分别按下列方式处理。

①属于职权范围内的，可立即处理。

②属于职权范围外的，视其性质立即联系有关部门负责人处理。

③对于密件或限时信件，应原封保管，于上班时呈送有关领导。

表10-6　值班日志表

编号：　　　　　　　　　　　　　　　　　　　　　　　　日期：＿＿＿年＿月＿日

日期		值班人	
发生情况：			
处理措施：			
处理结果：			
值班人签字：			

制表人：　　　　　　　　　　　　审核人：

252　明确值班纪律要求

值班室是公司的重要岗位部门，值班人员的工作状态直接关系到公司的安全和工作秩序。行政管理人员应对值班纪律作出明确要求，具体内容如下所述。

（1）值班人员应坚守工作岗位，不得擅离职守，不做与工作无关的事情。

（2）值班人员应自觉保持值班室的环境卫生。

（3）值班人员应严格遵守公司规定，禁止无关人员进入值班室。

（4）值班人员应坚守岗位，在电话铃响三声之内接听电话。

（5）值班人员不得使用值班室电话拨打或接听私人电话。

（6）值班人员遇有特殊情况需要换班或代班，必须经值班主管同意，否则将受到相应的处罚。

（7）值班人员应按规定时间交接班，不得迟到、早退，并在交班前写好值班记录，以便分清责任。

253　做好值班日程安排

行政管理人员应为企业的值班管理做好日程安排。日程安排一般包括两种方式，即按周安排和按月安排。表10-7和表10-8分别为周值班安排表和月值班安排表，供读者参考。

表10-7　周值班安排表

编号：　　　　　　　　　　　　　　　　　　　　　　　　　　日期：＿＿年＿＿月＿＿日

日期 姓名 部门	星期日 ＿＿月＿＿日	星期一 ＿＿月＿＿日	星期二 ＿＿月＿＿日	星期三 ＿＿月＿＿日	星期四 ＿＿月＿＿日	星期五 ＿＿月＿＿日	星期六 ＿＿月＿＿日

制表人：　　　　　　　　　　　　　　审核人：

表10-8　月值班安排表

编号：　　　　　　　　　　　　　　　　　　　　　　　　　　日期：＿＿年＿＿月＿＿日

周次	日期	值班人员		值班电话
		带班领导	值班人	

制表人：　　　　　　　　　　　　　　审核人：

254　节假日期间值班管理

行政管理人员应高度重视节假日期间的值班管理工作，因为在这段时间往往容易发生异常情况。节假日期间值班管理的具体内容如下所述。

（1）在节假日期间应实行值班、交班制度，值班人员应如实记录相关情况。

（2）在国家法定假日停工放假前，行政部应拟发放假通知（附值班人员名单），同时上报总经理办公室。

（3）行政部应在放假前组织一次联合检查并通报检查结果。对所查隐患，行政部必须在节前完成整改，整改情况经联合检查组确认后方可放假。

（4）休息日的值班工作由各部门根据实际情况自行安排。生产部必须安排人员在节假日值班。

（5）节假日期间值班人员的考勤由当日值班干部负责统计。

（6）节假日期间需要办理物资出门证的，应由部门出具证明，经值班经理批准后，由当日值班管理人员办理手续。非特殊情况，原则上节假日期间不办理物资出门证。

（7）值班人员因特殊情况在节前需要换班的，应报行政部批准；放假期间需要换班的，应报值班经理批准。

（8）值班期间任何人均不准喝酒，通信设备必须时刻保持畅通。

（9）值班司机应按值班经理指令出车。无出车任务在行政部待命时，应时刻保持通信设备畅通，保证随叫随到。

（10）节假日期间值班人员必须强化责任意识，坚守岗位、履职尽责。值班人员应按巡检时间对主要场所加大巡查力度并做好记录。如遇特殊情况，值班人员要迅速处理并予以上报。

255　夜间值班管理

为规范企业的安全管理，完善企业的安保系统，实现零重大事故，行政管理人员应安排好夜间值班工作。

夜间值班人员应定时或不定时开展巡查工作，具体巡查内容如下所述。

（1）门窗是否关闭。

（2）电脑是否关闭。

（3）饮水机电源是否关闭。

（4）空调电源是否关闭。

（5）照明灯是否关闭。

（6）水龙头是否关闭。

（7）无关人员是否离岗。

（8）闲置设备的电源是否关闭。

（9）工作设备是否不起火、无异味、供电正常。

（10）相关部门是否已填写自检表。

（11）是否存在其他安全隐患。

256 值班工作登记管理

值班人员应对人员、货品的进出以及接听的电话实行严格登记。表10-9、表10-10和表10-11为常用的值班工作登记表，供读者参考。

表10-9　值班人员出入登记表

编号：　　　　　　　　　　　　　　　　　　　　　　　　　　日期：＿＿年＿月＿日

姓名		同行人数		单位	
联系电话		车别	□轿车　□货车　□客车		
进入车辆	□载本公司货品　□载其他公司货品　□空车				
进出事由	□交货　□提货　□参观　□私事拜访　□其他				
自备工具、物品	□没有　□有（请另填人员自备工具、物品清单）				
接洽人姓名： 部门： 签章：	进入时间：＿＿＿＿时＿＿分 离开时间：＿＿＿＿时＿＿分			值班人 签章	

制表人：　　　　　　　　　　　　　　　审核人：

表10-10　值班货品出入登记表

编号：　　　　　　　　　　　　　　　　　　　　　　　　　　日期：＿＿年＿月＿日

送货单位	姓名	运货车辆		货品名称	单位	数量	收（发）货部门	收（发）货（验货人）	进入时间	离开时间	核对	值班人
		车种	车号									

制表人：　　　　　　　　　　　　　　　审核人：

194

表10-11 值班电话记录表

编号： 日期：＿＿年＿月＿日

来电单位		发话人姓名	
来电单位电话号码		值班接话人姓名	
通话内容摘要：			
主管意见：			
处理结果： 值班人签字：			

制表人： 审核人：

257 值班津贴与奖惩管理

值班人员可领取值班津贴，具体数额参照企业相关规定。

值班人员根据实际情况填写值班餐费申请表（如表10-12所示）申请餐费，由行政部负责审核。值班人员如果较好地处理了紧急事件，公司可给予嘉奖。嘉奖分为书面表扬和物质奖励两种方式。值班人员在值班时间内如果擅离职守，公司应给予处分，造成重大损失者，应从重处理。值班人员因病或其他原因不能值班的，应提前请假或请其他员工代班并经领导批准。

表10-12 值班餐费申请表

编号： 申请日期：＿＿年＿月＿日

部门：	姓名：		
值日及值夜费	**餐费**		**报销科目**
1. 上班日值夜共：＿＿夜 2. 休假日值日值夜共＿＿日 3. 值日值夜费金额： 　（1）值夜费： 　（2）值日值夜费： 　（3）合计：	1. 早餐共：＿＿餐 2. 午餐共：＿＿餐 3. 晚餐共：＿＿餐 餐费合计：		
部门主管签字：	直属主管签字：	证明人签字：	

制表人： 审核人：

注：（1）本申请表一式两份，于每个月5日前填妥，送交行政部（第二份）；
　　（2）行政部核对后，将第二份送交财务部用以支付餐费。

第十一章　员工食宿管理

导读 >>>

食宿是企业为员工提供的后勤保障。企业只有做好了食宿管理工作，才能使员工无后顾之忧，放心地投入工作中。食宿管理主要包含伙食管理和住宿管理。

Q女士：很多员工一直反映餐厅饭菜难吃，我该怎么办呢？

A经理：员工吃不好饭必然会影响其工作效率。你可以开展伙食意见调查，收集员工对餐厅的各种意见和建议，以便做出改进。

Q女士：员工宿舍管理一直是我们行政部的一项重点工作，但一直以来，公司员工宿舍管理都比较混乱，尚未实行进出登记制度，我很担心员工的安全问题。

A经理：你应该仔细调查，找出宿舍管理混乱的原因，并进行相应的改进。你可以设置专门的宿舍管理员，由其负责登记人员进出和退房情况。若有外来人员来访，更要严格执行登记制度。

第一节　员工伙食管理

258　员工加餐管理

员工若需加班，应提前向行政部提出加班用餐申请，填写加班用餐申请表（如表11-1所示）。员工加餐（加班用餐）管理工作的具体要求如下。

（1）行政部原则上在每日下班后不受理加班用餐申请。

（2）行政部受理加班用餐申请后，应马上计算出人数，并与餐厅联系。

（3）向各部门配发相应的餐券，作为领取餐食的凭证。

（4）加班员工应在指定时间凭餐券到餐厅取加班餐。

（5）餐券均当日有效。

（6）餐券丢失、污损后不再补发。

（7）餐厅供餐时间为18：00～19：00。如遇特殊情况，部门负责人应事先与餐厅联系，协商供餐时间。

（8）行政部应汇总每日供餐份数，并于月底向总务部报告。

表11-1　加班用餐申请表

编号：　　　　　　　　　　　　　　　　　　　　　　日期：____年__月__日

部门		□平时加班　□休息日加班　□法定日加班			
工作内容					
计划加班用餐时间及人员	__月__日__时至__月__日__时　共计：__小时				
部门经理		主管副总		生产总经理	
实际加班用餐时间及人员	__月__日__时至__月__日__时　共计：__小时				
	共____人				
部门核实			行政部核实		

制表人：　　　　　　　　　　　　　　审核人：

259 员工餐卡管理

现在很多企业都为员工办理了餐卡，以便员工用餐。行政管理人员应制定员工餐卡使用制度，规范员工餐卡管理工作。以下为某公司的员工餐卡管理规定，供读者参考。

【实用案例】

×× 公司员工餐卡管理规定

为了规范员工就餐，为员工提供良好的后勤保障服务，营造良好的就餐环境，特制定本制度。

1. 行政部负责监督餐厅的日常管理工作。

2. 餐卡的使用范围：公司员工在本公司餐厅购买饭菜。

3. 超范围使用的处罚：若员工在餐厅消费饭菜以外的物品，每例处罚50元，餐厅外包人每例处罚500元。

4. 餐厅员工每人一张餐卡，不得转让，如发现转让行为，则对当事人双方分别处以50元~300元的罚款。

5. 餐卡丢失或损坏后，应及时到行政部登记挂失，补办新卡。补卡费用由个人承担。每张卡工本费20元，交公司财务部，由财务部开具收据。

6. 新员工入职后应到行政部办理员工餐卡，初次办卡不收取费用。

7. 员工办理离职手续时应将餐卡退还行政部，不予退还的将扣工资50元。

8. 行政部负责餐卡的充值工作，时间为每月1日、14日。

9. 月餐费标准：早餐2元/人，中餐5元/人，晚餐5元/人，折算为每月360元/人。

10. 公司每月给予员工伙食补贴，补贴标准如下。

（1）餐费每月每人超过360元（含360元），补贴120元/月。

（2）员工在餐厅就餐的花费为100元~360元，按当月就餐消费总额的1/3予以补贴。

（3）餐厅就餐花费未满100元不予补贴。

11. 新员工在办理入职手续时应同时办理餐卡，初次充值费用为100元/人。

12. 公司每月为员工个人充值餐费360元。若不够消费，由本人提出申请，由人事行政部审批，但每月充值上限为450元/人。仍不够消费的个人必须用现金充值或者直接用现金消费。

260 员工伙食补贴管理

行政管理人员进行员工伙食管理的首要任务是解决好员工吃饭问题，只有让员工吃得满意，才能保证员工补贴的稳定性，提升员工的工作积极性。

目前，企业员工伙食的补贴方式有如下两种。

1. 给员工发放餐卡，将补贴打入卡内

（1）企业开办员工餐厅，以福利的形式向员工发放伙食补贴。具体的形式是给每位员工发放一张餐卡，企业按月向卡内打入伙食补贴费。

（2）员工在餐厅直接刷卡消费。如卡内剩余金额不足，员工可在每日开饭时到伙食处用现金充值。如卡内有剩余金额，员工可在每年年底提现。

（3）这个运行机制的一个关键点是餐厅的伙食价格与一般的餐馆基本持平，关键的区别在于，其管理较为严格，卫生条件更好。

2. 将伙食补贴直接拨给员工餐厅

企业把伙食补贴直接拨给餐厅，然后要求餐厅保持低于市场价格的优惠价，以此为员工提供福利。

261 员工餐厅日常管理

员工餐厅日常管理工作包括确定餐厅的工作任务、合理配置工作人员、明确主管人员的工作职责。

1. 餐厅的工作任务

员工餐厅是为员工服务的，因此，餐厅工作人员肩负的责任十分重大，所涉及的工作事务也比较烦琐。其具体工作任务如下所述。

（1）主、辅料（米、菜、油、盐等）的请购、保管与质量保证。

（2）厨房工作人员的培训。

（3）厨房饭菜供应的规划与调配。

（4）饭菜卫生与餐厅环境的管理。

（5）菜肴的调剂与改善。

2. 人员的配备与分工

行政管理人员应依照餐厅规模大小配备人员。规模较小的餐厅一般配有管理员、厨师、厨工、服务员等；规模较大的还需另外配备仓管、采购等人员。

人数越多的餐厅，分工越应细致，将责任明确到个人，以确保餐厅日常工作的顺利进行。

3．餐厅主管人员的工作职责

行政管理人员可为餐厅配备一名主管，以有效组织餐厅人员的日常工作，控制餐饮成本。同时，行政办公室应为餐厅主管制定明确的职责。餐厅主管人员的工作职责如下。

（1）实施对餐厅人员的日常管理要求标准，全面组织好餐厅的各项工作。

（2）合理调动厨房人员，做好协调工作，保障员工按时就餐。

（3）提高厨师的烹饪技术，增加菜式，保证餐饮质量。

（4）严格把好食品采购、验收关，定期做市场调查，对不良食品提出处理意见。

（5）修订每周菜谱。

（6）依照就餐人数计划开支，节约用量、减少浪费。

（7）负责炊具用品的请购、验收与维护工作。

（8）参加餐饮管理委员会成员例会，不断提升伙食标准。

（9）监督餐厅的饮食卫生和环境卫生，杜绝食物中毒事件。

（10）做好安全防范工作，定期消毒，确保无虫害。

（11）完成行政办公室交办的其他事项。

262　员工餐厅计划管理

行政管理人员应根据市场、季节和就餐者的需要，确定员工餐厅服务目标并进行科学合理的安排，通过制订、执行、检查和分析计划，组织餐厅服务活动，实施监督和调节，以有效地利用人力、物力，完成预定的目标。

1．计划制订阶段的管理

行政管理人员在制订计划前，应做好准备工作，如对历史情况进行调查分析，认真调查就餐人数的增减情况、公司的经济状况、消费需要及动向、市场价格以及变化趋势等；运用组织的力量，发挥集体的作用，采取专业预测与员工预测相结合、自上而下预测与自下而上预测相结合的办法正确制订餐厅计划。

2．计划执行阶段的管理

在执行计划的过程中，管理者的主要任务是认真组织实施餐厅计划。行政管理人员可通过指标归口分管、责任层层分解的管理办法以及开展不同形式的劳动竞赛活动、深入班组岗位、及时检查督促等手段促进计划的实施。

3．计划检查与总结阶段的管理

行政管理人员要及时了解计划是否落实并发现计划中存在的问题，以便采取措施加以解决；要抓住重点，运用多种方式检查计划，如进行日常检查、定期检查、全面检查和专项检查等。

263　餐饮原材料管理

为了提高饭菜质量，减少浪费，降低成本，行政管理人员应做好原材料的采购、保管、领用、加工等管理工作。

1．原材料的采购管理方法

（1）公司餐厅在原材料的采购工作中应十分注重勤进快销，坚持比质、比价，择优进货。

（2）相关人员应提前制订采购计划，既要保证餐厅食品加工工作的正常开展，又要控制成本。

（3）提高采购员的业务知识水平，使他们都能达到公司要求的标准，即熟悉原材料的品名、品级和用途，熟悉原材料的产地、使用期限、本餐厅加工人员的技术水平和加工能力，通晓各种原材料质量的鉴别标准。

2．原材料的验收管理方法

（1）应规定由仓库保管员验收需要入库的原材料；直接交给厨房班组使用的原材料，应由厨师组长验收。

（2）验收完毕后，相关人员要填写验收入库单，注明原材料的品名、规格、数量、单价和金额等。

3．原材料的领用管理方法

行政管理人员应要求相关部门和人员严格执行领料手续，这对保证账物相符和正常核算饭菜成本具有重要作用。

4．制定原材料的耗用定额

相关人员应对照本期原材料的耗用量和加工出售的饭菜成品的数量，按照规定的规格、质量要求制定原材料的耗用定额。在制定主要品种的原材料的耗用定额时，应侧重完成三项工作，即摸清供求规律，积累必要的资料；不断补充和完善原材料的耗用定额；定期进行考核。

264　员工餐厅销售管理

员工餐厅出售食品和提供服务的行为都属于销售行为。因此，销售管理是员工餐厅管理的一个重要的组成部分。

1．提升对销售的认识，重视销售

餐厅要切实贯彻销售原则，不断扩大销售额和服务范围，经常增添服务项目，提高服务质量，最大限度地满足员工的饮食要求，加强对销售的管理。

2．加强销售的组织与检验工作

餐厅的管理人员每天都要对餐厅销售活动的各个环节进行检查。行政管理人员也要经常进行检查。检查的内容如下所述。

（1）检查销售前的准备工作，包括出售食品的准备、餐具的准备、售饭工具的准备、包装物的准备、票箱及零票的准备，以及做好环境卫生工作等。

（2）检查销售工作的质量，具体为检查服务态度，所售饭菜的品种、质量、保温情况和收票付物活动过程是否合乎要求等。

265　餐厅设施卫生管理

（1）餐厅厨房与厕所及其他不洁处要有隔离物，且厨房的门与窗均不得面对厕所。

（2）厨房应配有良好的供水系统与排水系统，能迅速排除污水。

（3）公司所有餐厅的地面、天花板、墙壁和门窗均应牢固美观。

（4）设置排气系统，并妥善处理排气系统所排出的污油，避免直接喷泻、干扰附近居民。

（5）采用铝质或不锈钢材质的工作厨台和橱柜。

（6）注意清扫厨台及橱柜内侧及厨房死角，以免遗留物腐烂。

（7）保持公司餐厅和厨房的卫生。厨房的清洁工作，一般每天至少做一次。清洁完毕后，集中处置清扫用具。杀菌剂、洗涤剂与杀虫剂等分别放置，有毒的物质在标明后应放在固定场所或指定专人管理。

266　食品卫生管理

为了保障餐厅食物卫生，餐厅人员须做到下述事项。

（1）一律在工作台上制作食物，并将生、熟食物分开处理。刀、砧板及抹布等工具应始终保持清洁。

（2）食物应新鲜、干净。洗净食物后，厨房工作人员应使用塑胶袋将其分类并包紧，或装在有盖的容器内，然后分别储存在冰箱或冷冻室内。鱼和肉类要避免反复解冻，以免影响品质。

（3）凡易腐的食品，均应储存在零摄氏度以下的冷藏容器内，生、熟食物须分开储存，以免串味。

（4）调味品应使用容器盛装，使用后应立即加盖。器皿及菜肴不得与地面或脏物接触。

（5）厨房应有密盖污物桶、厨余桶。厨余桶须当天倒干净，四周要经常清理，以保持干净整洁。

267 员工个人卫生管理

行政管理人员应规范餐厅员工个人卫生，具体内容如下。

（1）在工作时，员工要穿戴整洁的工作衣帽，避免用手直接接触食物。

（2）厨房工作人员在工作前或如厕后应洗手。

（3）厨房工作人员不得在食物或餐具附近抽烟、咳嗽、吐痰；若想打喷嚏，应背对食物并用手帕或卫生纸遮住口鼻，并随即洗手。

（4）厨房工作人员不得在厨房内躺卧、晾挂衣服、放置鞋子或其他杂物。

（5）厨房工作人员若生病，应留在家中休养治疗，以免影响他人健康。

268 开展卫生检查工作

行政管理人员要定期开展卫生检查工作并将检查结果记录在餐厅卫生检查表（如表11-2所示）中。

表11-2 餐厅卫生检查表

编号： 日期：___年__月__日

序号	检查细则	等级			
		优	良	中	差
1	玻璃门窗及镜面干净、无裂痕				
2	窗框、工作台、桌椅无灰尘、污渍				

203

（续表）

序号	检查细则	等级			
		优	良	中	差
3	地板无碎屑、污渍				
4	墙面无污渍、破损				
5	盆景花卉无枯枝、黄叶				
6	墙面的装饰品无灰尘				
7	天花板完好				
8	天花板上无蜘蛛网				
9	通风口干净，能正常使用				
10	灯泡、灯管、灯罩干净完好				
11	吊灯完好				
12	餐厅内温度适宜				
13	餐厅通道上无障碍物				
14	餐桌和椅子干净完好				
15	菜单干净完好				
16	台布干净整齐				

制表人：   审核人：

269　开展伙食意见调查工作

行政管理人员应定期开展员工伙食意见调查工作，收集员工对餐厅伙食的意见，以便根据员工的意见督促餐厅改进伙食。以下为某公司的员工伙食意见调查表，供读者参考。

【经典范本 05】员工伙食意见调查表

员工伙食意见调查表

各位员工：

为了更好地为大家提供优质的用餐服务，加强伙食管理工作，提高员工对伙食的满意度，特制作该调查表，请您花上几分钟时间，将合适的答案填在"（　）"内。谢谢您的合作！

1. 总体上，您对餐厅满意吗？（　）

    A. 很满意　　　B. 满意　　　　C. 一般　　　　D. 不满意　　　E. 很不满意

2. 您对餐厅的卫生状况满意吗？（　）

    A. 非常满意　B. 满意　　　　C. 一般　　　　D. 不满意　　　E. 很不满意

3. 您认为菜洗得干净吗？（　）

    A. 干净　　　　B. 基本干净　　C. 不干净

4. 您每餐能吃饱吗？（　）

    A. 吃饱　　　　B. 吃不饱

5. 您对餐厅饭菜的口味满意吗？（　）

    A. 很满意　　　B. 满意　　　　C. 一般　　　　D. 不满意

6. 您认为餐厅饭菜的种类如何？（　）

    A. 十分丰富　B. 一般　　　　C. 太少

7. 您觉得餐厅的饭菜新鲜吗？（　）

    A. 新鲜　　　　B. 一般　　　　C. 不新鲜

8. 您对菜量满意吗？（　）

    A. 非常满意　B. 满意　　　　C. 一般　　　　D. 不满意　　　E. 很不满意

9. 您觉得餐厅菜品的口味如何？（　）

    A. 偏油腻　　　B. 偏咸　　　　C. 偏淡　　　　D. 过于清淡

10. 您认为餐厅工作人员的服务态度如何？（　）

    A. 很好　　　　B. 还可以　　　C. 不好

11. 您目前最关注下面哪个问题？（　）

    A. 餐厅的环境　B. 工作人员的服务态度　C. 菜品的种类和味道

12. 您对目前餐厅的总体印象是多少分？（　）

    A. 90～100　　B. 80～89　　　C. 70～79　　　D. 60～69　　　E. 60以下

13. 除此之外，若您还有其他意见或建议，请将您的意见及建议写在下面。

270　选择餐厅外包模式

员工餐厅的经营模式有自办餐厅和外包（托管）两种。现在，越来越多的企业选择将餐厅外包，承包人将全权负责餐厅的管理工作。

选择外包后，行政部就可从繁杂的餐厅管理工作中脱身，仅负责检查餐厅承包人对相关法律法规、企业各级规章制度的执行情况，严把质量关。

271 餐厅外包服务商的选择

1. 选择餐厅外包服务商

行政管理人员选择餐厅外包服务商的要点如表11-3所示。

表11-3　选择餐厅外包服务商的要点

序号	要点	详细内容
1	经营管理	外包服务商是否有一套完整的厨务管理制度，对整个餐饮行业和本公司的经营运作状况是否有全面的了解和认识；管理者是否具备行业经验、专业管理知识，是否能较为全面地掌控厨房运作状况；工作人员是否都经过了严格的培训，是否有固定的作业标准
2	菜单制作	外包服务商是否能提前出具菜单，菜品是否营养均衡，菜色搭配是否合理；外包服务商能否以有限的成本制订最有价值的菜单计划
3	食材采购	外包服务商是否具备完善的采购作业管理程序和供应商管理程序
4	进料检验	外包服务商是否有严格的进料检验规范，以保证食材质量；是否有完善的检验手段和方法，以避免不良食品的进入；责任追溯体系是否完善
5	仓储管理	外包服务商是否有严格合理的仓储管理作业规范；物品是否严格按5S规范放置
6	初加工处理	外包服务商是否有完善的初加工处理作业程序以及严格的作业标准及要求
7	烹调作业	员工是否具备丰富的餐饮从业经验，是否接受过严格的厨艺技能培训
8	巡回检验	外包服务商是否有严格的监控手段和程序，各个作业环节的责任是否明确，能否很好地改善影响质量的环节
9	成品菜肴	外包服务商是否有专业的营养师负责搭配菜肴，是否可按照客户的不同需求提供多种餐饮服务
10	服务规范及流程	外包服务商是否有整齐划一的服务模式及流程；员工着装是否统一，是否面带微笑；就餐环境是否温馨，能否激发员工的工作积极性
11	清洁处理	外包服务商是否有全面、深入的清洁处理流程和消毒措施
12	提供卫生许可证	餐厅外包服务商一定要提供卫生许可证，没有卫生许可证的服务商根本不具备营业资格，也就不必予以考虑

2．与餐厅外包服务商签订合同

选择好餐厅外包服务商后，企业应与其签订合同。合同至少应明确以下事项。

（1）餐费标准、供餐标准、供餐时间、用餐人数等。

（2）安全卫生要求。

（3）食品质量要求。

第二节　员工宿舍管理

272　员工宿舍的分类

员工宿舍包括单身集体宿舍、"倒班宿舍"和员工家庭住宅三种类型，具体内容如表11-4所示。

表11-4　员工宿舍的分类

序号	分类	详细内容
1	单身集体宿舍	（1）单身集体宿舍一般是为未婚的员工和家住外地的员工准备的，主要由企业出资建设，企业收取较低的房租 （2）行政管理人员要派专人管理集体宿舍，不仅要使员工的休息环境得到保证，而且要为员工的学习、娱乐、交际等创造良好的条件，使他们感受到家庭般的温暖，体会到企业对他们的关心，从而激发其工作的积极性
2	"倒班宿舍"	"倒班宿舍"主要是为那些家离工作单位较远的员工准备的，是由企业根据实际需要，为员工免费提供临时休息的场所
3	员工家庭住宅	员工家庭住宅一般位于企业附近的生活区，由企业兴建，以方便员工上班，减轻员工的经济负担

273　设立员工宿舍管理员

行政管理人员应设立专门的宿舍管理员负责员工宿舍管理工作。宿舍管理员的职责如下所述。

（1）宿舍管理员在行政管理人员的直接领导下工作。

（2）宿舍管理员应遵守公司的规章制度，管理好员工宿舍，对违反员工宿舍管理制度和公司纪律的个别员工提出批评，纠正其不良行为，并将员工的不良行为记录在案，必要时可报主管及员工所在部门处理。

（3）宿舍管理员负责定期检查各楼层房间的卫生及安全情况，做好各宿舍的维修保养工作。

（4）宿舍管理员应协助保安人员维护员工宿舍的秩序，禁止员工乱扔垃圾、乱倒脏水。

（5）宿舍管理员应确保员工宿舍区水、电的正常供应，发现跑、漏情况后要及时上报主管并通知维修人员。

（6）宿舍管理员应配合保安人员的工作，注意出入人员，防盗、防火。

（7）宿舍管理员应严格执行公司的各项规章制度，准时上下班，上班时间不擅离工作岗位，不做与工作无关的事情，交班时应将本班情况向接班员交代清楚。

（8）宿舍管理员负责管理员工宿舍房间的钥匙。

274 员工宿舍管理方法

1．行政部负责安排员工住宿

行政部要健全住宿登记制度，设置住宿员工一览表。宿舍管理人员要准确掌握住宿员工的个人情况和房间或安排情况，杜绝私自调换房间或床位以及留宿他人现象的发生。

2．完善住宿设施

企业应在员工宿舍设置总服务台、楼层服务台、电话、盥洗间、茶炉间、理发室、电视室、阅览室、游艺室、小卖部、医务室等。房间采光、通风条件要好，有防暑和取暖设施以及充足的空间。企业还应尽可能提供钢架床、蚊帐、被褥、书架、暖壶、茶杯、脸盆、水桶等物品。

3．制定员工住宿管理办法

企业应规定员工宿舍入住人员的条件，明确迁入迁出时应当履行的手续、房间及日常用具的分配标准。经上级管理部门批准后，行政管理人员可将上述内容张贴在墙上或制成手册。

4．做好统计工作

企业行政部要及时做好统计分析，加快房间周转，提高房间床位的利用率。

5．建立宿舍管理委员会

宿舍管理委员会由公司负责管理宿舍事务的行政部人员和住宿员工代表组成，负责定期征询住宿员工和所在单位的意见，以改进住宿管理工作。

275　员工宿舍分配管理

员工宿舍分配管理的内容如下所述。

（1）企业每一位员工均有权申请入住员工宿舍。

（2）企业按主管级以上（含主管级）和主管级以下级别分别安排员工入住不同的宿舍区；宿舍的房间、床位按员工职务和"同部门同岗位集中安排"的原则予以分配。

（3）宿舍管理员于每月月底统计宿舍住宿情况，填写宿舍员工入住情况登记表（如表11-5所示）。当员工入住情况发生变化时，宿舍管理员须及时作出相应的调整。

表11-5　宿舍员工入住情况登记表

编号：_____　　　　　　　　　　　　　　　日期：____年__月__日

房号	可住人数	宿舍长	床位号	使用员工	所在部门	岗位	入住时间	备注

制表人：　　　　　　　　　　　　　　审核人：

276　新员工入住手续办理

（1）入住宿舍的新员工应持行政部签发的入职程序表到宿舍管理员处办理入住手续。

（2）宿舍管理员负责填写员工宿舍入住单，之后将入住单交所在部门负责人签认，并报行政部经理审批。

（3）宿舍管理员应给新员工发放相应房间及衣柜钥匙，协助新员工入住。

（4）宿舍管理员应在员工宿舍入住单上注明新员工入住时间并签名。

277　在职员工入住手续办理

（1）企业可将在职员工办理入住手续的时间定为每周的周一和周四。如无特殊原因，其他时间原则上不予受理。

(2) 在职员工应到宿舍管理员处领取并填写员工宿舍入住单,经所在部门负责人签名同意、注明职务后交给宿舍管理员,宿舍管理员核实后再将员工宿舍入住单交行政部负责人签批意见。

(3) 对曾在宿舍住宿过的员工,宿舍管理员须查阅该员工过去的住宿记录(有无违反宿舍管理规定的行为)。对曾因多次违反住宿纪律被取消住宿资格的员工,宿舍管理员应拒绝受理其住宿申请,并将有关情况通知行政部负责人,由行政部负责人将意见反馈给员工所在部门的负责人。

(4) 若在职员工符合入住条件,宿舍管理员可为其安排相应的宿舍区、房间与床位,并在员工宿舍入住单上签名。

(5) 宿舍管理员还应在员工宿舍入住单上注明员工入住时间。

278　员工调房(床)管理

1．调房(床)管理内容

(1) 员工因职务、岗位发生变化或有其他特殊原因,可申请调房或调床。

(2) 企业可将员工办理调房(床)手续的时间定为每周的周一和周四。

2．调房(床)程序

(1) 符合调房(床)条件的员工应填写员工宿舍调房(床)申请单,经所在部门负责人签字后交给宿舍管理员。

(2) 宿舍管理员将员工宿舍调房(床)申请单交行政部负责人审批,之后根据宿舍住房情况和员工的调房(床)条件,为申请调房(床)员工重新安排相应的宿舍区、房间以及床位,并在员工宿舍调房(床)申请单上签字。

279　员工租房补贴管理

1．租房补贴适用范围

租房补贴适用于因工作关系经公司调离现住址或家在外地的员工。

2．租房补贴管理规定

符合申请租房补贴条件的员工应自行申请租房补贴,其应符合的条件如下所述。

(1) 申请者为本公司正式员工。

（2）公司未提供宿舍。

（3）员工户口不在公司所在地且没有住房或员工服从公司安排去其他城市工作。

另外，配偶在公司所在地有住房的员工不得申请租房补贴。对于公司引进的特殊人才，其租房补贴标准由总经理另行决定。

280　租房补贴的申请细则

租房补贴的申请细则如下所述。

（1）员工个人提出书面申请，填写租房补贴申请表。所在部门负责人应认真审核员工的个人情况并签字确认。

（2）员工应提供租房合同复印件、所租房屋产权证复印件等相关材料。

（3）行政部负责复核申请人的基本情况，确定租房补贴标准。

（4）财务部凭审核结果随工资按月给员工发放租房补贴。

（5）租房补贴申请条件每半年复核一次。

（6）员工若在工作所在地购买住房，则在拿到房屋钥匙两个月后，公司将停止为其发放租房补贴。

（7）员工若兼任两个公司的岗位，则不能重复申请租房补贴，原则上应在先发放工资的公司申请。

（8）员工应如实填写个人住房情况，并应及时向行政部反映住房变化情况。员工若弄虚作假，一经查实，公司将向其追缴全部补贴金额，并予以通报批评。

281　员工宿舍钥匙管理

员工宿舍钥匙管理的具体内容如下所述。

（1）宿舍钥匙包括房间钥匙、衣柜钥匙、电视室钥匙、消防通道钥匙等。

（2）宿舍中的各种备用钥匙由行政部统一保管。员工如要借用，应到宿舍管理员处登记。

（3）在入住时，员工应到宿舍管理员处领取房间钥匙和衣柜钥匙。员工若丢失了房间钥匙或衣柜钥匙，则要到宿舍管理员处申请重新配置，费用自理。员工若在退房时未能交出房间钥匙和衣柜钥匙，行政部将按钥匙成本价收取相关费用。

（4）电视室钥匙、消防通道钥匙、天台钥匙由宿舍管理员保管，如丢失，其重新配置费用由宿舍管理员自理。

282 员工宿舍物品管理

员工宿舍物品管理的具体内容如下所述。

（1）员工要科学地使用设备。若设备出现状况，员工应及时检修。锅炉和电视机等贵重物品要由专人管理。

（2）企业应加强库房管理工作，分类摆放物品，做到账物相符。

（3）企业应准确无误地给宿舍员工配发卧具等物品。

283 员工宿舍服务管理

1．充分发挥人员和设施的作用

企业应充分发挥现有人员和设施的作用，组织好常规性的服务活动，使住宿人员在宿舍楼内便可完成理发、洗澡、缝洗衣物、购买日用品、收发邮件、接待亲友等活动。

2．丰富单身员工的业余生活

企业应按时开放电视室、阅览室、游艺室；应每周举行小型文娱活动，每逢四大节日（元旦、春节、劳动节、国庆节）举办大型文体活动。

3．提供服务项目

企业应调查某些单身员工的特殊需要，开办新的服务项目。例如，为倒班的员工提供叫班服务，为少数民族单身员工代购用（食）品，代员工接待客人或传达客人留言等。

284 员工宿舍安全管理

1．定期进行安全教育

宿舍的锅炉工、电气工应参加由行政管理人员组织的安全技术培训，考核合格后才能上岗工作。

2．严格遵守治安管理制度

服务人员要严格遵守宿舍治安管理的各项制度，做好交接班记录；配合治安人员的工作，管理好宿舍秩序，禁止员工酗酒闹事、打架斗殴、赌博盗窃。

3．来访人员必须登记

宿舍管理人员要做好来访人员登记工作，行政管理人员要经常抽查宿舍人员来访登记表（如表11-6所示）。

表11-6 宿舍人员来访登记表

编号：

来访人姓名	性别	来访人工作单位	前往楼层区域	事由	来访人有效证件号码	来访时间	离开时间	记录人

制表人： 审核人：

285 员工宿舍防盗管理

员工宿舍防盗管理的具体要求如表11-7所示。

表11-7 员工宿舍防盗管理

体现方面	具体要求
管理人员方面	(1) 宿舍管理人员要严格落实各项安全管理制度 (2) 宿舍管理人员应加强责任意识，勤巡视、勤检查，并做好宿舍日检异常记录 (3) 宿舍管理人员要能够有效识别外来人员
员工方面	(1) 员工离开宿舍时要锁门 (2) 员工要保管好自己的钥匙，不要借给他人 (3) 员工不要在宿舍内放置现金和贵重物品 (4) 员工不可让其他宿舍的人员进入本宿舍 (5) 员工不可擅自留宿外来人员 (6) 员工应对形迹可疑的陌生人提高警惕，并及时将可疑情况报告给宿舍管理员或宿舍门卫

286 员工宿舍消防管理

员工宿舍消防管理的具体内容如下所述。

(1) 宿舍消防工作由宿舍管理员、宿舍长负责，由公司保安部监督。

(2) 住宿员工应严格遵守消防安全制度，不可擅自挪用、移动、损坏消防设备。

(3) 住宿员工应严格执行安全用电制度，不可乱拉电线、乱接电源、随意更换保险丝。

（4）住宿员工不能使用电炉、电饭煲、电热杯。

（5）任何人员均不得将易燃、易爆、有毒等危险物品带入员工宿舍楼。

（6）宿舍内严禁使用明火。

（7）宿舍内严禁吸烟（洗手间除外），不准乱扔烟头和火柴。

（8）严禁在宿舍内或走廊内焚烧垃圾，以免污染环境或引起火灾。

（9）楼梯、走道和天台门等处应当畅通无阻。

287 员工宿舍卫生管理

员工宿舍卫生管理的具体内容如下所述。

（1）各宿舍区卫生工作分公共区域卫生工作和宿舍卫生工作两部分。其中，公共区域卫生工作由宿舍清洁工承担，宿舍卫生工作则由各房间的住宿员工轮流负责。

（2）住宿员工每天应整理好自己的卫生；宿舍长每月编排每日清洁卫生值日表，住宿员工按值日表自觉轮流清扫宿舍，清扫标准见"宿舍内务及清洁标准"。

（3）每间宿舍均应摆放一套清洁工具，使用期限为半年，供该宿舍员工使用。

（4）员工应自觉遵守公共卫生制度。

288 在职员工退房管理

在职员工退房管理的具体内容如下所述。

（1）申请退房的在职员工应填写在职员工退房单（如表11-8所示），然后将退房单交给所在部门负责人，负责人签署意见，由宿舍管理员签名并注明退房时间。

表11-8 在职员工退房单

编号：   日期：____年__月__日

序号	姓名	性别	部门	岗位	房号	退房类别	入住时间	退房时间	备注

制表人：   审核人：

（2）申请退房的员工应按时到宿舍收拾行李，将衣柜钥匙和房间钥匙交给宿舍管理员。宿舍管理员验收房间后，应在在职员工退房单上注明实际退房时间。

（3）申请退房的员工凭在职员工退房单将行李搬离宿舍；宿舍门卫收回在职员工退房单，注明离开时间后交给宿舍管理员。

（4）宿舍管理员将在职员工退房单存档。

289　离职员工退房管理

离职员工退房管理的具体内容如下所述。

（1）离职员工应持行政部签发的离职程序表，到宿舍管理员处办理退房手续。

（2）宿舍管理员应根据离职程序表的内容填写离职员工退房单并注明退房时间。

（3）离职员工应按时交还衣柜钥匙和房门钥匙。宿舍管理员验收房间后，在离职员工退房单上签名。

（4）离职员工凭离职员工退房单将行李搬离宿舍；宿舍门卫在离职员工退房单上注明搬离时间。

（5）离职员工将离职员工退房单交给宿舍管理员。

（6）宿舍管理员计算该员工当月水电费及其他费用，在离职程序表上注明扣款情况并签名。

290　员工住宿档案管理

员工住宿档案管理的具体内容如下所述。

（1）宿舍管理员将住宿员工按房号、部门等分类并填写和更新宿舍员工入住情况登记表。

（2）宿舍管理员将退房员工按退房类别、部门和房号等分类。

（3）在每月月底，宿舍管理员应将本月住宿情况汇总并制成员工宿舍月报表（月报表的内容包括宿舍员工入住登记、宿舍员工退房登记、每月宿舍员工的纪律情况、卫生检查评比情况、宿舍员工奖惩情况等）；在行政部经理签认后，呈送总经理。

（4）宿舍管理员应分类存放并每日整理、更新相关单据和资料。此外，企业还应备存一份电子文档。

291　明确员工应遵循的事项

行政管理人员应明确要求员工在住宿期间遵守下述事项，否则将给予一定惩罚。

(1) 服从管理员的管理与监督。

(2) 在室内不得私自接配电线及装接电器。

(3) 在室内不得使用或存放危险物品及违禁物品。

(4) 不得将烟灰和烟蒂丢弃在地上，不得在室内存放易燃物品。

(5) 不得在床上抽烟。

(6) 不得在宿舍内烹饪、聚餐、喝酒、赌博。

(7) 房间卫生由住宿人员轮流负责。

(8) 不得在宿舍乱堆衣物。

(9) 应将废物、垃圾等放在指定场所。

(10) 起床后应将被子叠放整齐。

(11) 不得在墙壁、橱柜、门窗上随意张贴字画或钉挂物品。

(12) 应在指定位置晾晒衣物。

(13) 节约用水和用电。

(14) 看电视、听收音机时，不得妨碍他人休息。

(15) 不得留亲友过夜。

(16) 不要将贵重物品留在宿舍中，以免丢失。

292　明确取消住宿资格的原因

行政管理人员要明确员工被取消住宿资格的原因，具体内容如下所述。

(1) 在宿舍赌博、打麻将、斗殴、酗酒。

(2) 经常打扰其他人员休息，屡劝不改。

(3) 有偷窃行为。

(4) 不服从管理员的管理。

(5) 严重违反宿舍安全规定。

(6) 擅自在宿舍内接待异性或留外人过夜。

(7) 蓄意毁坏宿舍楼内的物品或设施。

(8) 在无正当理由的情况下经常夜不归宿。

一旦员工被正式取消住宿资格，行政部应及时将取消员工住宿资格通知单（如表11-9所示）发给员工并安排退宿工作。

表11-9 取消员工住宿资格通知单

编号： 日期：＿＿年＿月＿日

姓名		性别		房号		床号	
行政部	违纪事由： 宿舍管理员： ＿月＿日						
	经调查，情况属实。依照宿舍管理制度第＿条，取消该员工的住宿资格，请于＿月＿日前搬离宿舍。 宿舍管理员： ＿月＿日						
	部门负责人审批： 日期：＿＿年＿月＿日						
行政部	已于＿月＿日＿时＿分办妥退宿手续。 宿舍管理员： ＿月＿日						
门卫室	已于＿月＿日＿时＿分离开。 值班门卫： ＿月＿日						

制表人： 审核人：

293 开展宿舍检查工作

行政管理人员应定期或不定期地开展员工宿舍检查工作，将检查内容及处理措施记录在表11-10中。

表11-10　员工宿舍检查表

编号：　　　　　　　　　　　　　　　　　　　　　　　　日期：＿＿＿年＿＿月＿＿日

项目	检查	
	检查结果	处理措施
一、室内布局		
1．床铺平整，无多余杂物，闹钟放在枕头右边；被子整齐，床单要拉直铺平（每项2分）		
2．将牙刷、牙膏放在漱口杯内，毛巾叠成方块，漱口杯、毛巾、肥皂盒和洗发水一同放在洗漱盆内、洗漱盆放在下铺床底左边（每项2分）		
3．水杯应有序排列在桌面上		
4．鞋子每人限放三双，并应将其摆放于下铺床底右边。鞋跟朝外摆放并与洗漱盆对齐（每项1分）		
5．箱包均应搁置在下铺床底的左边并紧靠墙边缘（每项2分）		
6．门后正中间应张贴宿舍相关规定及值日表		
7．室内没有出现乱拉绳或打钉的现象，室内没有挂衣物、手袋等物品（每项2分）		
8．墙面上没有张贴物和涂抹痕迹（每项1分）		
9．桌子、衣柜按指定位置摆放，未移动（每项1分）		
二、室内卫生		
1．室内空气清新、无异味		
2．地面干净，无果皮纸屑、污迹和积水等（每项1分）		
3．墙面无灰尘、脚印和蜘蛛网（每项3分）		
4．门、窗、床、衣柜、桌子、电话机等清洁无灰尘（每项1分）		
5．灯架、灯管无灰尘、无污迹（每项1分）		
6．箱子、洗漱盆等个人日常生活用品上无灰尘（每项1分）		
7．鞋子干净、无异味		
8．床上用品干净、无污迹		
三、室内安全		

（续表）

项目	检查	
	检查结果	处理措施
1．不准私接电源，不得违规使用电炉、电水壶等电器，不得使用明火		
2．妥善保管好自己的物品及个人钥匙		
3．不得私接电线、插板，不得存放危险物品		

制表人：　　　　　　　　　　　　　　　　审核人：

第十二章　行政费用控制

导读　>>>

　　企业在日常运营的过程中会产生一些行政费用。行政管理人员作为企业行政事务的负责人，必须严格控制各项行政费用，以降低经营成本，增加效益。

　　Q女士：我调查了一下公司的各项行政费用，发现很多地方存在浪费现象，我该如何进行改善呢？

　　A经理：首先，你可以为公司制定行政费用预算，明确各项行政费用的预算额。其次，在日常行政管理工作中，你可以采取控制公务费用、消耗品、电话费等一系列具体措施来实现对行政费用的控制。

　　Q女士：我开展了节能减排工作，但是一些同事不支持，认为没有用，我该怎么办？

　　A经理：你是对的，开展节能减排工作可以有效降低企业行政费用。你可以通过明确各部门节能减排职责，加强水电、车辆用油管理，选购节能灯等一系列措施来达到节能减排的目的。

第一节　行政费用预算控制

294　行政费用的类别

企业行政费用的类别如表12-1所示。

表12-1　企业行政费用

序号	费用	详细内容
1	办公费用	办公费用是指各种办公用品的费用以及其他直接与办公相关的费用，包括计算机、耗材（墨盒等）、办公纸张、办公印刷品、文具、邮政快递费、办公家具、名片费用、证照费用等
2	通信费用	通信费用是指付给电信部门的固定电话、移动电话费用，以及以工资形式发放的通信补贴
3	车辆费用	车辆费用是指公司车辆以及租用车辆所产生的费用，包括车辆油费、车辆保险费、车辆年检费、车辆过路费、车辆修理费等
4	能源费用	能源费用是指生产、办公、生活因耗用各项能源而产生的费用，包括水费、电费、燃油费、冷气费等
5	培训费用	培训费用是指因培训员工而支付给培训机构的费用，包括内部培训费用（含内部培训和外聘培训等）、外部培训费用（不含职业资格证培训费用）、职业资格证培训费用等
6	修理费用	修理费用是指企业为维持设备、办公设施、厂房的正常状态或进行轻微改善而产生的修理改善性支出，包括办公设备维护费、设备日常修护费、设备大修费用、厂房维护费等

295　制定预算管理制度

为了做好年度预算工作，行政管理人员应制定预算管理制度，对行政费用实施制度化管理。以下为某企业的预算管理制度，供读者参考。

【经典范本 06】预算管理制度

预算管理制度

第一章　总则

第一条　目的：为了严格控制公司行政费用的支出，保证公司经营目标的实现，特制定本制度。

第二条　适用范围：本制度适用于全公司各部门各项行政费用的开支管理。

第三条　控制部门：公司行政部、财务部。

第二章　行政费用预算的制定与审批

第四条　行政部在每年年初负责制定公司行政费用的预算。

第五条　行政经理全权负责行政费用的管理工作。

第六条　公司各职能部门根据本部门情况提出部门全部行政费用的预算草案并报公司行政部汇总。行政部和财务部初步审核后，提交公司总经理办公会议审议。

第七条　公司行政费用预算在公司总经理办公会议审议通过后，以公司文件的形式下发至各部门。

第三章　行政费用预算的管理

第八条　公司各部门行政费用的开支，应按照合法的程序执行（具体的程序按实际情况执行，在每年年初与当年的行政费用预算计划一并下达）。各项费用的开支审批必须根据规定的审批程序进行，不得越级审批。

第九条　每月月末，行政部、财务部将各部门的预算与实际支出情况进行汇总，将费用使用情况通报各部门及公司主管领导。

第十条　当行政费用达到预算计划的80%时，费用管理控制部门（行政部、财务部）应发出预警。

第十一条　在审批程序中，当公司领导审核出现重叠时，按以下原则处理。

1. 总经理，加常务副总审核。

2. 常务副总，加行政副总审核。

3. 行政副总，加常务副总审核。

4. 董事长秘书，加常务副总审核。

第十二条　公司制订预算计划后，应根据实际执行情况对计划进行修订完善，并说明预算偏离原因。

第十三条 修订预算的部门为公司财务部和行政部。

第十四条 修订的预算方案应由公司总经理办公会议进行审批。

第四章 行政费用预算管理的责、权、利

第十五条 行政费用预算管理的职责（略）。

第十六条 行政费用预算管理的职权（略）。

第十七条 行政费用预算管理的利益（略）。

第五章 附则

（略）

296 编制年度费用预算

行政管理人员只有在预算工作中严格规定所有行政经费，才能控制好行政费用。表12-2为企业年度费用预算，供读者参考。

表12-2 企业年度费用预算

编号：　　　　　　　　　　　　　　　　　　　　日期：＿＿年＿月＿日

序号	会计科目	预算注解	1月	2月	……	11月	12月	总计
1	人数	办公室职员						
		司机						
		保安员						
		维修人员						
		花工						
		清洁工						
		小计						
2	职员薪金							
3	汽车费用							
4	维修费							
5	电话费							
6	电费							

（续表）

序号	会计科目	预算注解	1月	2月	……	11月	12月	总计
7	水费							
8	文具用品费							
9	一般费用							
10	医疗费用							
11	员工福利费							
12	折旧费							
13	保险费							
14	管理费							
	合计							

制表人：　　　　　　　　　　　　　审核人：

第二节　日常行政费用控制

297　公务费用控制办法

公务费用包括办公用品费、水电费、取暖费、通信费、行政设备维修费等。表12-3为公务费用的管理要点，供读者参考。

表12-3　公务费用的管理要点

序号	管理要点	具体说明
1	定额管理	针对公务费用，相关人员应制定合理的定额标准，进行定额管理
2	专项管理	公务费用涉及面较广，各类专门经费的使用资金都会集中在一块，因此，相关工作人员必须分清明细账目，专款专用
3	监督使用	财务部门负责公务费用的使用与管理，其应设有一定的监督机构与机制，合理地使用公务费用
4	增收节支	本着节约的原则，企业应从发挥最大效能的角度出发来考虑问题

298　消耗品费用控制方法

消耗品费用的控制方法如表12-4所示。

表12-4　消耗品费用的控制方法

序号	控制方法	具体说明
1	节约使用	所有员工应节约使用橡皮擦、铅笔、回形针、订书机等，不随便浪费
2	制定领用明细标准	（1）行政部应制定橡皮擦、铅笔、圆珠笔领用明细标准，每6个月对员工进行检查，收回多余的物品 （2）所有员工应共同使用订书机、剪刀、胶带等物品；橡皮擦、圆珠笔等使用完才能更换
3	物品不能私用	员工有时会私自使用样品、促销品等，这样不仅违反了企业相关规定，也会增加费用支出，企业对此要予以严格控制
4	联络用的消耗品要尽量简化	（1）应尽可能将使用过的纸张背面或广告废纸用作联络文书 （2）尽量用旧封套装文件，不是机密文件不必装入新封套内

299　电话费控制方法

电话费的控制方法如表12-5所示。

表12-5　电话费的控制方法

序号	控制方法	具体说明
1	制作电话费用表	为了让员工对电话费有概念，企业可以编制电话费用表，并将其贴在电话机前
2	限定通话时间	所有员工应在通话时长话短说，通话之前做好准备工作。企业可开展"在3分钟内完成通话"的活动
3	长途电话要经由总机	为了减少电话费，长途电话都由总机发出。电话机前放置记录用纸，填写通话结果
4	利用5W2H表格	为了节省电话费用，员工在打电话前应先制作5W2H表格。这个表格不仅可在电话前使用，也可在接听电话或进行其他"转言记录"时使用
5	禁止电话私用	打私人电话不但浪费电话费，还会妨碍其他人工作，所以企业应绝对予以禁止

300 能源费用控制方法

能源费用的控制方法如表12-6所示。

表12-6 能源费用的控制方法

序号	控制方法	具体说明
1	为每一盏灯设置一个开关	除了在房间的进出口处设置集中开关，企业还要为每一盏日光灯设置一个开关，以节约用电
2	尽量使用节能灯	员工在办公室内应尽量使用节能灯
3	提早换装节能灯管	在节能灯管寿命终了前，相关人员应尽早换装
4	各场所照明度的选择	对于照明度，洗手间、楼梯间、走廊等以150度或200度为宜，办公室用300度～500度较为合适，会议室要装置照明调节器
5	选择好空调安装位置	(1) 空调安装的位置要得当，应尽量装在日光照射不到的位置 (2) 夏天时，空调的温度不要调得过低
6	复印机定时休息	不使用复印机时相关人员要将电源切断，使用频率较小的部门应在固定时间使用复印机
7	关紧水龙头	为了避免浪费水资源，所有人员都应养成关紧水龙头的习惯

301 纸张费用控制方法

纸张费用的控制方法如表12-7所示。

表12-7 纸张费用的控制方法

序号	控制方法	具体说明
1	节约用纸	(1) 行政部应检查是否有不再使用的账簿 (2) 确认能否减少账票的张数 (3) 能否减少资料的份数
2	适当地订购印刷品	相关人员应仔细地调查企业过去印刷品的订购及使用情况，而后注意适当订购
3	双面打印或复印	员工在用复印机复印时应双面复印，打印时也要尽量做到双面打印

（续表）

序号	控制方法	具体说明
4	统一纸张的大小	（1）员工在使用复印机时不必一定用大号纸张，因为有些高性能电子复印机具有放大、缩小的功能 （2）员工可依资料内容的不同而调整复印纸张的大小，最好统一纸张的大小，以便于整理文书及档案
5	合理处置废弃的纸张	（1）重要的文书经碎纸机粉碎后，可以作为填充料或是卖给收废品的人 （2）最好将办公室中的纸类及报纸汇集起来并将其卖给废品回收者 （3）不要将写坏的纸张撕掉或揉成一团，最好将其当作便条纸或稿纸继续使用

302 差旅费控制办法

差旅费往往占据企业日常行政费用的很大一部分，行政管理人员应协助企业总经理制定详细的差旅费标准，对差旅费进行严格控制。以下为某公司的差旅费标准，供读者参考。

【实用案例】

××公司差旅费标准

1. 出差人员的住宿费以凭据报销；伙食费、交通费限额包干，均按出差的实际天数计算，不足一天的按全天计算。具体补贴标准如下。

住宿费、伙食费、交通费补贴标准

（单位：元／天）

职务 ＼ 项目（标准）	住宿费（两人/同性别）	伙食费	交通费
公司领导	按实列支	无	无
中层干部	××	××	××
采购人员	××	××	××
其余人员	××	××	××

227

（续表）

职务＼标准＼项目		住宿费（两人/同性别）	伙食费	交通费
销售部门	中层干部	××	××	××
	一般人员长驻	包干（公司解决住房）××	长驻点到各地出差××（含住宿）	
		包干（自行租赁住房）××	长驻点到各地出差××（含住宿）	
		包干（大连）××（含住宿）		
	中层干部长驻	包干××（含住宿）	长驻点到各地出差××（含住宿）	
技术中心	一般人员	包干长驻点××/天；住宿××天以上（含××天）××/天；住宿××天以下××/天		
	中层干部	（含住宿）××		
	课题组长	包干××（含住宿）		

2. 员工到××地区出差，凭据报销车票，伙食费按××市每天××元报销，交通费不予报销。

3. 员工到××市区（含郊区、新区）出差，凭据报销车票，伙食费和交通费不予报销。

4. 出差人员自备交通工具或由其他单位提供交通工具的（包括汽车驾驶员），不予报销交通费。

5. 员工到子公司或联营单位工作，其住宿费由子公司或联营单位承担，不予报销住宿费，但可报销伙食费及交通费。

6. 经公司领导批准，员工代表公司参加各类会议，可凭会议通知按实报销会议费、住宿费。会议已安排就餐或住宿费包括伙食费的，不另发伙食补贴。

7. 中层干部、采购人员、销售人员出差，差旅费（住宿费、伙食费、交通费）有不同标准，但其中伙食费和交通费统一为每日××元和××元，其余部分为住宿费限额，低于住宿费限额部分不予报销，高于住宿费限额部分由个人负担，以鼓励出差人员按规定的标准住宿。住宿费用超支的部分，如确因特殊情况造成，可由分管领导签字后报销。

（1）同批次出差，有公司领导随行，按公司领导标准报销，即按实际报销，无补贴。

（2）同批次出差，有中层干部随行，按中层干部标准报销，即同性别两人出差，住宿费每人 ×× 元，单人或异性出差住宿费每人 ×× 元，无补贴，交通费分别为 ×× 元，×× 元。

8. 各类出差人员应本着诚实的态度，开具与实际住宿费相符的住宿费发票并到公司报销。

303　业务招待费控制

招待费是指招待客人而产生的支出，包括餐费、礼品／金费用、娱乐活动费用、旅游景点门票等。职能部门的招待费采用预算管理和行政管理相结合的方法；经营业务部门的招待费实行预算管理和额度管理相结合的方法。

（1）招待费用发生前，相关人员应采用书面的形式填写业务招待费用申请表，向行政部领导提出本次费用计划（特殊情况可事后补办，如领导出差等）；在超过一定金额时必须采用书面申请，申请内容包括事由、参加人数、发生次数、预计金额。

(2)在公司指定签单招待餐馆就餐的,经有签单权的负责人同意后,相关人员可直接就餐,就餐完毕由授权负责人签字确认。财务人员对转来的无签单权的人员签署的就餐结算单据不予承认。

（3）招待费报销须附业务招待费用申请表（如表12-8 所示），无此表财务作退回补办相关手续处理。出差期间的招待费须与差旅费同时报销。

（4）如有高一级别主管人员参加，须由最高一级主管作为报销人。

表12-8　业务招待费用申请表

部门：　　　　　　　　　　　　　　　　　　　　　　　　　申请日期：＿＿年＿月＿日

申请人		部门		职务	
被接待主要人员情况说明				我司陪同人员	
姓名					
职务					

（续表）

备注		共＿＿人	
接待事由说明：			
费用项目					小计
预计金额（元）					

总经理：　　　　　　　经理：　　　　　　　业务：

304　交通费控制

交通费是指用于车辆的燃油费、停车费、过路过桥费，市内发生的出租车费、公交车费，以及发货（取货）运输费等。交通费实行预算管理、行政管理相结合的原则。企业应对交通费的控制做出明确的规定，具体如下所示。

（1）车辆燃油费实行预购加油卡管理，未经总监以上主管签批（附文字说明）的现金加油发票，财务不予以报销受理。

（2）行政部应于加油卡金额使用完后（再次购买前）报告各部门使用情况及折算使用金额，财务部据此分摊费用。

（3）公务用车订车流程、费用标准（对外租车）、审批程序，由车辆归口管理部门拟定相应管理办法执行。

（4）市内交通费按实报销，原则上以公交车、地铁为主，无特殊情况不得乘坐出租车；若有特殊情况的，相关人员应事先向主管经理提出申请，批准后方可乘坐。乘坐出租车的，相关人员在报销车费时，须在出租车票空白处，写明乘坐原因、起讫地点，不写明乘坐原因、起讫地点的，在报销时财务部门作退回处理。

第三节　节能减排管理

305　建立节能管理小组

为了做好节能减排管理工作，行政管理人员应组织建立以总经理为首的节能管理小组。

节能管理小组的主要职责如下所述。

（1）企业节能管理小组在公司总经理的领导下，实施企业节能管理的基本措施，统筹、综合、协调、管理企业的各项节能工作。

（2）贯彻执行国家、地方、行业主管部门有关节能的方针政策、法规、标准，组织制定并实施节能管理细则、节能目标和各种有关管理标准。

（3）组织制订并实施节能宣传、教育和培训计划。

（4）组织制订并实施节能技术改造计划、技术攻关计划和年度节能计划。

（5）组织审定企业年度各类能源消耗指标和节能指标。

（6）审定企业的重大节能成果和重大奖惩事宜。

（7）检查企业的各项节能工作。

（8）组织召开节能工作例会，布置、检查、总结节能工作。

306　掌握节能减排要点

节能减排的要点如下所述。

（1）开发新能源并节约现有能源，以效率为本，突出节能减排工作的战略地位。

（2）坚持优化结构、多能互补的原则，依靠加强管理、结构调整、科技创新、技术改造，持续有效开展节能工作。

（3）坚持节能减排与降本增效相结合，源头控制与存量挖潜相结合，依法管理与政策激励相结合，突出重点与全面推进相结合的原则。

（4）坚持节能减排与发展相互促进的原则，实现节能减排和企业发展双赢的目标。

307　划分各部门节能减排职责

各部门节能减排的职责如下所述。

（1）贯彻上级有关节能减排工作的各项规章制度，制定本部门有关节能减排管理的实施细则。

（2）负责编制本部门节能减排中长期规划和年度计划，制定或审查节能项目方案，经主管领导审定后上报指挥部节能减排领导小组，经审批后组织实施。

（3）负责本部门节能减排工作的监督、检查、考核、评比和经验交流等工作。

（4）负责本部门节能减排新技术、新工艺、新设备和新材料的推广工作，组织或参与节能技术开发工作。

（5）测定本部门的能源消费定额。

（6）组织开展本部门的能源审计、能耗监察、节能监测和能量平衡测试工作。

（7）负责能源消耗的统计工作，建立、健全节能减排管理档案和台账；按月对本部门节能减排状况进行分析和总结，编制本部门能源利用状况分析报告，提出本部门节能减排工作的改进措施，监督本部门节能减排改进措施的实施。

（8）组织开展节能减排宣传工作，增强员工节能减排意识。

308 加强用电管理工作

行政管理人员要做好企业用电管理工作，具体内容如下所述。

（1）冬季气温达到 0℃、夏季气温达到 32℃时再开启空调，并且冬天室内空调温度应不高于 20℃，夏天不低于 20℃；做到无人时不开空调，开空调时应关闭门窗；非工作时间、节假日不开空调，并提倡每天少开 1 小时空调；定期清洗空调系统的风机盘管、滤网等装置，提高空调能效。

（2）电脑、打印机、传真机和复印机等设备要随用随开或调为自动节能状态，避免电器设备长时间处于待机状态，员工在下班时要自觉关闭所有电器。

（3）办公室、会议室等场所应尽量少开灯，充分利用自然光；室内亮度足够时不开灯，公共区域的照明灯要由专人管理，严格做到"人走灯灭"。

309 加强用水管理工作

行政管理人员要加强企业用水管理工作，具体内容如下所述。

（1）行政管理人员应加强供水设施的日常维护管理工作，要求维修工定期对供水设施进行检修，杜绝跑、冒、滴、漏以及长流水现象；开展雨水的回收利用工作，提高水资源的利用率。

（2）行政管理人员应切实控制每个阀门、水龙头的流水量，促使员工养成良好的用水习惯。

310 加强车辆燃油管理工作

随着油价的不断上涨，企业的燃油费用也不断增加。行政管理人员作为企业行政事务的最高负责人，应做好车辆燃油管理工作。

（1）要控制新增车辆,完善公务用车制度,提高车辆利用率;尽量减少公务车的出驶次数。

（2）对车辆实行定点保险、定点加油和定点维修以及"一车一卡"制度。

（3）公开公务车辆的油耗状况,实行节油考核制度;合理确定车辆使用年限,及时处理高油耗、环保不达标的车辆。

（4）做好车辆的日常养护工作,确保其在最佳状态下行驶;定期检察轮胎气压和机油;在不需要的时候,把车顶行李架和箱子拆下来。

（5）司机在开车行驶时应注意油离配合,平稳起步;在排队、堵车或等人时,应该熄火。

311　使用新型节能产品

企业应积极使用新型节能产品,淘汰国家明令禁止使用的高能耗设备和产品,做好高耗能设备的节能改造和更换工作。

312　开展节能减排宣传工作

行政管理人员应有计划地开展节能减排宣传工作,充分运用报刊、黑板报和其他宣传工具,积极宣传企业节能减排的方针、政策、法律、法规、标准和科学知识,提高员工节能减排的意识。

313　开展节能减排培训工作

行政管理人员应有计划地开展节能减排培训工作,使公司员工熟悉国家的节能减排方针、政策、法律、法规、标准,推广节能减排的成功经验,提高企业的节能减排技术水平。

314　节能减排检查与考核

行政管理人员要定期对企业各部门节能减排情况进行检查与考核,以确保能如实地完成公司的节能减排计划。

（1）行政管理人员要定期检查企业能耗情况、节能减排措施的落实情况等,及时制止和处置浪费能源的行为。

（2）行政管理人员要对岗位责任不清、工作开展不力、节能减排指标不达标、能耗超过定额的部门进行通报批评，要求其限期整改，将逾期仍不能达到要求的部门交给节能减排领导小组处理。

（3）行政管理人员应建立节能减排目标责任制和评价考核体系，将能耗指标作为各部门主要负责人经营业绩的重要考核内容，并与经济责任制考核直接挂钩。

（4）行政管理人员负责考核各部门的节能减排综合性指标的完成情况。对评价考核结果未达标的部门，予以通报批评，并实行"一票否决"制，不得参与先进部门和先进个人的评选活动。

第十三章　企业文化建设

导读 >>>

　　企业文化建设工作是行政管理人员日常工作的一个重要组成部分。企业文化建设工作包括员工活动管理、企业网站建设、企业宣传栏管理以及企业内刊管理四个方面。通过开展这四个方面的工作，行政管理人员可以为企业创造良好的工作氛围，使企业获得长远的发展。

　　Q女士：我认为做好企业文化建设工作对公司的发展具有非常重要的意义，但却不知道从何入手。您能给我一些建议吗？

　　A经理：当然可以。你可以从多方面入手，如举办员工活动、开展宣传活动、建设公司网站以及创立内刊供员工发表文章等，这些措施都非常有助于企业文化的建设。

　　Q女士：我对公司网站建设不是很了解，怎样建设公司网站呢？

　　A经理：首先你要规划好网站内容，做好设计工作，然后设置专门的网站管理人员，定期对网站进行更新与维护。

第一节 企业文化建设规划

315 企业文化建设的内容

企业文化建设主要包括物质层、行为层、制度层和精神层等四个层次的内容。

1. 物质层文化

物质层文化是产品和各种物质设施等构成的器物文化，是一种以物质形态表现的表层文化。

企业生产的产品和提供的服务是企业生产经营的成果，是物质文化的首要内容。同时，企业的生产环境、企业建筑、企业广告、产品包装与设计等也构成企业物质文化的重要内容。

2. 行为层文化

行为层文化是指员工在生产经营及学习娱乐活动中产生的活动文化，也指企业在经营、教育宣传、人际关系活动、文娱体育活动中产生的文化现象，具体包括企业行为规范、企业人际关系规范和服务行为规范。企业行为包括企业与企业之间、企业与顾客之间、企业与政府之间、企业与社会之间的行为。

（1）企业行为规范是指围绕企业自身目标、企业的社会责任、保护消费者的利益等方面所形成的基本行为规范。从人员结构上划分，企业行为规范包括企业家行为、企业模范人物行为和员工行为等。

（2）企业人际关系分为对内关系与对外关系两部分。其中，对外关系主要是指企业在经营过程中面对不同的社会阶层、市场环境、国家机关、文化传播机构、主管部门、消费者、经销者、股东、金融机构、同行竞争者等方面所形成的关系。对外关系规范是企业人际关系规范最重要的组成部分。

（3）服务行为规范是指企业在为顾客提供服务过程中形成的行为规范，是企业服务工作质量的重要保证。

3. 制度层文化

企业制度层文化是企业为实现自身目标而对员工的行为给予一定限制的文化，它具有共性和强有力的行为规范的要求，规范着企业的每一个人，是行为层文化得以贯彻的保证，具体包括企业工艺操作流程、厂纪厂规、经济责任制、考核奖惩等。制度层文化主要包括企业领导体制、企业组织结构和企业管理制度三个方面。

（1）企业领导体制是企业领导方式、领导结构、领导制度的总称。

（2）企业组织结构是企业为有效实现企业目标而筹划建立的企业内部各组成部分及其关系。企业组织结构的选择与企业文化的导向相匹配。

（3）企业管理制度是企业为追求最大利益，在生产管理实践活动中制定的各种带有强制性义务并能保障一定权利的各项规定或条例，具体包括企业的人事制度、生产管理制度、民主管理制度等一切规章制度。

4．精神层文化

精神层文化是指企业在生产经营过程中受一定社会文化背景、意识形态影响而形成并长期存在的一种精神成果和文化观念，包括企业精神、企业经营哲学、企业道德、企业价值观念、企业风貌等内容，是企业意识形态的总和。

316　企业文化建设的时机

企业文化与企业是同生同长的，但是，自觉、系统地开展企业文化建设却需要一定的时机与条件。一般情况下，企业文化的建设有下述诸多重要时机。

1．企业领导者明确提出进行企业文化建设

企业领导者经过对企业内外环境的对比和企业发展形势的分析，发现企业确实需要从更深层次解决矛盾时，往往会提出全面进行企业文化建设。这说明企业领导者有了进行企业文化建设的良好愿望和初步认知，是进行企业文化建设的最好时机，也是梳理原有企业文化的最佳时机。

2．企业高层发生重大人事变动

企业家是企业文化的倡导者和企业文化生成的直接实践者，企业文化在某种意义上说是企业家人格的最高体现，也是企业家意志与行为的结晶。不同的企业家具有不同的企业管理理念，因此，当一个企业的高层发生重大人事变动时，新任管理者为了开创企业发展的新局面，往往会重新明确企业发展的方向与目标，在促进企业发展、影响员工行为的企业发展理念和思想中，融入自己的人生哲理、价值观念和行为风格，形成新的企业宗旨、价值观和经营哲学等企业文化。这也正是建设新的企业文化或发展企业文化的有利时机。

3．开展企业重大庆典活动

开展企业重大庆典活动，是进行企业文化建设的好时机之一。当企业研制的新产品诞生、进入市场，当企业开展周年庆、厂庆、公司纪念日等活动，以及当企业迁入新厂址的时候，都是开始企业文化建设或进行企业文化再造的良好时机。

4．企业产权结构发生重大转变

随着外部经济形势的改变，很多企业往往会通过企业产权重组、兼并、收购、出让、合资、融资等方式，使企业的产权结构发生重大改变，企业的产品结构、人员组成等与企业发展相关的条件也会发生相应的改变，这时必须建设与企业产权机制一致的企业文化。

5．企业战略进行重大调整

伴随着社会的不断发展以及企业自身生存、成长的需要，为了更加适应已变化的生产经营环境，企业会在适当时机发展自己的新战略。战略与文化是相匹配的，新战略的确定与实施需要有新文化与其相配合，这时企业就需要重新建设自己的企业文化。

6．企业竞争环境发生重大改变

伴随着改革开放的不断深入，中国企业所面临的市场竞争环境也在不断变化之中。为了适应市场竞争的需要，在新的细分市场中站稳脚跟，开拓更加广阔的领域，企业就必须改变现有阻碍自身发展的旧文化，建设新文化。

7．企业发展受到严重阻碍

一些企业由于内部管理机制老化、创新能力不足、外部竞争对手过于强大等种种因素，导致发展出现停滞不前的状态。这时企业需要强大的催化剂来调动广大员工的积极性，通过建设全新的企业文化突破发展瓶颈。

8．企业遇到突如其来的危机风险

有时，企业存在的质量问题、安全问题可能会突然爆发，给企业的生产经营带来巨大的危机，这时也是建设企业文化的重要时机。例如，彩虹集团的安全文化建设，就是抓住了生产中出现的重大安全事故而适时导入的，形成了彩虹文化的重要组成部分。

317　企业文化宏观建设的实施步骤

企业文化宏观建设的实施步骤，如图13-1所示。

活动

第一步	第二步	第三步
构建提炼文化体系。这是一个挖掘、筛选、梳理、提炼、升华的过程	对企业文化的推广与传播。从外在形象到企业核心价值理念，再到制度文化建设等各方面，宣传和推广企业文化	对文化资源的消费利用。这是一个真正的树榜样、入人心、成习惯、变物质、社会化的过程，使文化资源真正成为促进个人成长的消费品

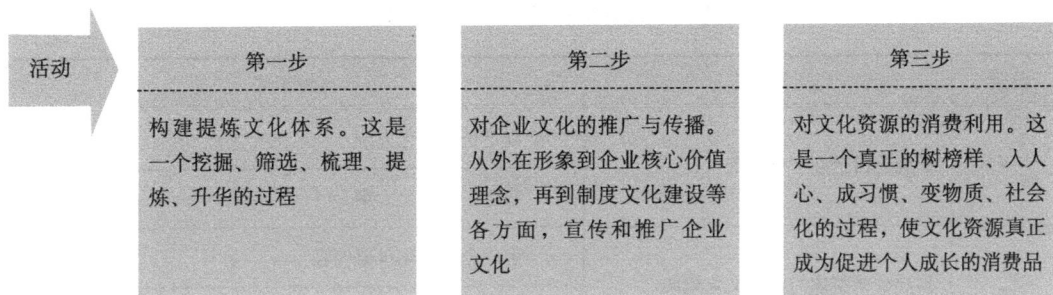

图13-1　宏观建设的实施步骤

318　企业文化建设实施的阶段步骤

企业文化建设实施的阶段步骤，如图13-2所示。

阶段

时间

第一阶段 第一年	第二阶段 第二年至第三年	第三阶段 第四年以后
搭建和完善文化系统框架，在培养凝聚力、提高员工对文化的基本理解等方面初步达成共识，工作初见成效	企业文化建设对于企业核心价值观的形成、维护和员工满意度的提高起到明显作用	企业文化建设为企业的发展与规范管理起到明显的支撑和推动作用

图13-2　企业文化建设实施的阶段步骤

319　企业文化建设实施的微观步骤

企业文化建设实施的微观步骤，如表13-1所示。

表13-1 企业文化建设实施的微观步骤

阶段	工作内容	关键事件
一	形成公司企业文化大纲	制定企业文化大纲
		确定企业文化大纲
二	形成公司整体的企业文化框架	形成企业文化框架内容
		培训讲解企业文化内容
三	成立企业文化建设实施委员会	确定企业文化建设实施委员会成员
四	召开企业文化建设实施动员大会	启动文化推行工作，动员全员参与
五	CIS设计	员工手册内容的形成、定稿
		员工手册印刷完成
		企业文化手册内容的形成、定稿
		企业文化手册印刷完成
		企业文化墙、展板等企业识别系统的设计、制作及内容更新
六	企业文化的实施推行、整改	发放员工手册、企业文化手册
		查杀病毒，去除不良文化
		反复宣传培训企业文化的核心价值观
七	阶段总结	总结企业文化推行的有效性，考核员工理解、认同、接收的情况，及时纠偏，为下一步推广建设提供改进的指导思想
八	全面推行实施	形成运作流程，全面推行实施

320 企业文化建设的方法

企业文化建设的方法有许多种，具体说明如表13-2所示。

表13-2 企业文化建设的方法

序号	方法	具体说明
1	晨会、夕会、总结会	晨会、夕会就是在每天的上班前和下班前，相关人员用若干时间宣讲公司价值观念的会议；总结会是月度、季度、年度部门和全公司的例会。这些会议应该固定下来，成为公司的制度及公司企业文化的一部分
2	思想小结	思想小结就是定期让员工按照企业文化的内容对照自己的行为，评判自己是否达到了企业要求，以及如何改进
3	张贴宣传企业文化的标语	张贴宣传企业文化的标语就是把企业文化的核心观念写成标语，张贴于企业显要位置
4	树立先进典型	树立先进典型就是给员工树立一种形象化的行为标准和观念标志，通过先进典型可让员工形象具体地明白"何为工作积极""何为工作主动""何为敬业精神""何为成本观念""何为效率高"，从而提升员工的行为。上述行为都是很难量化描述的，只有具体形象才可使员工充分理解
5	网站宣传	网站宣传即相关人员在网站上及时进行企业方针、思想、文化宣传
6	权威宣讲	引入外部权威进行宣讲是建设企业文化的一种好方法
7	外出参观学习	外出参观学习也是建设企业文化的好方法，这无疑向广大员工暗示：企业管理层对员工所提出的要求是有据可依的，别人已经做到这一点，而我们没有做到是因为我们不够努力，我们应该改进工作方法，提高工作效率
8	企业中的故事	企业中的故事是指在企业内部流传的励志故事，会起到推动企业文化建设的作用
9	企业创业、发展史陈列	企业创业、发展史陈列是指一切与企业发展相关的物品的陈列
10	开展文体活动	开展文体活动指开展唱歌、跳舞、体育比赛、国庆晚会、元旦晚会等，主办者可以在这些活动中贯穿和推广企业文化的价值观
11	引进新员工，引进新文化	引进新员工，必然会带来一些新的文化，新文化与旧文化融合就会形成另一种新文化
12	开展互评活动	互评活动指让员工对照企业文化评价同事和自己的工作状态。通过互评活动，摆明矛盾，明辨是非，消除分歧，改正缺点，发扬优点，以优化所有员工的工作状态
13	领导人的榜样作用	在企业文化形成过程中，领导人的榜样作用有很大的影响
14	创办企业报刊	企业报刊是企业文化建设的重要组成部分，也是企业文化的重要载体，更是向企业内部及外部所有与企业相关的公众和顾客宣传企业的窗口

321　企业文化建设规划的内容

企业文化专员在制定企业文化建设规划时不仅要提出企业文化发展的具体目标，更要着眼于其在企业内部的实施过程，将其定位在对现有企业文化体系发展与改造的总体设想上。一般而言，企业文化建设规划应包括以下五个方面：

（1）企业文化现状与环境因素分析，包括企业基本情况分析、发展环境分析和竞争力分析；

（2）企业文化发展战略与指导思想；

（3）企业文化发展目标；

（4）企业文化三至五年内的发展重点与实施计划；

（5）企业文化规划实施的组织、政策保障以及需要说明的其他内容等。

322　企业文化建设规划的写作

企业文化建设规划的写作有两个目的：一是将其落实在文字上，能够做到有章可循；二是企业文化建设规划的制定可以提升企业的社会形象，成为宣传企业愿景与目标的有力载体。企业文化建设规划写作应遵循的原则，如图13-3所示。

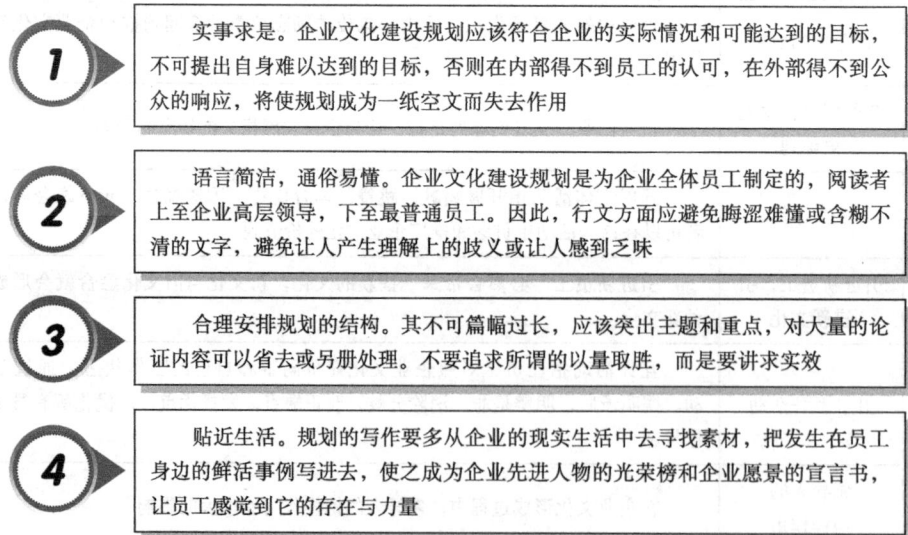

1 　实事求是。企业文化建设规划应该符合企业的实际情况和可能达到的目标，不可提出自身难以达到的目标，否则在内部得不到员工的认可，在外部得不到公众的响应，将使规划成为一纸空文而失去作用

2 　语言简洁，通俗易懂。企业文化建设规划是为企业全体员工制定的，阅读者上至企业高层领导，下至最普通员工。因此，行文方面应避免晦涩难懂或含糊不清的文字，避免让人产生理解上的歧义或让人感到乏味

3 　合理安排规划的结构。其不可篇幅过长，应该突出主题和重点，对大量的论证内容可以省去或另册处理。不要追求所谓的以量取胜，而是要讲求实效

4 　贴近生活。规划的写作要多从企业的现实生活中去寻找素材，把发生在员工身边的鲜活事例写进去，使之成为企业先进人物的光荣榜和企业愿景的宣言书，让员工感觉到它的存在与力量

图13-3　企业文化建设规划的写作原则

下面我们提供一份某公司的企业文化建设规划，供读者参考。

××实业有限公司企业文化2014—2018年建设规划

××实业有限公司在创立了企业文化理念体系后，争取用五年时间（2014—2018年），形成适应经济全球化趋势及我国经济发展的、符合企业战略的、反映企业特色的企业文化体系。通过"内强素质、外塑形象"策略，全面提升企业素质和形象；通过"内化于心、外化于行"策略，促使文化理念深入人心，促进员工自觉认知、认同和践行及养成习惯；通过"以文化人，以文兴业"策略，转变观念，规范行为，优化面貌，建立具有凝聚力的人文环境。另外，以文化力驱动学习力，以学习力促进创新力，以创新力提升竞争力，显著增强企业的超越力和发展力，实现企业管理品质的飞跃。总之，该建设规划的目标是促成企业文化与企业战略的和谐统一、企业发展与员工发展的和谐统一，永葆企业鲜活而恒久的生命力。

一、2014年：构建体系，强化宣传

1. 目标

构建企业文化体系（含理念识别体系、行为识别体系和视觉识别体系）；搭建企业文化建设平台（如成立企业文化部门）；初步普及企业文化理论，宣传推广××实业有限公司企业文化体系内容。

2. 内容

（1）构建××实业有限公司企业文化理念识别体系和行为识别体系

优秀的企业文化是××实业有限公司基业长青的基因密码。优秀企业文化体系的建立是打造优秀企业文化的开端，它明晰了企业文化的深刻内涵和科学内容，明晰了企业战略，是塑造优质企业形象和形成良好人文环境的基础。因此，××实业有限公司首先要通过全员参与，群策群力，在总结、发掘、提炼与继承企业优秀文化传统的基础上，集思广益，博采众长，形成××实业有限公司具有时代特色的企业文化理念识别体系和行为识别体系。

（2）健全管理制度，建立管理机制

以文化理念为指导，重新审视、修订和完善××实业有限公司原有的管理制度、企业规章和企业规范，把文化理念融入具体的管理规章制度之中，促使企业文化与企业管理紧密结合。另外，建立企业文化管理机制（包括正激励和负激励）。

（3）构建视觉识别体系，提升企业视觉识别质量根据企业文化理念，尤其是企业核心价值观和企业精神，构建企业视觉识别体系，并逐步在××实业有限公司内部应用和对外宣传推广，统一企业整体形象宣传，树立××实业有限公司新形象。

（4）成立建设机构，完善企业文化宣传渠道

成立企业文化建设领导小组和企业文化建设专职部门，全面推进企业文化建设。另外，多方面、多角度地完善企业文化宣传与推广的渠道，如企业文化宣传栏、橱窗、内刊、企业文化手册、电视台、广播台、局域网等，促使员工全面了解企业的文化理念。

（5）加强企业文化学习，促进企业文化觉醒

将理论培训和实践训练相结合，强化宣传、学习企业文化理论、企业文化理念及行为规范的主要内容，掀起团队学习企业文化的热潮，促使全体员工特别是领导干部、管理人员明确企业文化的内涵、功能和意义，全面增强他们的企业文化理论水平，提高他们对企业文化理念的认识。

3. 重点

企业文化体系的构建；中高层领导的培训学习；企业理念的初步宣传。

二、2015年：加强学习，内化于心

1. 目标

通过深入宣传学习，促使全体员工初步认知、认同和确立企业核心价值观和行为规范；优化物质环境，激发员工积极性、主动性，提高企业的凝聚力及员工的士气和归属感，打造企业和谐的人际关系，激发团队精神和活力，增强企业的凝聚力、形象力、创造力、竞争力。

2. 内容

（1）构建学习型组织，推动企业文化建设

学习型组织是企业可持续发展的根本保障。以学习力促进文化力，以学习力推动创新力，以学习力提升竞争力。整合教育资源，完善学习体系，从理念识别体系、行为识别体系、视觉识别体系、管理制度与机制等领域全面开展团队学习活动，形成由上到下的贯穿、由下到上的默契、上上下下的融合的学习氛围和环境。

（2）重点培训，内化于心

在第一年强化企业文化理论教育和企业文化理念学习的基础上，实行重点培训，全面强化提高。培训内容以企业理念和行为规范为重点，采取专场培训、专题讲座、主题报告、共识讨论、模拟训练、行为演示、参观考察、演讲比赛等形式多样、灵活有效的方式，狠抓培训。促使员工全方位地了解企业文化理念，深刻地思考企业文化理念的内涵与价值，领会企业文化建设意义；促使员工掌握价值判断、评价和选择的正确标准，掌握团队合作、共促发展及处理人际关系的技能和艺

术；全面强化员工对企业文化理念的认同、传播和履行。

（3）打造品牌，重点突破

把企业质量理念内化于员工的心中，外化于员工的行动，大力提高员工技术水平，以优良的工作品质与高端的工作标准保证优良的产品质量。强化质量管理体系，全面提高产品质量，以优良的品质打造优秀的企业产品品牌。实施意在提供优质服务的客户满意策略，全方位提升企业的服务文化，为广大客户提供高标准、超价值的服务，使客户体验到物有所值、物超所值的服务，提高产品的附加价值并树立企业形象。加强产品品牌的推广力度，全面提高企业产品的知名度与影响力。如此，通过优质的产品与服务以及合理的品牌宣传，提高企业产品的忠诚度和美誉度，全力树立企业良好形象，打造企业知名品牌。

（4）全力以赴，增强企业效益

以文化理念为指导，充分发挥企业文化建设的作用，调动员工的积极性和主动性，发掘员工的潜能与智慧，增强企业的活力。另外，促进企业文化与企业战略、市场营销和人力资源开发等相互融合，通过文化理念的内化于心、固化于制、外化于行的过程，实现企业文化与企业管理的融合统一，形成既有价值的导向，又有制度化的约束，制度标准与价值标准协调同步，激励约束与文化导向优势互补的激励机制，增加企业经营效益。

（5）反复宣传，营造企业的文化氛围

从企业文化建设的实际出发，科学而合理地调整、完善企业文化建设保障体系，统筹安排各种企业文化活动，如企业文化演讲比赛、征文比赛、技术比武、文艺演出、评选先进、树立典型等活动，反反复复地宣传与推广企业文化理念，确保××实业有限公司企业文化建设的连续性。

3. 重点

以学习型组织的深度创建为抓手，对员工进行企业文化的重点培训。

三、2016年：提升形象，深植内心

1. 目标

企业形象是企业精神文化的外显。塑造和提升企业形象，有利于丰富企业精神文化。通过全面提升企业形象，不断扩大企业知名度和影响力，增强企业的凝聚力及员工的自豪感、自信心、士气和归属感，促使员工从内心深处自觉认同企业文化，把文化理念渗透于骨髓、流畅于血脉，自觉地把个人的价值追求统一于实现企业目标之中，自觉地践行企业文化理念，促使××实业有限公司企业文化的贯彻变得流畅而坚实，基本形成和谐融洽的人文氛围，增强企业凝聚力和竞争力。

2. 内容

（1）全面实施企业品牌战略，稳固提升企业形象以企业文化理念为指导，以客户满意度为切入点，优化机制，完善管理，抓住重点，全面实施企业品牌战略。依靠科技进步，强化新产品的研制和开发，增强企业科研实力，促使企业在科技引领下，领先市场，一路超越，形成行业领先地位；打造强势营销队伍，强化营销力量，提升产品销量，促使产品某项指标位居行业地方、全国、世界的前列，彰显行业地位；完善制度，优化流程，增强管理，促使企业经营管理的某项指标位居业内、业外的前列，全面提升企业形象，树立企业品牌。

（2）规范员工行为，树立企业形象

企业员工的经济活动、社会交往和日常生活等行为，时刻影响着企业形象，反映着企业的素质与实力，是衡量企业文明程度的基础。从仪容、仪表、仪态、言语、接人待物、公关礼仪、职业道德等细节抓起，全面规范员工的行为，树立企业整体的良好风貌与形象。

（3）优化企业环境，传播企业文明

致力于促进企业全面进步，推进企业物质文明和精神文明的协调发展；促进企业人、事、物的和谐统一，树立企业人、事、物的良好形象；强化基础建设，净化生产环境、优化办公环境和美化生活环境，努力建设花园式企业，塑造企业的文明形象。

（4）加强对外宣传，提升企业影响力

发挥大众传媒力量，以活动为载体，统一思想，统一形象宣传，加强企业对外宣传的力度，提升企业的影响力和知名度；将现代宣传工具和传统宣传方式有机结合，做好新闻舆论宣传工作，多渠道加强与宣传媒体的联系与合作，及时、准确地宣传企业文化建设的优秀成果。

（5）深化宣传，促进企业文化建设

深化、细化各种企业文化建设的宣传通路，反复加强企业文化宣传与推广力度，促使企业文化建设不断地向前推进与落实。

3. 重点

以企业行为规范为切入点，全面实施企业品牌战略，竭力提升企业形象。

四、2017年：践行理念，养成习惯

1. 目标

通过完善企业文化宣传与推广体系和保障体系，全面践行企业理念，形成企业文化氛围，促使员工行为与企业文化的和谐统一，全面激发企业文化的力量，促进企业快速发展。

2. 内容

（1）完善体系，全面履行

全方位完善企业文化建设的宣传与推广体系和保障体系，以保证各种企业文化宣传通路畅通无阻，让员工随时随地都能接触、感受和体验企业文化气息，从而促使他们不知不觉地把理念当成工作的指南，自觉履行企业文化。

（2）创新制度，形成习惯

在原有企业管理体制与机制的基础上，以企业理念为依据，根据时代发展、企业发展的需要，不断创新企业管理体制与机制，全面满足员工不断增长的需求，从而更好地促使员工坚持履行企业文化理念并养成行为习惯，实现企业文化自觉。

（3）强化道德，提高自律

道德是人们内心中深层次的永恒需求，它拥有强大而深远的约束力。但良好道德观念的确立和升华，需要长时期的培养。加强员工的道德修炼、学习自省、行为自律，从更高层次上提升员工对企业文化的认同，促使每个员工，上至企业领导，下至普通员工，从内心深处认同、履行企业文化理念，全面提升与完善自己，紧跟企业的发展步伐，与企业同发展、共命运。

（4）深入研究，文化整合

从企业文化发展历史、最新成果和国内外著名成功并购案例出发，结合××实业有限公司企业文化建设经验，深入研究和总结，把握不同企业文化相互融合统一的客观规律。在企业兼并过程中采取措施，促进文化融合，减少文化冲突，求同存异，优势互补，实现企业文化的平稳对接，促进企业文化的整合与再造，推动兼并、重组的创新发展，为企业资本运营、投资并购、快速扩张、多元发展提供强有力的文化支撑。

3. 重点

制度的创新和企业文化理念的践行，并使员工养成行为习惯。

五、2018年：全面总结，规划发展

1. 目标

通过全面总结，充分展示企业文化建设成果，增强员工成就感、自豪感，实现企业文化与企业发展、员工发展的高度统一，实现企业管理由制度管理向文化管理的跨越，以及制定企业文化建设的下一个五年发展规划。

2. 内容

（1）总结成绩，自我诊断

全方位地对企业文化理念识别体系、行为识别体系、视觉识别体系、宣传落实体系、保障体系、培训体系以及考核体系等进行归纳总结，从中发现问题、纠正失误、总结经验、汲取教训，形成自主发展、诊断、完善和创新的企业文化建设体系。

（2）展示成果，凝心聚力

通过各种渠道，如局域网、宣传栏、橱窗、电视台、内刊等，多方面、多角度地展示企业文化建设的成果，进一步提高员工的自豪感、成就感和归属感，推动企业文化深度发展。

（3）吸取经验，制定新发展规划

企业文化建设是一个复杂而长期的系统工程，企业要在总结前五年发展的基础上，明确新方向，厘清新思路，把握全局，统筹安排，制定企业文化建设的下一个五年发展规划。

（4）协调发展，永葆生机

与企业文化建设成果的展示相适应，协调安排各种宣传与推广活动，大力宣传与发扬企业文化建设的个人典型和集体典型，发挥典型与先进的力量，永葆企业文化建设的旺盛生机与活力。

3. 重点

总结企业文化建设成果和制定新的企业文化五年发展规划。

323　制订企业文化建设年度工作计划

年度企业文化建设工作是企业文化建设年度工作计划的具体实施，是实现企业文化建设规划目标的基础，是企业文化建设取得成效的关键。年度工作中具体措施方案和目标的执行与实现，关系到整个企业文化建设的效果。年度计划内容如下所述。

1. 年度企业文化建设的指导思想

企业文化专员在制订年度计划时，一定要明确企业文化建设的指导思想，并将指导思想贯彻到整个年度计划的制订之中，在指导思想的引导下设计企业文化建设工作所要完成的目标和任务。

2. 年度工作项目内容

年度工作项目内容是年度计划的核心部分，是对企业文化建设规划目标的具体细化和分解。它需要明确一年中所要完成的各项具体工作和目标，设计完成工作目标的进程和分工，制定相应的保障考核制度和措施等。行政人员可以从以下六个方面对年度工作项目进行考虑和设计，具体说明如表13-3所示。

表13-3　年度工作项目

序号	项目	具体说明
1	企业价值观建设	企业价值观建设是企业文化建设的核心。价值观是人们在长期的工作和生活中形成的对客观世界的总体看法和根本观点，是指导人的行为的一系列基本准则和信条

序号	项目	具体说明
2	团队建设	团队就是为了明确的共同目标而结合在一起，需要相互支持帮助的一个群体。没有一支紧密合作、积极进取的团队，企业的各项工作就难以开展，更谈不上企业文化建设。因此，缔造一支优秀的团队，既是企业成功之本，也是企业文化建设的重要内容，还是企业文化建设取得成效的重要保障。衡量一支团队是否优秀，关键要看这支团队是否具备学习能力、思考能力、主动性和合作精神等四个要素
3	制度建设	制度是行动有效运行的保证，往往以责任制、规章、条例、标准、纪律、指标等形式表现出来，反映了企业内部信息沟通的方式和企业管理的水平，是企业文化建设的有效载体。领导者要把倡导的新文化渗透到管理过程中并变成员工的自觉行动，制度是最好的载体之一。员工普遍认同一种新文化可能需要经过较长时间，而把文化"装进"制度则会缩短这种认同过程。同时，当制度的内涵未被员工认同时，制度只是管理者的"文化"，至多只反映管理规律和管理规范，对员工只是外在的约束。但当制度的内涵被员工所普遍接受并自觉遵守时，制度就变成了一种文化
4	培育和谐的群体关系	培育和谐的群体关系是企业文化建设的任务之一。一个组织是否吸引人，组织成员是否心甘情愿为之奋斗，和谐的群体关系是一个重要的因素。企业中和谐的群体关系主要表现在企业内部气氛和谐，员工在工作中心情舒畅，上下级之间、同级之间的沟通顺畅，管理工作容易做好，制度执行顺畅有效，工作质量、工作效率高
5	行为规范建设	进行行为规范建设，重点在于引导和规范员工"怎么做"，在为员工提供行为标准的同时提高员工的素养。而员工素养的提高既体现了企业文化建设的成果，也会为企业文化建设提供人力支持
6	开展与个人发展相关的各类活动	开展与个人发展相关的各类活动，能够通过满足和提升个人层次的需要来调动员工的积极性，在给个人提供发展舞台和空间的同时达到发展企业的目的。因此，在企业文化建设年度计划的制订中，各类体现企业文化内涵与个人发展相关的活动是必不可少的内容。开展这类活动，有利于培养员工的竞争意识和团队精神，有利于激发员工的创造性，培养创新意识；有利于调动员工参与企业文化建设的积极性；有利于深入开展企业文化建设

企业行政部可以从以上六个方面着手设计年度工作项目，同时还应使不同年份的年度工作项目之间保持延续性和承接性，使这六个方面都向前推进，从而从整体上推动企业文化的建设。

3．企业文化建设年度工作计划的实施要求

为了对企业文化建设年度工作计划的实施进行有效的控制和管理，保证计划实施的质量和效率，提出相应的实施要求是必不可少的，其具体说明如表13-4所示。

表13-4　企业文化建设年度工作计划的实施要求

序号	项目	具体说明
1	领导	在实施企业文化建设年度工作计划过程中，企业文化专员首先要明确企业领导者对计划的实施所承担的责任和职责，并与其工作业绩考核挂钩。企业领导在计划的实施过程中承担着组织、倡导、督促、示范作用，而具体的实施还是由企业的各个部门负责。因此，对承担建设任务的单位、部门，要依据所承担的任务提出相应的要求，并以此作为考核工作质量的依据
2	进度	在企业文化建设年度工作计划中，企业文化专员一定要对各项工作的进度安排提出明确要求，既要保证各项任务完成所需要的时间，同时又要保证工作的效率
3	质量	在计划实施过程中，企业文化专员要保证工作质量，一方面要对各项工作完成的程度有相应的要求，另一方面也要对具体承担任务的责任人（或任务的领头人）的工作能力、文化水平、对计划的认知度等提出相应的要求
4	资金	为保证工作顺利开展，企业文化专员在制订年度计划时，一定要对工作开展所需要的资金作相应的预算，按照既保证活动顺利开展又力求投入产出最大化的原则进行。在计划实施过程中，资金一定要专款专用
5	激励	在计划实施过程中，针对计划实施的考核激励措施一定要执行到位，这既是对计划实施质量的监督和保证，也是对全员参与企业文化建设热情的激励

下面提供一份某公司的企业文化建设年度工作计划，供读者参考。

【经典范本08】企业文化建设 ×× 年度工作计划

企业文化建设××年度工作计划

企业文化是一家企业在长期生产经营中倡导、积累和经过筛选提炼形成的，以企业愿景和企业价值观为核心，以共同的企业精神、优良作风、行为规范、品牌标识、制度建设等为主要内容，能够激发和凝聚企业员工归属感、积极性和创造性的管理理论。先进的企业文化是企业持续发展的动力源泉，是企业核心竞争力的重要组成部分。根据公司的实际情况，特制订本公司企业文化建设××年度工作计划。

一、指导思想

牢固树立以人为本和全面、协调、可持续的科学发展观，紧紧围绕"建成档案信息化领域一流企业"的目标，努力培育具有创新精神、实干精神、超越精神、奉献精神的员工队伍，促进形成统一的核心理念、更加和谐的人际关系，增强公司的凝聚力和向心力，提升公司的核心竞争力，为公司的发展提供强大的精神保障。

二、主要目标

1. 确定、提炼公司的核心价值观、企业精神，加强精神文化建设

通过企业文化建设，形成和弘扬符合公司特点、促进公司和员工共同发展的价值观。提炼、宣传公司的企业精神，使之根植于员工思想中，成为公司实现发展战略的精神支柱。

2. 建立健全科学的管理制度，加强制度文化建设

通过各项制度的制定和落实，不断激发员工的积极性和创造性，促进制度文化建设和管理文化建设。

3. 树立行为规范，加强行为文化建设

通过建立公司内部的行为规范告诉员工公司提倡什么，反对什么，规范员工的行为，构建良好的行为文化。

4. 塑造公司形象，加强物质文化建设

通过物质文化建设，优化企业环境，塑造企业全新形象，不断提高企业的知名度、信誉度、美誉度。

三、主要内容

（一）加强精神文化建设方面

精神文化是蕴涵了人们心灵深处的意识形态，它是企业文化建设的核心内容。加强公司精神文化建设，对于统一员工思想，引领员工为公司目标而奋斗，将起到极大的推动作用。

1. 明确企业愿景

企业愿景是企业为之奋斗的未来蓝图，是企业较为长期的目标。管理层应就企业愿景达成共识，即"建成档案信息化领域一流企业"。

2. 确立企业的核心价值观

企业的核心价值观是企业在长期发展中形成和遵循的基本信念和行为准则，是企业对企业目的、对企业员工和客户的态度等问题的基本观点，是企业对生产经营和目标的追求以及自身行为的评价。因此，提炼和归纳企业的核心价值观，对建设企业文化是至关重要的。

3. 提炼倡导企业精神

企业精神是指熔铸企业价值观、企业目标和经营作风的观念形态，是企业文化总和在企业风貌上的高度概括和集中反映。它的文字表达特别洗练，词简而意明，感情色彩浓烈，是企业中最宝贵的精神财富。

4. 制作一首企业之歌

用音乐的形式宣传企业精神比较容易让人接受，其可以让人在哼唱的过程中无形地受到企业价

值观、企业精神的熏陶。

5. 广泛开展企业价值观、企业精神的主题宣传活动，使之深入每个员工的心中

在确立企业价值观、企业精神、企业歌曲后，行政部门应该开展深入广泛的宣传活动，使之深入人心。通过宣传，让全体员工都知道企业价值观、企业精神是怎样产生的；公司倡导什么，反对什么；什么该做，什么不该做；明确公司为什么要树立这样的价值观、企业精神；然后思考自己应如何改变观念，使自己的工作体现价值观，体现企业精神。在进行主题宣传时可利用多种形式，如进行声像宣传资料和展板展示，开展典型人员的典型事迹介绍等。

（二）加强制度文化建设方面

企业管理制度是实现企业目标的有力措施和手段。作为规范员工行为的模式，它能使员工个人的活动得以合理进行，同时又能维护员工的共同利益，是企业进行正常的生产经营管理所必需的制度保障。因此，优秀的企业管理制度必须是科学、完善、实用的管理方式的体现。

1. 加强制度文化建设的原则

加强制度文化建设，必须对公司现有的制度进行梳理，坚持以下三个原则：

（1）坚持经过长期实践印证有效的制度；

（2）清理不符合企业特点的制度；

（3）建立健全并完善有关制度。

2. 制度建设的内容

通过梳理和完善制度建设，形成导向鲜明、体现企业价值观的制度文化，促进企业文化的建设。

（1）建立组织机构管理制度，明确划分各级人员的权责，加强管理，提高工作效率，改善工作效果。

（2）建立指导业务操作流程和生产经营方式的有关制度，使客户能享受到标准化的服务。

（3）建立员工绩效考核制度，并相应建立导向性的奖惩机制。

（4）建立员工培训制度，制定员工职业发展方向，使员工有不断补充新知识的机会，鼓励员工提高技能和素质。

（三）加强行为文化建设方面

企业员工是企业的主体，企业员工的行为决定企业整体风貌和企业文明程度。因此，企业员工行为的塑造是企业文化建设的重要组成部分。

1. 规范员工行为，提倡做文明人

制定《员工行为规范》和《员工手册》，开展学习培训与测试；教育员工以积极处世的人生态度去从事企业工作，以勤劳、敬业、守时、礼貌的行为规范指导自己的行为，杜绝不文明行为，

做文明员工。

2. 树立先进典型，弘扬先进经验，提倡做工作的带头人

挖掘更多的先进个人，总结他们的工作法、操作法，并以他们的名字命名这些工作法、操作法；继续开展"最佳员工"的评选，对获奖员工予以重奖。通过这些工作，使员工感到公司能为他们提供实现自我价值的舞台，进而奋发向上。

3. 实施素质工程，加强素质培训，提倡做业务能人

要利用多种方法、多种渠道，加强对员工的素质培训，让员工将个人的工作同自己的人生目标联系起来，激发他们的事业心和责任感。

（1）公司定期对员工开展技能、业务等综合素质培训，为员工发展提供培训机会。

（2）组织"技术学习小组""技术革新小组"等多种形式的学习小组，把学习与工作相结合，学习与生产相结合，营造企业浓厚的学习气氛。

4. 开展品牌创建活动，实行优质服务

创建企业品牌是企业文化建设的典型实践，是引领基层员工不断改进工作方式、创新管理机制、加强自身建设的有力抓手。

（1）品牌的名称、内涵。重点突出"完善企业文化体系"这个主题，按照便于记忆和传播的要求，通过理念、方法、制度和举措的创新，探索形成企业品牌。

（2）品牌的理念。大力营造重视企业文化的浓厚氛围，以在企业核心价值观引领下提升经营业绩为目标，以加强规章制度建设为保证，以呈现工作特色为根本，以服务客户和社会为重点，形成具有号召力、凝聚力、影响力和示范作用、导向作用、辐射带动作用的品牌理念。

（3）品牌的标识及释义。品牌标识设计应充分体现档案事务与信息化相结合这项原则，体现现代企业管理精神，并为基层员工和各管理职能部门喜闻乐见、广泛认同。

5. 开展丰富多彩的文化活动，搞好文化仪式和文化宣传活动的策划

适时举办各种奖励、表彰活动，开展文娱活动、劳动竞赛等，生动地宣传企业的价值观，使员工通过这些活动来领会企业文化的内涵，使企业文化的宣传和塑造"寓教于乐"。

（四）加强物质文化建设方面

物质文化是呈物质形态的产品形象，通常称为企业形象，它集中表现了一家企业在社会上的外在形象。

企业形象是社会公众和企业员工对企业的感受和整体评价。塑造良好的企业形象，内增企业的凝聚力，外增企业的竞争力，是企业适应市场经济的客观需要。

（1）统一公司对外标识，包括所有看得见的标识和文字。

253

（2）制作公司期刊、简报，这是对外宣传最常用的工具。

（3）规范工作环境，美化生活环境，具体体现在公司办公环境和驻场项目组方面。

（4）更新和改版公司网站，丰富网站展示内容，及时发布企业文化活动开展情况，与广大员工形成互动交流。

四、实施步骤

（一）第一阶段：制度文化的梳理、建设

建设先进的制度文化，以共同的准则保障公司核心价值观的深入推行。按照企业文化的主要内容，对公司的各项管理制度（包括用人、分配、考核、培训、业务管理、职务晋升等相关经营管理制度）进行全面梳理、完善和修订，即对不符合企业文化要求的规章制度要进行必要的调整、修订，对符合企业文化要求的规章制度要及时建立、完善。

（二）第二阶段：行为文化的建立和推广

以完美的要求和卓越的目标规范企业经营行为、服务行为、公共关系和人际关系行为，塑造优质企业形象、优良部门形象和优秀员工形象。通过长期的宣传、熏陶，辅之以有关规定的执行，使行为规范深入人心，最终内化为员工自己的行为、习惯。

（三）第三阶段：精神文化的宣传和执行

综合运用各种载体，以正确的导向，深入地进行宣传和全方位、多角度的灌输，提炼确立公司的核心价值观和企业精神，促进公司核心价值观和企业精神在广大员工中的认同感，使其深入人心，引导员工与公司形成共识，产生共鸣。

（四）第四阶段：物质文化的统一与推行

改造公司内部环境，塑造公司统一形象，通过对公司内部各种装饰物、设施、办公用品和办公环境的统一和改造，制作统一的展示牌、宣传标幅、广告标识等有关标识及宣传口号，宣传公司的形象，展示公司的文化。

五、组织领导

成立以公司董事会、企业管理部和综合办公室成员组成的企业文化建设领导小组，负责领导企业文化的推进工作。

企业管理部为企业文化建设的日常办公机构，负责组织实施企业文化建设的策划以及执行情况的检查和监督。

公司各部室等管理部门各司其职，积极参与，相互配合，分工协作，协力推进企业文化建设工作。

企业管理部领导是企业文化建设工作的责任人，在公司的领导下负责企业文化建设工作。

324 企业文化建设项目的种类

企业文化建设项目主要包括以下几种：

(1) 企业理念建设项目；

(2) 组织建设项目；

(3) 队伍建设项目；

(4) 制度建设项目；

(5) 机制建设项目；

(6) 行为建设项目；

(7) 能力建设项目；

(8) 形象建设项目等。

325 企业文化建设项目计划的内容

企业文化建设项目计划的主要内容如表13-5所示。

表13-5 企业文化建设项目计划的主要内容

序号	内容	具体说明
1	总体目标	总体目标是指一个企业文化建设项目最终期望达到的目标，它是由一系列计划期内要实现的具体指标组成的，例如，在一年半的时间内，用10万元的费用，完成企业文化手册的制定和推广
2	时间	时间是指一个企业文化建设项目从开始到结束所需要的时间，例如，在2014年6月至2015年12月这一年半的时间内，完成企业文化手册的制定和推广
3	实施人	实施人是指由哪个部门或哪些人员来具体完成该项目，其中包括指定项目负责人以及项目组成员
4	实施内容	实施内容是指某个企业文化建设项目中应包括哪些活动，也就是将项目具体分解为哪些活动
5	所需资源	所需资源是指某个企业文化建设项目实施过程中所需的人、财、物、信息等各类资源
6	阶段划分	一个项目一般不是几天就能完成的，往往需要几个月、一两年甚至更长的时间，所以要将一个项目划分为几个阶段，每个阶段设立阶段性目标

326 企业文化建设项目的制定过程

企业文化建设项目的制定过程包括项目界定、行动分解、行动统筹三个步骤。

1. 项目界定

无论是接受任务承担某个项目，还是主动提出项目让主管部门审批，相关人员首先都要清楚两个最基本的问题：为什么要做此项目？实施此项目期望得到哪些最终结果？

项目的最终成果仅仅描绘了一个蓝图，还需要企业文化专员对其做具体的描述，即围绕企业文化建设项目的最终成果界定项目的总体目标。总体目标的界定应考虑可行性、具体化、明确的时间期限等多方面因素。一般情况下，为使目标更具有指挥协调的作用，企业文化专员还应进一步把总体目标分解成一系列的阶段性目标。阶段性目标应比总体目标更为具体，要回答以下四个方面的问题：

①要采取什么样的行动？

②什么时候采取行动？

③需要什么样的资源？

④需要花费多大的成本？

2. 行动分解

为了在规定的时间内完成企业文化建设项目，企业文化专员必须对项目进行周密的筹划，对项目做进一步的分解，把各阶段的目标落实到要采取的各项行动上。例如，对于调研阶段的目标，可以进一步分解为明确调查人员、确定调查方法和地点及时间、设计调查问卷、分析调查结果、撰写调查报告等。

在分解为各项具体行动之后，企业文化专员应进一步分析每项行动的时间、需要的资源和费用预算等，即明确每项行动何时做、由谁做、如何做以及花费多少等问题。把这些信息汇总起来，便构成了行动汇总表，如表13-6所示。

表13-6 行动汇总表

行动	时间	负责人	资源	预算
设计调查问卷	2天	项目副组长	设计人员、调查问卷的资料、办公室	
问卷调查	5天	项目副组长	调查人员、被调查员工、调查问卷	
分析调查结果	10天	项目组员	调查人员、计算机、软件	
撰写调查报告	10天	项目组长	撰写人员、计算机、分析报告	

3．行动统筹

在把一个项目分解成众多的行动之后，企业文化专员接下来要做的事情是分析、识别众多具体行动之间的内在联系，合理地进行筹划，进而将众多的行动重新整合起来。行动统筹的两个最常用工具是计划评审技术和甘特图。

下面提供一份某公司的企业文化手册编制计划范本，供读者参考。

【经典范本09】企业文化手册编制计划

企业文化手册编制计划

一、目的

为了传承公司优秀文化，让丰富的企业文化理念深入人心，为广大员工树立优秀标杆，弘扬企业中杰出的个人事迹，对内加强员工对企业文化的认识，对外展示企业深厚的文化底蕴，特拟订本企业文化手册编制计划。

二、总体目标

将本公司的企业文化进行文字化、系统化。

三、时间

××年3月—12月。

四、实施人

由行政部组织编写，其他部门积极配合。

五、阶段划分

（一）学习培训（3月—4月）

1．目的

通过学习培训，使员工理解企业文化建设的必要性与紧迫性，调动全体员工参与其中。

2．具体内容

（1）建立企业文化的基本构架，在此基础上对员工进行培训、引导，调动员工积极参与到企业文化建设中。

（2）组织企业领导及部分员工赴××工业园参观××大学、××文化展，学习××集团先进企业文化。

（3）请企业外专家、企业内人员为员工讲解企业文化建设的有关内容，组织员工观看有关企业文化的电视宣传片，采取集中学习的方式，使员工了解企业文化的具体内涵、意义、作用等。

（4）组织员工利用晨会、例会等时间集体诵读《弟子规》等国学经典，提高自身修养和素质（长期活动，可不限于3月—4月）。

（5）组织"我与企业文化"征文活动，要求员工至少上交两篇以创建企业文化为主题的心得体会，于每月底选择优秀作品进行展示。

（6）充分利用企业宣传橱窗、企业网站等载体，有计划地宣传企业文化知识。

（二）员工意见反馈及收集（5月—6月）

1. 目的

将员工前一阶段的学习心得、关于企业文化建设的意见和建议、典型案例等收集汇总，为提炼企业文化积累素材。

2. 具体内容

（1）在每次晨会、例会上，拿出一定的时间让领导、员工谈自己经过前段时间的学习，对企业文化的认识、理解、建议。

（2）向全体员工发放无记名调查问卷，收集员工的看法、意见和建议，以便进一步提炼、完善和升华企业的价值理念体系。

（3）组织企业领导与员工座谈，相互探讨关于本公司企业文化的构想（每次参加的员工人数不宜过多，一次5至7人为宜）。

（4）举行专题总结会，通过与新老员工的交流提炼企业文化，收集服务工作中具有代表性的案例，以案例为载体，为提炼属于公司自己的企业文化积累素材。

（5）利用员工食堂意见箱等各种载体供大家反馈信息。

（三）整理完成初稿（7月—9月）

1. 目的

筛选、加工前一阶段收集整理的材料，将其系统分类，从中提炼出企业文化，制作手册初稿。

2. 具体内容

（1）对收集的关于企业文化的建议、构想进行整理总结，将其初步划分为经营哲学、价值观念、企业精神、企业道德、团体意识、企业形象、企业制度、文化结构、企业使命九个方面（可根据实际情况进行增减）。

（2）对各分类项目收集的信息中得到大家广泛认同的内容进行再次加工、提炼，仔细斟酌语句，形成最终定稿。

（3）结合企业原有《员工手册》的有关内容，制作企业文化手册中关于企业制度规章方面的内容，如《员工守则》《员工福利》《奖惩条例》《安全守则》《劳动条例》等。

（4）将两部分内容合并，制作手册目录，形成初步定稿用于审阅评价。

（四）完成手册编制工作（10月—12月）

1. 目的

评审、修改并形成最终稿。

2. 具体内容

（1）印发一部分手册初稿，分送企业领导与员工代表，请他们提出意见。

（2）召开企业文化手册综合评审会，邀请如集团领导及相关领域专家、学者等参会。

（3）根据综合评审会上的专家对手册内容等方面提出的意见、建议作出修改，最终定稿。

327　企业文化活动的内容

企业文化活动是指企业根据经营、发展的需要，结合企业员工的需要和特点，所开展的各种文化活动，主要包括以下六个方面：

（1）为提高企业员工的文化素质和劳动技能而开展的学习培训活动；

（2）为开发企业员工智力、培养员工创造性和成就感而开展的技术创新活动；

（3）为培养和提高企业员工艺术审美水平和艺术创造能力而开展的文学艺术活动；

（4）为丰富企业员工精神生活、培养企业员工拼搏精神、增强企业员工体质而开展的体育竞技活动；

（5）为使员工增强对企业的感情、加深对企业福利环境和文化氛围的依恋而开展的福利性活动；

（6）为使员工树立起主人翁意识、确立和强化共同理想和企业意识而开展的思想性活动。

328　企业文化活动的类型

企业文化活动大体上可分为文体娱乐性活动、福利性活动、技术性活动、思想性活动四大类型，具体说明如表13-7所示。

表13-7　企业文化活动的类型

序号	类型	具体说明
1	文体娱乐性活动	文体娱乐性活动是企业内部（也包括部分以企业名义）组织和开展的文艺、体育等娱乐性活动，如举办和组织员工之家、工人俱乐部、电影放映晚会、录像放映会、电子游艺活动、图书阅览、征文比赛、摄影比赛、书法比赛、周末舞会、文艺演出、春秋季运动会、各种球类比赛、射击打靶、游泳、滑冰、郊游、游园、钓鱼比赛、自行车比赛、五月歌会、戏剧之春、班组之声等

序号	类型	具体说明
2	福利性活动	福利性活动主要是企业从福利方面开展的各种活动。企业通过这些活动，加深员工对企业的感情
3	技术性活动	技术性活动是指在常规的企业生产、经营之外，围绕企业的生产、经营、技术和智力开发等问题，由企业倡导或员工自发组织进行的技术革新、管理咨询、劳动竞赛、教育培训等活动
4	思想性活动	思想性活动首先包括一些政治性的文化活动，如开展形势教育、法制教育、理想教育、道德教育、政治学习和其他有关的思想政治工作；其次还包括一些新书报告会、生活对话会、沙龙等形式的活动

329 专项企业文化活动（任务）方案的类别

根据专项企业文化活动（任务）的形式、涉及的范围和时间的长短，企业可以将专项方案划分为三大类型。

1．综合性企业文化建设活动方案

综合性企业文化建设活动是指那些涉及范围大、持续时间长、形式复杂的专项活动或任务，如企业文化调研、企业文化手册制定、企业文化宣传、企业文化培训等。这些活动又包含许多子项目，是综合性的、复杂的活动，往往需要较多的人力、物力、财力。与此相对应，这类活动方案的制定也会较为复杂，需要相关人员付出更多的时间和精力。

2．专题性企业文化建设活动方案

专题性企业文化建设活动是指那些涉及范围较小、持续时间较短、形式单一的专项活动或任务，如企业文化讨论会、宣传刊物的策划、企业文化小组的组织等，由于这类活动（任务）内容单一、形式单一，涉及的人力、物力、财力也较少，其方案的策划、写作所花费的时间、精力也会较少。

3．单位（部门）企业文化建设方案

单位（部门）企业文化建设是指将已制订的企业文化建设计划贯彻到下属单位或部门的具体过程，也就是在企业总部的指导下，下属单位或部门进行企业文化建设的过程。由于业务种类、工作性质、人员素质等因素不同，不同单位（部门）的企业文化建设活动在活动内容、侧重点、活动形式等各方面也不尽相同。由于各单位（部门）也是一个系统性的组织，其经营管理涉及人员管理、业务管理、企业文化计划的贯彻等方方面面的工作，所以，各单位（部门）企业文化建设方案的策划、写作也是一项复杂的工程，需要相关人员花费较多的时间、精力来完成。

330　专项企业文化活动（任务）方案的制定步骤

1．查找该专项企业文化活动（任务）的相关资料

接受上级领导布置的制定专项方案的任务后，助理企业文化师就要开始查找该专项企业文化活动（任务）的相关资料，为制定专项方案提供依据。这些资料包括专项企业文化活动（任务）的基本介绍、企业内部的资料和企业外部的资料，具体说明如表13-8所示。

表13-8　专项企业文化活动（任务）的相关资料

序号	项目	具体说明
1	专项企业文化活动（任务）的基本介绍	助理企业文化师首先要了解该专项企业文化活动（任务）的含义是什么，其在整个企业文化建设中起到什么作用，有什么意义和地位；在整个企业文化年度计划中起到什么作用，有什么意义和地位，和其他专项企业文化活动（任务）之间有什么样的联系等，从而对专项企业文化活动（任务）具体要达到的目标和应采取的措施有一个大致的了解
2	企业内部资料	（1）助理企业文化师要对企业文化建设的整体规划有全面的理解和把握；了解本企业进行企业文化建设的整体思路及要达到的整体目标等 （2）助理企业文化师要认真领会本年度的企业文化建设计划，熟悉本年度计划的总体目标及预期结果、指导思想、具体项目、实施措施等，明白本年度计划在整个企业文化规划中的地位，从而对即将开展的专项企业文化活动（任务）有宏观的视角和把握 （3）助理企业文化师要对本企业的企业文化建设现状有整体的认识。如在过去的企业文化建设中达到了什么样的程度、取得了哪些成绩、有了哪些经营管理方面的进步、还存在什么不足、需要采取什么措施等，从而使专项方案的制定具有坚实的基础 （4）助理企业文化师要对即将开展的专项企业文化活动（任务）现状有客观的认识。有的专项企业文化活动（任务）是从头开始建设的，而有的专项企业文化活动（任务）则是在上年度就已经开始的，未来年度的计划要在过去的基础上继续进行，那么助理企业文化师就要对专项企业文化活动（任务）在过去取得的成绩、达到的效果有一个整体的认识、客观的评价，这样才能制定出该专项企业文化活动（任务）在未来年度中要达到的目标、采取的措施
3	企业外部材料	对企业外部资料的查找，是为了广泛吸收外部的先进经验，提高自己的水平。助理企业文化师要了解国内外其他行业的企业、同行业的其他企业制定本专项方案的情况，有无成形的材料可以借鉴，这些材料有何优点、缺点，对自己制定专项方案有无启发等

2．结合具体情况选择方案

助理企业文化师应结合企业内部的具体情况，对多种选择方案进行筛选，形成可行的具体方案。

对于与专项方案有关的企业内部具体情况，助理企业文化师可以从以下四个方面来考察，具体说明如表13-9所示。

表13-9　与专项方案有关的企业内部具体情况

序号	项目	具体说明
1	企业的规模	包括企业层级的多少，即包括的部门或子公司的数量、企业的员工数量、业务的开展范围、行业跨度、产品类型跨度等，这些因素决定了专项方案的涉及范围和复杂程度
2	企业领导层建设企业文化和实施本专项方案的意图及领导风格	专项方案的主题要符合领导的意图，开展的专项企业文化活动（任务）的形式要符合领导层的风格。例如，有些企业的领导层行事低调，不喜张扬，踏踏实实、力求实效，那么企业制定的专项方案的实施形式就应该以注重实效性为主，应朴实无华；有的领导注重与外界的沟通，那么企业制定的专项方案不妨在形式上新颖一些，出奇制胜，提高外界的感知度
3	企业自身的历史发展、历史传统等因素	企业在发展历程中可能经过产权变换、资产重组、领导更替等剧烈的变化，那么在企业文化建设专项方案的制定中，助理企业文化师就要考虑是和历史做法相连接还是进行重新设计。如果是延续历史做法，就要考虑如何和历史相连接、和现实相结合
4	企业员工的基本情况和企业的人际关系情况等因素	员工的文化素质、道德素养、工作技能等决定了他们的接受能力，从而决定了专项企业文化活动（任务）的形式。例如，在企业文化培训中，如果多数员工的知识水平较低，那么就要采取游戏或比赛等通俗易懂、生动活泼的活动形式；如果多数员工知识水平较高、理解能力较强，就可以采用理论讲解、个人发言、辩论等形式

助理企业文化师应通过对本企业具体情况的考察，初步确定专项方案的框架。

3．征求意见，修改补充

助理企业文化师应在本部门，征求部门经理及其他同事的意见和建议，对初步框架进行修改和补充。

4．撰写初稿

助理企业文化师应在修改和补充的基础上，按照方案的格式要求和风格要求，撰写具体的专项方案初稿。

5．论证可行性

助理企业文化师应在企业内部，与其他部门的员工共同讨论专项方案初稿的内容，研讨其可实施性，并广泛征求意见和建议。

6．定稿送审

助理企业文化师应对初稿进行修改和补充，将最终原稿提交有关主管领导审定。

下面提供一份公司员工文化活动方案范本，供读者参考。

【经典范本10】××实业有限公司员工文化活动方案

××实业有限公司员工文化活动方案

一、目的

为了进一步打造具有××特色的企业文化，提高团队凝聚力，推动团队建设，增强员工满意度与归属感，激发员工的积极性和热情，丰富员工业余文化生活，结合公司年度工作计划，特拟订2018年××公司员工文化活动方案。

二、组织实施

由行政部制订活动方案计划，各部门按照计划执行。行政部事前提报活动细案和预算。其他部门开展不在预算内的活动，另行提报活动签呈。

三、活动计划

（一）节日类型文化活动

1．活动项目：祈福祝愿，庆祝元旦——2018年元旦聚餐活动

活动目的：承前启后，继往开来；沟通交流、凝聚气氛。

活动时间：2017年12月31日。

活动流程：在××酒店举办，全体员工参加；晚餐免费加菜，免费提供饮料、酒品（公司司机、自驾车员工严禁饮酒）；领导到场讲话。

2．活动项目：欢聚一堂，共镶盛举——2018新春年会活动

活动目的：歌舞会演，总结表彰，辞旧迎新，欢庆春节。

活动时间：2018年1月25日。

活动流程：在××酒店举办，全体员工参加，庆祝年会晚宴、歌舞文娱节目会演，中间穿插年终优秀员工表彰、抽奖游戏等环节。晚会前期的一个多月，由行政部下发通知，全体员工积极报名参加演出，自行准备节目并上交综管部。凡是参加演出的，都有参与奖，比赛设一、二、三等奖。

3. 活动项目：闹元宵、猜灯谜——员工游园文化活动

活动目的：欢乐、趣味、营造文化氛围。

活动时间：2018年3月2日元宵节。

活动流程：公司组织元宵节活动，活动当天中午由公司挂灯谜（提前制作）；全体员工参加竞猜，猜中者奖礼品一份；公司为晚上在食堂就餐员工发放免费元宵节汤圆一份。

4. 活动项目：庆祝妇女节、关爱女员工——妇女节关爱活动

活动目的：关心、关爱、祝福。

活动时间：2018年3月8日妇女节。

活动流程：节日当天，由公司向在职女员工发放节日福利，每人一份，以示公司对女员工的关爱。

5. 活动项目：健身运动，庆祝五一——员工运动会活动

活动目的：趣味娱乐，运动健身；团结协作，力争上游。

活动时间：2018年4月30日。

活动流程：全体员工参加，公司组织，员工可结合自身优势报名参与运动会相关项目；比赛获奖者均按规定发放奖品。

6. 活动项目：一点一滴"粽"关情——端午节关爱活动

活动目的：关怀温暖人心，营造和谐气氛。

活动时间：2018年6月15日。

活动流程：全体员工参加；早上或中午，食堂免费发放粽子，中午免费加餐加菜；不提供酒类饮品。

7. 活动项目：××企业一家人中秋团圆会——中秋节聚餐活动

活动目的：增强凝聚力，团结如家人。

活动时间：2018年9月21日。

活动流程：全体员工参加；中午食堂免费加菜、加餐；提供饮品，公司为员工发放月饼等福利；中秋节当天晚上为住宿员工加菜；提供酒类饮品。

（二）常态类型文化活动

1. 活动项目：真情传送，诚挚祝福——生日祝福活动

活动目的：生日送祝福、感恩现真情，关爱员工无极限。

活动时间：2018年每月度择日举办。

活动流程：全体员工，由公司组织以庆生会的形式或发放生日礼品的形式送员工一份祝福与关爱。

2. 活动项目：携手未来，我与××共发展——有奖征文活动

活动目的：增加员工的归属感，增强员工对公司发展的信心。

活动时间：2018年___月（公司成立月份）。

活动流程：由公司组织，提前一个月发布征文通知，公司员工自愿报名参加；征文活动设立一、二、三等奖及参与奖；体裁形式不限；由公司征文组委会进行评选，分别颁发奖金及证书。

3. 活动项目：××达人秀，才艺大比拼——员工风采展示活动

活动目的：丰富文化生活，展示员工风采，发掘员工才艺，增强员工认同感。

活动时间：2018年7月（时间或待定）。

活动流程：全体员工参加，公司提前半个月左右通知；员工自愿报名参加；参赛项目多样化，如绘画（素描、水彩、油画、国画）、书法（硬笔、毛笔）、剪纸、绳艺（绳结）、摄影作品等；由组委会结合实际评选出一、二、三等奖及优秀奖，分别给予奖励（奖品及证书）。

4. 活动项目：激情飞扬，畅游美景——公司年度旅游活动

活动目的：拓展团队意识，激励员工再创佳绩。

活动时间：2018年___月（具体时间另行拟定）。

活动流程：两种项目，一种是全员参与的省内游，员工分批活动；另一种是优秀员工的省外游；省内游属公司奖励性行为；评选资格：工龄满6个月或2年的全体员工。

（1）先进工作者10名（工龄6个月）____奖：____省内两日游。

（2）功勋级员工5名（工龄2年）____奖：____省外三日游。

均可带1名亲属。

5. 活动项目：评先树优，总结表彰——先进员工评选活动

活动目的：激励先进，树立典型，打造良好的激励机制。

活动时间：2018年1月（春节前一个月左右启动）。

活动流程：评选范围，入职公司6个月以内员工；其他先进员工、劳模员工评选，均按规定要求入职时间。

具体评选流程，详细参见《2017年优秀员工评选方案》。

其他项目：公司组织的其他文化活动如盛夏之夜文化节等，以公司临时性通知为准。

四、活动要求

1. 各部门负责人要提高认识，加强领导，积极组织、发动部门员工参与每次活动，确保每次活动的人力、物力，以保证活动的顺利开展。

2. 各部门须指定专人负责，指导部门人员参与各项活动，并积极协助行政部开展每次活动。

3. 行政部要通过各种形式加大宣传力度，引起公司员工的广泛关注，鼓励公司员工积极参与

其中，各部门要积极配合做好发动工作。

五、附则

本方案由公司行政部拟订、修改，经公司总经理批准后实施。

××实业有限公司

2017年12月18日

331 综合性企业文化建设活动的策划

由于综合性企业文化建设活动涉及范围广、持续时间长、包含内容多，所以，其策划是非常复杂的过程，助理企业文化师要收集尽可能多的资料，拓展思路，全面思考。

综合性企业文化建设活动策划的步骤如表13-10所示。

表13-10 综合性企业文化建设活动策划的步骤

步骤	目的	具体内容
步骤一	明确目的	目的是指为什么开展该综合性企业文化建设活动，其在企业文化年度计划、企业文化总体建设中会起到什么作用。开展综合性企业文化建设活动的目的要依据企业文化年度计划的总体目标、企业的总体经营管理目标来确定
步骤二	确定目标	目标是指该综合性企业文化建设活动要达到的预期效果，其应对该综合性企业文化建设活动的实施有指导作用，对过程的控制、效果的评价具有参照作用。目标的确定要明确具体
步骤三	确定组织者	确定组织者指确定由哪些人员或哪个部门来筹划、协调该综合性企业文化建设活动。一般来说，企业文化建设过程中的综合性专项活动由企业文化部门筹划，并且根据综合性企业文化建设活动的具体情况，在企业的总体协调下，临时抽调其他部门人员参加。对这些人员要根据其能力以及与综合性企业文化建设活动的相关性等因素进行认真选择
步骤四	筛选包含的子项目	综合性企业文化建设活动由许多子项目组成。例如，在企业理念设计这个专项任务中，包含聘请外部专家、对员工的调查、对领导层的调查、组织头脑风暴会议、拟定理念初稿、组织初稿讨论会、撰写定稿等子项目。不同的子项目也需要策划，比如，要组织头脑风暴会议，哪些人参加、会议时间、地点、会议如何进行、如何实施头脑风暴法等内容，都需要在召开会议之前认真进行策划。子项目的策划一般包括子项目主题、形式、内容、程序、时间进度、所需资金、各阶段的工作要求及完成质量标准、对子项目计划实施的具体要求等
步骤五	确定实施者	实施者是将活动方案付诸行动的具体人员或部门。综合性企业文化建设活动中包含许多不同的子项目，这些子项目需要不同的人员或部门实施。所以，组织者要根据子项目的内容和人员的能力统筹安排，人尽其能

步骤	目的	具体内容
步骤六	预算经费	明确实施项目活动（任务）所需要的费用，制作预算并报上级批准
步骤七	确定过程 管理措施	确定过程管理措施是指对项目方案将来的具体实施过程进行协调、监督，并且处理实施过程中出现的意外，使活动按计划方案顺利进行
步骤八	效果评估	效果评估指对实施效果进行评估，以保障活动能达到预定目的，取得理想的效果

当然，根据不同专项的特点、规模、重要性等因素，企业文化部门可以对以上步骤进行取舍，不一定包括所有步骤。

下面提供一份企业文化建设活动的范本，供读者参考。

【经典范本11】企业文化宣传活动方案

企业文化宣传活动方案

企业文化是企业综合实力的体现，是企业文明程度的反映，也是知识形态生产力转化为物质形态生产力的关键影响因素。面临新的形势、新的任务、新的机遇、新的挑战，要想在激烈的市场竞争中取胜，把企业做大做强，实现企业的跨越式发展，就必须树立"用文化管企业""以文化兴企业"的理念，积极推进文化强企战略，努力用先进的企业文化推动企业的改革发展，提高企业的创新力、形象力和核心竞争力，营造"企业有生气、产品有名气、领导有正气、员工有士气"的发展环境。为了能够助力公司实现跨越式发展战略目标，特制定本活动方案。

一、宣传活动目标

围绕企业文化核心理念，以"理念统一思想，文化提升品牌"为主题，在公司内部进行宣传。每一位员工参加的企业文化集中培训课应不少于8个课时，员工对企业文化的认知及格率应达到90%。

各部门应从企业发展的高度，充分认识宣传推广企业文化体系的重要性和紧迫性，要以学习企业文化为契机，提升公司各项管理水平，为实现公司愿景统一思想认识，不懈奋斗。

二、宣传活动内容

以企业文化体系为中心，以开展宣传活动为重点，结合其他制度，丰富企业文化宣传内容，完善企业文化体系，使企业文化贴近基层、贴近实际、贴近员工。

三、宣传活动步骤

宣传活动分为三个阶段。

第一阶段，准备阶段。通过发放以企业文化为核心的书籍、张贴户外广告、制作宣传牌、文化理念学习等方式，形成浓厚的学习氛围，使企业文化渐入人心。

第二阶段，深入学习。以一系列企业文化活动为载体，通过开展全公司培训，各部门组织学习和培训、企业文化知识竞赛等活动，在全公司范围内营造浓厚的企业文化宣传氛围，使企业文化系统得到广泛认知、企业文化的软管理作用得到有效发挥。

第三阶段，对外文化扩展。以召开会议和开展活动为载体，向公司外部人员发放相关书籍，并邀请其聆听讲座、参加活动，广泛宣传企业文化理念；同时，通过各类媒体广泛宣传企业文化。

四、宣传活动工作安排

（一）成立企业文化建设领导小组

成立企业文化建设领导小组，统一领导企业文化建设工作，主要负责企业文化建设重大问题的决策、重要工作的安排部署，研究审定企业文化建设的指导思想、规划、计划、实施、推广方案及其他重大事项。

（二）宣传活动内容

1. 培训宣传人员。各部门推选企业文化宣传员，使其在经过培训后达到熟练讲解企业文化理念、熟知企业视觉识别系统的熟悉程度。

2. 开展培训工作。宣传人员在各部门开展企业文化的培训工作，使企业文化深入基层，形成全员了解、认知的局面。

3. 开展企业文化知识讲座，由行政部配合企业文化建设领导小组负责组织实施。

4. 开展企业文化知识竞赛，由行政部负责策划、实施。

5. 开展企业文化征文活动，由行政部配合企业文化建设领导小组面向全体员工开展实施。

（三）检查考核

由建设领导小组组织各部门进行企业文化宣传考核，并设立奖惩制度。

（四）总结评价

各部门对宣传推广企业文化的计划、活动、过程控制以及取得的效果、发挥的作用等进行认真总结，撰写总结报告，提出意见和建议，上报企业文化建设领导小组审阅。

332 专题性企业文化建设专项活动（任务）的策划

专题性企业文化建设专项活动（任务）的策划是一项复杂的工程，其中包含着许多专题性专项活动（任务）。专题性专项活动（任务）的策划过程与综合性专项活动的过程基本类似，只是相对简单一些，策划的内容相对少一些，一般包括以下方面：

（1）目的；

（2）目标；

（3）组织者；

（4）前期准备；

（5）过程管理等。

当然，不同的专题性活动，需要策划的内容会有所差异，但归根结底还是离不开"干什么"和"如何干"两大核心问题。

下面提供一份某企业的企业文化知识竞赛活动方案的范本，供读者参考。

【经典范本 12 】企业文化知识竞赛活动方案

企业文化知识竞赛活动方案

为了增加企业员工对行业的了解，宣传××集团的企业文化，增进同事之间的凝聚力，集团本部拟开展一次知识竞赛。为保证活动的顺利开展，特制定本方案。

一、人员安排

（一）活动主要负责人：（略）。

（二）竞赛主持人：待定。

（三）竞赛工作人员：（略）。

计分由参赛队伍自己翻牌，计时：待定。

（四）竞赛仲裁委员会成员（评委）：2～3位领导，在选手对题目有异议时作出裁决。

二、参赛对象及参赛形式

本次竞赛采用团体赛的形式，由集团本部每个部门派出一支参赛队伍，共三支队伍，分别是行政部代表队、财务部代表队和法务部代表队（发展部因人数不足，暂不列入）。每队由三名选手组成，各自选一名领队，进行现场抽签排座次。

三、竞赛时间

暂定11月底。

四、竞赛地点

集团会议室。

五、竞赛内容

本次知识竞赛题目主要由××集团企业文化相关内容构成，旨在增加凝聚力，让员工进一步了解企业概况、历史及企业文化。组织者应将题库提前下发各部门。

六、竞赛实施流程

（一）下发竞赛通知及参赛报名表、题库。

（二）采购竞赛用品及奖品并布置竞赛会场，各部门上报参赛报名表。

（三）开展知识竞赛活动。

（四）知识竞赛具体流程：

1. 主持人介绍竞赛背景、目的，介绍到场领导、评委及参赛队伍；

2. 领导致辞；

3. 竞赛开始（每个环节完毕穿插观众答题）；

4. 竞赛主持人宣布竞赛结果，请领导颁奖；

5. 领导与参赛选手合影。

七、竞赛规则

竞赛分个人必答题、团体必答题、抢答题、风险题、加赛题、互动答题六种形式，每支参赛队伍的基础分为200分。

第一轮：个人必答题。

本轮规则：个人必答题每题10分，每队共3道题，要求每位选手回答1题。依顺序由各队1、2、3号选手分别回答，答题限时30秒。其他队员不得补充和提示，如有违反则倒扣10分。答对加10分，答错、超时、补充、提示不得分。计时从主持人说出开始答题后开始，到选手说出回答完毕时结束。

第二轮：团队必答题。

本轮规则：小组必答题每题20分，每队共2题，答题时由小组选派一名队员，主持人念完题目再作答，选手说出回答完毕后结束。答对加20分，答错不得分也不扣分。

第三轮：抢答题。

本轮规则：抢答题题型不限，共15题，每题分值为20分。主持人读题完毕后，各队可抢答。同时计时开始，由一名队员主答，其他队员可以提示、补充。选择题限时30秒，简答题限时60秒。答对加20分，答错、不答倒扣20分。首次违规抢答将取消本题抢答资格，再次将扣除10分，其余各队继续对本题进行抢答。如宣布抢答后10秒无人抢答，本题作为互动题留给观众作答。

第四轮：风险。

本轮规则：风险题共9题，分20分题、30分题，40分题三种。其中，1～3题为20分题，4～6题为30分题，7～9题为40分题。每队有一次选题机会（可不选），分值由各队自由选择。由一名队员主答，其他队员可以提示、补充，风险题限时60秒，答对加对应分值，答错、不答、超时扣除对应分值。计时从读题完毕后开始。各参赛队伍按前三轮综合得分由低到高的顺序进行选题，并列排名按参赛队序号由低到高的顺序选题。

第五轮：加赛题

本轮规则：如果出现分值并列的情况，便要进行加时赛。共设6道加赛题，采取答题方答错则选题方胜出的方式。并列双方按照顺序，一方为另一方选择题型，答题方答错则选题方胜出，答题方答对则选题方进行作答。

第六轮：互动答题

为活跃现场气氛，每轮比赛间歇，主持人为在场观众准备1道观众题，在举手观众中随机抽选作答，回答正确的观众将有机会获得一份精美礼品。

八、公布竞赛结果

竞赛结束，主持人及时核对各队得分情况，并当场宣布竞赛结果。

九、奖项设置

本次竞赛按积分排名，团队一等奖、二等奖、三等奖各设1名，另设优秀个人奖1名（由评委选出），现场纪念奖4名。对获奖团队和个人进行物质奖励。

十、经费预算

奖品名称	单价（元）	数量（个）	总计（元）
一等奖	100	1	100
二等奖	80	1	80
三等奖	50	1	50
优秀个人奖	50	1	50
记分牌		3	待定
现场纪念奖	10	4	40
总计			320元+待定

十一、其他

（一）参赛人员须关闭手机和其他通信工具或将其设置为振动状态；现场观众应自觉维持现

场秩序并关闭手机和其他通信工具或将其设置为振动状态。

（二）所有参赛选手不得携带任何文字资料上场，所有选手答题完毕后，要说"回答完毕"，并不得再进行补充。

（三）各队的座次抽签决定，各队员的编号由各队自己决定，坐好后就不得改变位置。

333　单位（部门）企业文化建设活动策划

单位（部门）的企业文化建设应该以公司整体的企业文化建设为依据，将公司的企业文化主旨、理念等在各下属单位（部门）进行贯彻落实，转化成能够被下属单位（部门）的员工所理解、具有本单位（部门）特色的企业文化内容。

单位（部门）企业文化建设的步骤如下。

1．明确目的

相关负责人要明确在本单位（部门）建设企业文化的目的，即通过贯彻落实企业文化提高经营管理效益。

2．确定目标

相关负责人要根据企业文化的总体安排，结合本单位（部门）的实际情况来制定目标。目标通常包括规范员工行为、提高员工的工作积极性、强化学习与创新意识、提高单位整体形象、提升单位（部门）管理理念、提高本单位（部门）经营管理水平等。

3．对本单位（部门）基本情况的调查

本单位（部门）的基本情况包括以下四种情况，如表13-11所示。

表13-11　本单位（部门）的基本情况

序号	情况	涵盖内容
1	内部经营管理状况	（1）企业工作任务的执行和完成情况 （2）对工作实践的总结、反思与学习 （3）遵守企业制度情况 （4）工作流程 （5）对企业其他部门工作的配合程度 （6）本单位工作制度的建立与健全及实施 （7）本单位的人际关系与组织氛围 （8）本单位的集体活动开展情况 （9）本单位整体的学习与进修情况 （10）本单位企业先进人物的数量、质量等

序号	情况	涵盖内容
2	员工队伍状况	（1）员工工作纪律遵守及敬业情况 （2）工作态度与作风 （3）团队精神 （4）教育及学习程度 （5）综合素质如受教育程度、技术水平、个人素养和文明习惯等 （6）工作任务完成及超额完成情况 （7）工作的创新精神与创造力 （8）员工对企业形象和企业品牌提升的贡献
3	本单位的工作环境与工作形象情况	（1）工作场所内外部的环境，包括办公室及各种岗位和周边地区的整洁有序程度、安全舒适程度、对企业形象的宣传和展示程度、对工作的促进程度 （2）员工仪表与礼仪方面，包括仪表及整洁度、工作证佩戴、精神面貌、文明工作行为等
4	单位（部门）对员工成长的指导情况	（1）领导鼓励员工参与企业文化建设的程度 （2）对员工职业成长与职业生涯设计的指导与支持 （3）对员工工作方式与方法的指导，对员工个人生活等状况的关心 （4）与员工谈话等常规活动的开展情况 （5）对员工工作意见、建议的重视程度和反馈情况

4．对照经营管理，分解落实

在对本单位（部门）基本情况进行调查分析后，相关负责人要将企业文化计划文本的内容针对本单位（部门）的具体情况进行分解、落实。单位（部门）领导要制定具体的措施，将企业文化融合在本单位（部门）的经营管理中。这个过程需要单位（部门）领导先制定初步方案，然后和员工讨论，共同制定适合本单位（部门）的实施措施。例如，对企业价值观的解释要通过何种行为规范来进行，通过鼓励或反对哪些行为达到诠释企业价值观的目的。又如，如何将计划文本中的创新理念体现在本单位（部门）的工作中，本单位（部门）将在哪些产品和管理措施方面开展创新，如何激励员工的创新行为等。再如，如果计划文本中的人力资源理念是"以人为本"，那么生产部门如何落实"以人为本"，如何与营销部门落实"以人为本"相区别。很显然，这两个部门的措施是不一样的，因为两者的工作内容、员工素质、工作形式等都大不相同。

5．对照员工岗位，分解落实

这个分解落实过程的核心是如何使企业文化体现在员工的实际工作中，其具体步骤为：

（1）发动员工学习计划文本内容，并进行讨论；

（2）发动每位员工将计划文本中的内容与自己的工作相对照，初步提出将企业文化理念落实到自己工作中的措施；

（3）通过小组讨论、专家指导，最后制定每位员工落实企业文化的具体措施，即如何将企业文化理念和员工的工作相联系，应制定一些看得见的可量化的指标。

企业文化虽然是精神上的概念，但是要落实到每个人的心中，就必须要分拆为具体的标准要求，这样员工在执行的时候才可以明确地进行具体的操作。例如，企业价值观可分解为对顾客需求、投资者合法权益的重视，对技术创新的重视，对管理的参与、创造力的发挥等；企业行为规范可具体分解为对规章制度、职业道德的遵守，工作态度和工作作风，敬业精神和集体协作精神等；企业形象可具体分解为服务态度、工作面貌、精神状态、仪容仪表、社会行为等。

6. 制定具体的考核措施

有些单位（部门）觉得企业文化是虚的东西，无法进行考核，这往往会使企业文化建设流于形式或最后不了了之。为了解决这个问题，相关部门要制定具体的企业文化建设考核措施，使之与每个人的绩效、薪酬挂钩。

在考核体系内，相关部门可以将分解出来的，和每位员工具体工作相联系的项目作为考核标准，将每位员工的实际实施情况作为考核依据，对每位员工进行具体的考核。相关部门可以通过自评、他评、上级评、下级评等方式综合实施考核。

第二节　开展企业文化培训活动

334　企业文化培训计划的时间统筹

企业文化培训从属于企业的培训体系，为配合企业的生产经营发展需要而设计。企业文化培训应遵从企业经营发展战略目标的要求，合理安排培训时间。例如，生产经营型企业的经营一般有淡旺季之分，企业文化培训不应在生产经营旺季安排得过于频繁，而在淡季时则可相应加强培训课程开展的频率。另外，一般企业在年初和年底都是进行整体目标规划和总结表彰的时期，各部门的工作强度也比较大，因此在安排培训计划时要尽可能回避这个特殊时期。

335　企业文化培训课时的长度掌握

企业文化培训的对象都是成年人，成年人学习和接受知识的特点是自我意识强、实践经验多、学习目的性强。因此，相关部门和负责人应按照成年人的学习特点安排每次培训的时间长度，以保证企业文化培训的整体效果。

336　企业文化培训的频率

相关部门和负责人要根据培训计划、生产情况和员工意见妥善、合理地安排企业文化培训。培训频率过高不一定能产生良好的培训效果，企业文化工作者一定要谨记企业文化培训是一项长期而艰巨的工作任务，同时企业高层管理者也要树立建设企业文化是一个长期且可动态发展的过程这一管理意识，将企业文化培训作为一种战略来抓。

337　参加企业文化培训的对象

企业文化培训不同于一般的管理培训和专业技术培训，它是一种企业共同观念的灌输过程。因此，企业文化培训的对象应是全员性的，包括企业的各个管理阶层，这样才能取得统一员工意识的效果。一般而言，关于企业文化核心理念等基本理论的培训课程，建议企业组织安排一次全体员工的培训大会。如果企业人数众多而无法全员参加，也要安排不同部门的有关代表参加，然后由参加培训的代表对其所代表部门的员工进行再培训，传达企业文化培训理念。全体员工或不同部门的人参加企业文化培训，有助于增强相互的了解并促进企业的团队建设。

338　明确企业文化培训的内容

企业文化培训主要包括以下十项内容，具体说明如表13-12所示。

表13-12　企业文化培训的内容

序号	内容	具体说明
1	企业文化和企业经营理念	（1）每家企业的经营理念都是不同的，相关部门和负责人应将正确的经营理念传授给员工，让员工与企业同频共振 （2）企业文化是一家企业在长期的发展过程中形成的价值观和影响力的总和。价值观是企业文化的核心，应让员工认可企业的价值观，融入所在团队之中

序号	内容	具体说明
2	企业的战略和企业的发展前景	企业现时的战略定位和企业战略的发展阶段、发展目标、发展前景也是员工十分关心的问题，因为只有企业的发展才能给个体带来发展空间，也才能激发员工内在的工作热情和创造激情，才能激发员工为企业奉献自己的智慧和才干
3	企业的视觉识别系统及由来	每家企业的视觉识别系统都是企业的骄傲，每位员工均要能识别并了解它的特殊含义
4	企业的发展历史和阶段性的模范人物	每家企业的发展历史都会和几个标志人物紧密连在一起，他们都是企业的模范人物。伴随着企业的发展，将模范人物、转折阶段、传奇故事、美丽传说这些串成故事，讲给员工听，使他们更热爱自己的企业，更有归属感
5	企业具有重要标志和意义的纪念品进行解说	美国有一家企业，它的大厅里有一个标志性的纪念品，用大玻璃罩着一条金色的香蕉。其来源是一位员工向董事长提出了非常出色的工艺改进建议，董事长听后想奖励这位员工，于是拿起桌上一根香蕉给了这位员工。从此以后，这家公司的员工们都踊跃地提出自己的合理化建议。这个金色的、美丽的香蕉纪念品成了这家公司的标志物。要使员工对企业有归属感，这是一个很好的方法
6	企业的产品和服务	企业的产品和服务包括产品的名称、性能、原材料、原材料的来源、产品的生产流程、产品的售后服务等
7	企业的品牌地位和市场占有率	企业应努力创造属于自己的品牌，创立品牌是企业进行长期奋斗的过程。企业品牌的认可度，品牌的定位，本企业有哪些竞争对手，其市场占有率分别是多少，这些都是员工培训中不可缺少的内容
8	企业的组织结构及主要领导	企业应制作组织结构图及主要领导的名录和联系方式，并设置员工接待日，让员工可以通过一定的渠道获得与总经理对话的机会
9	公司的地理位置和工作环境	（1）公司的平面图以及公司在全市的地理位置如公司已有结构模型和宣传图片，应由专人负责引导员工参观，并向他们进行解说，使他们对公司的地理位置有一个大概的了解 （2）员工的工作环境包括办公室设施、工作流水线及其他辅助设施，如电脑、复印机、传真机、总经理办公室、主管办公室等
10	科学规范的岗位说明书	（1）每一位员工必须获得并熟悉自己所在岗位的科学规范的岗位说明书 （2）针对新员工企业应首先开展一场企业文化培训，有利于新员工尽快熟悉企业文化，加强对企业文化的认知，并尽快融入企业文化，为企业的进一步发展奠定基础

上述十个方面内容的培训，实际上都是有关企业文化的内容。从这些方面切入，对员工展开培训，无疑可以让员工尽快成熟起来。

339 企业文化培训的内容要有层次

企业在进行企业文化培训时，需要针对不同层级和职能的人设计不同的培训内容和形式。比如著名的HP公司，员工从进入公司开始就要接受各种不同内容的培训，其基本培训思路是根据员工的工作内容和成熟度，从技术业务知识到沟通技巧再到文化、思维，由"硬"到"软"，对员工开展多层次的培训。

从企业的层级来看，高层人员需要了解企业文化的本质、与传统文化的关系、与战略和核心竞争力的关系、如何实施文化变革等内容；中层人员则需要了解如何在领导下属、实施考核、团队建设中体现企业文化，即如何将企业文化与管理技能结合起来，没有优秀的管理技能就无法弘扬企业的文化；基层人员则更需要理解企业文化理念，以及如何在工作中体现企业文化；新进人员需要认识企业的历史和文化、先进人物事迹、行为规范等。

从企业职能来看，不同部门对企业文化的需求也不一样。营销部门需要了解企业文化与品牌建设、促销推广、广告公关等内容的关系，人力资源部门需要了解企业文化与招聘、培训、考核、薪酬、激励、奖惩、任免等工作的有机结合，生产部门需要了解企业文化如何体现在工艺设计、质量控制、流程改造、操作规范等环节，财务部门则需要了解企业文化在投融资、预决算管理、成本控制等方面的应用。不同的部门对企业文化培训的要求也不尽相同。

340 企业文化培训的形式要灵活多样

虽然成年人的理解力比较强，但记忆力相对比较差。因此，在企业文化培训中应尽量减少单纯的课堂讲授，特别是纯理论的讲授，而应该加大互动的比例，课程的内容也要以实际操作和案例为主。

另外，对于企业的中高层管理人员，由于其具备相应的管理工作经验基础和学习培训背景，具有较强的逻辑能力、分析判断能力，因此，企业文化培训师在对其进行企业文化培训时应该多以理性的、深入分析的内容为主，最好运用实际案例让他们组成小组进行团队分析与判断，这样的培训效果会更好。

341 充分利用各种机会开展企业文化培训

从另一层面来讲，企业文化就是企业全体员工综合素质的反映。所以，企业文化的落实应尽量结合与利用员工工作的真实情况，以企业文化理念为指导方向，按深浅程度，一步一步让员工在工作中领悟到企业文化的真正内涵，并逐步改善与检查自身工作的成果，最终达到企业文化培训的真正目的。

企业文化培训要和其他工作有机地结合在一起，例如，在企业内刊上刊登一些企业文化管理知识、企业文化理念和成功企业文化管理案例的讨论与分析等。将企业文化培训与企业的内部宣传、文娱活动、员工关怀活动等工作配合进行，更能够让员工体会到企业文化的内涵和价值，逐步转变"企业文化不过是些虚无的形式主义"等认识。

第三节　员工活动开展与管理

342　日常员工活动分类

行政管理人员可以根据企业的实际情况安排员工活动。以下为某公司行政管理人员作出的年度员工活动安排表，供读者参考。

【实用案例】

××公司员工活动安排表

时间	活动项目	组织部门	频次
每季度末	员工生日会	工会	季度
春节前	年终晚会	行政部	年度
妇女节前后	三八妇女节活动	工会	年度
五月	端午送粽子活动	工会	年度
六月	周年庆	行政部	年度
中秋节前	送月饼	工会	年度
九月	秋之恋	工会	两年
十月	羽毛球比赛	工会	年度
十一月	管理层年会	行政部	年度

343　开展员工庆生活动

生日对每个员工来说都有特殊意义，因此，行政管理人员应精心安排员工庆生活动。员工庆生活动流程如下所述。

(1) 行政部根据员工人事档案统计本月过生日员工的名单即员工生日名单（如表 13-13 所示）并制作员工生日卡。

(2) 行政管理人员将活动方案报总经理审批。方案内容包括过生日员工名单、负责人、活动内容、活动程序、地点、采购清单、资金预算等。

(3) 总经理在接到活动方案后，应及时完成审批并回复行政部。

(4) 行政部要及时公布本月过生日员工名单并通知相关部门负责人。

(5) 员工若发现企业记录的生日日期有误，可持本人身份证到行政部反映。行政部相关人员确认属实后，由行政管理人员修正员工生日。

(6) 行政部应于活动开始前布置好会场，做好准备工作。

(7) 员工在指定的时间、地点集合，开展活动。

表13-13　员工生日名单

编号：　　　　　　　　　　　　　　　　　　　　　　　　　　　　日期：＿＿＿年＿月＿日

姓名	工号	部门	出生日期	备注

制表人：　　　　　　　　　　　　　　审核人：

344　给员工送生日礼物

行政管理人员应给员工送生日礼物，并填写员工生日礼物领用登记表（如表13-14所示），避免出现多领或少领的情况。

表13-14　员工生日礼物领用登记表

编号：　　　　　　　　　　　　　　　　　　　　　　　　　　　　　日期：＿＿年＿月＿日

日期	部门	员工姓名	出生日期	礼物名称	金额	经办人	领用人	备注

制表人：　　　　　　　　　　　　　　　　审核人：

345　生日活动费用预算

行政管理人员应做好生日活动费用的预算工作。预算额度既不能太低而不够使用，也不能太高而超出企业相关标准，增加企业成本。

表13-15为员工生日活动预算表，供读者参考。

表13-15　员工生日活动预算表

编号：　　　　　　　　　　　　　　　　　　　　　　　　　　　　　日期：＿＿年＿月＿日

序号	列支项目	数量	单位	单价	金额	备注
1	横幅					
2	生日蛋糕					
3	活动费					
4	生日贺卡					
5	活动小礼品，每期设40份					
合计：						

制表人：　　　　　　　　　　　　　　　　审核人：

346　管理员工活动室

活动室是员工在工作之外的主要活动场所，行政管理人员必须管理好活动室，制定相关规定并督促员工遵守规定，以免活动室遭到破坏。

（1）活动室一般只对公司在职员工开放，外来人员不得入内，公司员工出入活动室时应出示工作牌，经管理人员确认后方可进入。

（2）行政管理人员应委派专人负责活动室的各项管理工作。

（3）集体或个人在使用活动室的当天必须保证活动室内的一切物品完好无缺。如有物品丢失或损坏，视具体情况由相应的集体或责任人按购买价进行赔偿。

（4）活动室的使用者须遵守活动规则，维护室内卫生。

（5）部门若需要借用活动室举办活动，应提前一周向行政经理提出申请并填写活动室使用申请表（如表13-16所示），经批准并与活动日的负责人协调后方可使用。

表13-16　活动室使用申请表

编号：　　　　　　　　　　　　　　　　　　　　　　　　日期：＿＿年＿月＿日

申请时间		申请部门	
申请人		申请人联系电话	
借用时间：＿＿年＿月＿日＿点＿分至＿点＿分			
活动主题			
活动内容	（附活动计划书）		
部门意见	签名：		
行政经理意见	签名：		
备注			

制表人：　　　　　　　　　　　　　　审核人：

347　组织成立员工俱乐部

为了丰富员工的业余生活，加强员工彼此之间的沟通，行政管理人员可以组织成立员工俱乐部。俱乐部的活动主要以健身方面的活动为主，如登山、羽毛球、乒乓球、游泳、足球、篮球、瑜伽等。

行政管理人员可开展员工参加俱乐部的意向调查工作，然后根据调查结果组建员工俱乐部。表13-17为员工参加俱乐部的意向调查表，供读者参考。

表13-17　员工参加俱乐部的意向调查表

编号：　　　　　　　　　　　　　　　　　　　　　日期：＿＿年＿月＿日

兴趣	姓名	人数	愿意竞选俱乐部主席者
登山			
乒乓球			
羽毛球			
篮球			
足球			
游泳			
其他			

制表人：　　　　　　　　　　　　　审核人：

348　明确俱乐部管理人员职责

行政管理人员可为员工俱乐部设置管理人员，如会长和副会长，并明确管理人员的工作职责。此外，俱乐部会员也可自主推选会长和副会长。俱乐部会长和副会长的职责如下所述。

1．俱乐部会长职责

（1）协助行政部制定本俱乐部各项管理制度。

（2）负责组织和策划俱乐部的活动。

（3）负责在每年年末编制下一年度的经费预算并提交至行政部。

（4）负责在每季度末制定下一季度的活动计划并提交至行政部。

（5）经常与会员沟通，及时了解会员的意见和建议。

（6）积极接纳新会员。

（7）在卸任前须将经费收支情况做成明细表，向会员、行政部和财务部公示。公司或成员若对费用支出有疑问，须提交书面说明。

（8）每季度末向行政部提交本月活动照片及相关宣传材料。

2．俱乐部副会长职责

（1）协助会长完成活动组织、素材提供和情况反馈等事宜，并在会长缺席期间代为履行会长职责。

（2）负责俱乐部财务收支登记管理工作，并向本俱乐部会员定期公示。

（3）按月填报会员出席活动情况表。

（4）按月填报俱乐部活动情况表。

（5）每季度末向行政部提交经费收支明细表。

（6）每季度末向行政部提交本季度活动费用报销材料。报销材料包括本季度行政部确认签名的俱乐部活动情况表和费用发票。

349　员工俱乐部活动意向调查

员工俱乐部应定期开展各项活动。为了吸引广大员工积极参加俱乐部的活动，行政管理人员需要了解员工的兴趣，对员工的活动意向进行调查。以下为某公司的员工俱乐部活动意向调查表，供读者参考。

【经典范本 13】××员工俱乐部活动意向调查表

××员工俱乐部活动意向调查表

1．您的性别：□男　　□女

2．您的年龄段：□25岁以下　　□25岁～30岁　　□31岁～40岁　　□40岁以上

3．您的兴趣爱好（请尽量描述得详细一些，如果您喜欢看电影，则可列出喜欢的电影类型）：

4．您对员工活动的态度：

□很喜欢，非常乐意参加　　□视内容和时间安排而定

□参加与否都无所谓　　□没兴趣

5．您的婚姻情况是：

□单身　　□未婚但有配偶　　□已婚

6. 您比较感兴趣的活动（体育类）是：

   □篮球　　□足球　　□乒乓球　　□游泳　　□羽毛球
   □其他（请注明＿＿＿＿＿＿＿＿＿＿＿＿＿＿）

7. 您比较感兴趣的活动（文艺类）是：

   □唱歌　　□跳舞　　□摄影　　□画画　　□阅读　　□收藏　　□展览
   □看电影　　□其他（请注明＿＿＿＿＿＿＿＿＿＿＿＿）

8. 您比较感兴趣的活动（户外类）是：

   □景区旅游　　□郊区踏青　　□户外登山　　□水上运动　　□野餐烧烤
   □其他（请注明＿＿＿＿＿＿＿＿＿＿＿）

9. 您比较感兴趣的活动（学习类）是：

   □培训讲座　　□拓展训练　　□读书会　　□其他（请注明＿＿＿＿＿＿＿＿＿）

10. 您比较感兴趣的活动（综合类）是：

    □主题派对　　□聚餐　　□星座占卜　　□桌面游戏　　□联谊交友
    □其他（请注明＿＿＿＿＿＿＿＿＿＿＿）

11. 您愿意用来参与员工俱乐部活动的时间段是：

    □周一至周五的午休时间　　　□周一至周五下班后的业余时间
    □周六、周日或节假日　　　□视活动的主题类型而定

12. 您认为员工活动的频率应该是：

    □每周一次　　□每半个月一次　　□每个月一次　　□每季度一次　　□不定期举行

13. 您认为员工活动的费用应该由谁承担？

    □应由公司全部承担　　　□如合理，愿自己承担部分费用

14. 请至少列出一次令您印象深刻的集体活动：

    ＿＿＿＿＿＿＿＿＿＿＿＿＿＿＿＿＿＿＿＿＿＿＿＿＿＿＿＿＿＿＿＿

    ＿＿＿＿＿＿＿＿＿＿＿＿＿＿＿＿＿＿＿＿＿＿＿＿＿＿＿＿＿＿＿＿

15. 您对员工俱乐部活动的意见及建议：

    ＿＿＿＿＿＿＿＿＿＿＿＿＿＿＿＿＿＿＿＿＿＿＿＿＿＿＿＿＿＿＿＿

    ＿＿＿＿＿＿＿＿＿＿＿＿＿＿＿＿＿＿＿＿＿＿＿＿＿＿＿＿＿＿＿＿

第四节 企业宣传管理

350 各部门对于宣传工作的职责

行政部主要负责企业大型会议、重要活动的宣传报道工作。同时，企业其他部门应重视宣传工作，设置兼职的宣传工作人员，负责部门内部稿件的收集、整理和报送工作。各部门对于宣传工作的具体职责如下所述。

(1) 建立宣传网络，做好新闻素材的搜集、筛选、加工、传递和反馈等日常工作。

(2) 针对本部门在发展创新中发现的新问题、新思路、新做法，开展调查和研究。

(3) 总结重点工作，及时做出主题鲜明的报道。

351 宣传的渠道及内容

企业宣传工作包括内部宣传工作和外部宣传工作。内部宣传工作包括创办企业宣传栏及开展相关会议等，目的是反映企业的内部动态、经营业绩、员工动态等方面的信息。外部宣传工作是指对外宣传企业文化、经营业绩、人才理念、企业战略等方面的信息。

宣传工作的主要内容如下所述。

(1) 充分利用企业网站和宣传栏及时宣传企业重要会议、活动及企业领导的讲话等。

(2) 充分利用企业网站和宣传栏及时宣传并展示企业最新动态及相关政策，展现企业积极向上的精神面貌。

(3) 宣传企业的发展战略、发展规划、发展目标、重大措施等重要信息。

(4) 宣传人员应把握正确的舆论导向，为企业生产经营创造良好的舆论环境。

(5) 注重宣传工作的真实性：宣传内容所反映的事件与数据应与事实相符，禁止发布虚假消息。

(6) 注重宣传工作的时效性：宣传的内容应是近期发生的事件。

(7) 注重宣传工作的激励性：广泛宣传先进员工的事迹，激励员工努力工作。

352 宣传工作实施要领

行政管理人员应积极掌握宣传工作的实施要领，具体内容如下所述。

（1）内部宣传工作应以企业宣传栏的展示为主，主要登载时事简讯、行业动态、企业动态以及员工原创散文、诗歌、随笔等内容。

（2）外部宣传工作一般通过企业网站实现。网络专员要及时将企业的动态上传至企业网站，在重大节日、纪念日和发生企业重大事件时，及时对企业进行宣传，为企业树立良好的形象。

（3）企业宣传栏中的内容要通过审核后再发表。涉及企业重大问题的报道应该经过总经理审核后再发表。

（4）编辑部在收到员工投稿后，要做好稿件的审核、校对和排版工作，保证稿件的质量。

（5）行政部要及时搜集和整理宣传信息并将信息报送给各类媒体。

（6）行政部在审核宣传稿件时要严格把关，不得在未经允许的情况下将涉及企业经营和市场开发方面的敏感信息登载在企业网站或宣传栏上。

353 宣传栏的设置

行政管理人员应设置宣传栏，以及时传达企业各类信息，加强企业宣传工作，促进企业文化的建设。宣传栏的内容如表13-18所示。

表13-18 宣传栏的内容

序号	模块名	内容说明
1	公司时事	用于发布公司内部的最新动态，即公司的新成绩或者新问题。公司时事的篇幅应简短，处于整个宣传栏底板的中间
2	培训天地	用于介绍公司最近的培训课程，以帮助员工提高自身的业务能力和专业水平。培训天地一般处于整个宣传栏底板的左上方
3	红花榜	用于宣传公司的好人好事，引导员工树立正确的价值观。红花榜应处于整个宣传栏底板的右上方
4	要闻聚焦	用于刊登国内外近期的重要事件，只刊登标题，不做详细报道。设置此模块的目的是使员工及时了解国际、国家或行业大事。要闻聚焦应处于整个宣传栏底板的左上方
5	四季歌	用于展示公司活动简报或者员工投稿，题材与内容不限。设置此模块的目的是活跃公司氛围，丰富员工业余生活。四季歌应处于整个宣传栏底板下方的中间位置

序号	模块名	内容说明
6	万花筒	用于展示生活中的点滴智慧，如名人名言、精短笑话、小窍门、脑筋急转弯等内容。万花筒应处于整个宣传栏底板的右下方

354　宣传栏的使用与管理

行政部负责宣传栏的管理工作，定期更新内容。

行政管理人员可以结合公司宣传的需要设计宣传栏的内容。宣传栏中的文字要规范，内容要积极向上，严禁张贴违反宪法、法律法规、公司各项规章制度，危害国家安全、破坏社会稳定及不健康的内容。

宣传栏的内容应经负责人审核，行政管理人员不得在宣传栏中张贴未通过审核的宣传资料。

355　宣传栏的规划

为了使宣传栏发挥其应有的作用，为员工提供最新的资讯，丰富员工的文化生活，有力地推动企业文化建设，行政管理人员应对宣传栏进行规划。以下提供某企业的宣传栏规划方案供参考。

【经典范本 14】宣传栏规划方案

宣传栏规划方案

企业宣传栏是企业面向大众的一个窗口，是外界了解企业的一个重要渠道。它在一定程度上代表了企业形象，与此同时也向外界传达企业前进的方向、理念、信息等。因此，它应当包括以下内容：

（1）企业文化，包括企业简介、企业战略、目标、观念等；

（2）企业动态，包括社会动态、组织动向、行动方针等；

（3）现场形态，比如6S就能很好地表现企业现场形态；

（4）企业公告栏，如部分可持续公告、奖惩公告等；

（5）面向员工的内容，如一些社会动态信息、生活安全、工作技能技巧等内容；

（6）紧急公告栏，张贴一些紧急公告；

（7）意见收集箱。

根据以上七点及我公司实际情况，设定如下方案。

1. 宣传栏布局

宣传栏布局如下图所示。

企业宣传栏

公告栏	直击现场	企业动态	企业文化

阅读栏

社会动态，直击新闻	技能技巧，学习开发

紧急通告栏

（张贴信息）

宣传栏布局

2. 位置摆放

（1）将企业宣传栏放置在集体宿舍楼出口左方。

（2）将阅读栏放置在集体宿舍楼出口右方。

（3）将紧急通告栏（白板）放置在门卫室通向生产区的通道墙壁上。

（4）将意见收集箱挂放在企业宣传栏左下角。

3．操作规程

（1）由特定人员组织收集各方面资料，定期或不定期地更换各栏目内容，让宣传栏保持新颖，吸引各方面人士观看，同时让他们随时了解我公司动态。而对于紧急通知的张贴，一方面要贴在紧急通告栏上，另一方面也要张贴在公告栏中。

（2）阅读栏接受投稿，鼓励员工对企业文化的重视、关注以及参与。因为企业文化是人人参与的文化，而企业宣传则是企业文化推广的重要手段，只有人人关注、参与，方才有效；同时也只有这样才能做到集思广益，改进、完善企业各项规章制度及可执行性。

356　企业文化墙的建设

企业文化墙的建设是为了彰显企业独特的文化，向外界展示该企业的独特魅力。作为企业形象识别系统中的重要一环，文化墙建设能够直观地表现企业的经营理念和精神文化，塑造企业在员工和客户心目中的独特形象，同时，可以给员工直观刺激，激励并鼓舞员工不断发展和进步。

1．文化墙的定义

文化墙是以宣传企业、宣传企业文化、推动企业品牌建设以及帮助企业提升品牌形象为己任，把墙景美化作为支持企业精神文明创建工作的一个行之有效的载体。

2．设立文化墙的目的

设立文化墙对于企业而言，可以改善企业形象，建立企业文化体系，提高整个企业的凝聚力，方便企业管理，明确各部门工作目的，以及提高员工忠诚度、归属感等；对于部门和个人而言，则可以提升部门经理的执行力、凝聚力，同时促进员工提高工作效率，督促员工积极认真地完成工作。

3．企业文化墙建设步骤

第一步是明确企业的文化、凸显企业的文化。企业文化不应是一堆冠冕堂皇的句子的堆砌，最重要的是要具有实操性和影响力。

第二步是合理分配企业文化墙的内容。企业文化墙的主要内容应该是企业的经营理念、服务理念等。

因此，相关负责人在设立文化墙之前，必须制定文化墙建设方案。

下面提供一份某企业的文化墙建设方案范本，供读者参考。

【经典范本 15】企业文化墙建设方案

企业文化墙建设方案

一、建设目的

为了优化公司内部环境，体现公司独特的核心价值，集中展示公司发展战略、行为规范、荣誉业绩及员工风采等内容，公司将针对多处大面积空白墙面做出系统规划。

二、板块设计

墙面一：电梯间LOGO下方

1. 形式：墙面装饰字及墙面装饰板。

2. 文字内容：公司名称、愿景、目标及荣誉资质展示。

墙面二：休息室

1. 形式：装饰性墙面宣传板。

2. 功能设置：

（1）公告通知，张贴公司各部门通知及公司各种最新规定；

（2）团队风采，展示团队及员工表彰、员工集体活动照片等；

（3）交流天地，员工如果对公司及总裁等领导有任何意见、建议，可以公开信的形式在此板块提出和展示；

（4）员工互动，对于同事生日、新婚等，各员工可自由写上祝福的话语。

3. 以上内容根据公司需要不定期更新。

墙面三：走廊一侧

1. 形式：墙面装饰展板。

2. 文字内容：

（1）企业简介；

（2）企业特色；

（3）企业定位、近期规划和愿景目标；

（4）企业经营理念、核心竞争力；

（5）企业人才观念、文化理念。

3. 以上文字内容将随着公司业务方向及工作重心的变化而不断更新。

墙面四：大会议室

1. 形式：墙面装饰字、墙面装饰画。

2. 内容：

（1）企业LOGO；

（2）企业愿景、目标。

墙面五：各部门空白墙面

1. 形式：墙面装饰展板。

2. 内容：

（1）总裁寄语；

（2）部门所需名言警句；

（3）部门规章制度；

（4）部门业绩展示；

（5）部门目标规划。

墙面六：洗手间门后

1. 形式：可更换内容的装饰画。

2. 内容：

（1）职场漫画；

（2）企业管理小故事；

（3）名言警句。

3. 不定期进行更换。

第五节　运用企业网站展示企业文化

357　网站内容规划

企业网站是基于信息技术建立的对外宣传平台，是企业对外的名片。一般来说，企业网站建设工作由行政部负责。

网站是企业的宣传工具，在某种程度上还可以作为产品销售的辅助手段。企业网站的主要内容及说明如表13-19所示。

表13-19　企业网站的主要内容及说明

序号	主要内容	具体说明
1	企业信息	企业信息包括企业简介、组织结构、法人介绍、联系人、联系电话、E-mail、QQ、MSN、邮编、地址等
2	产品信息	要全面介绍企业的所有产品，最好配备相关的图片、视频、产品认证信息、相关知识等
3	服务信息	主要介绍产品的选购常识、使用说明、客服热线、在线客服等
4	销售信息	若实施网上销售，则应一一列明网上订购的方式、送货信息、售后服务等事项
5	公众信息	主要包括股权结构、投资信息、企业文化、媒体报道及公关活动等
6	其他信息	根据企业的需要发布相关信息，如招聘信息、疑难解答等

358　网站设计要求

网站设计的具体要求如图13-4所示。

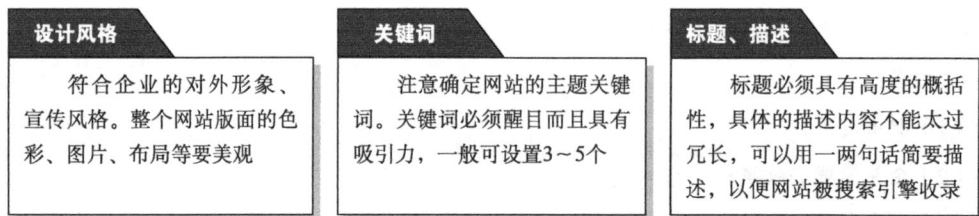

图13-4　网站设计的具体要求

359　网站管理人员设置

行政管理人员负责确定网站管理人员并明确其职责。网站管理人员的职责如下所述。

（1）负责企业网站的设置、代码维护、用户账号管理和权限管理工作。

（2）负责信息发布工作，并定期更新网站的信息。

（3）与各部门沟通网站相关栏目的设置问题，帮助各部门解决网站使用问题。

（4）负责监控与管理企业论坛、聊天室等交互性栏目的信息内容。

（5）按时做好网站数据的备份工作。

（6）逐步完善企业网站的架构，定期对企业网站的框架、主页进行必要的修改或更新。

（7）建立企业资源库，不断完善资源库并做好备份工作。

（8）在网站的框架、主页被修改或更新后，网站管理人员应对各部门做好相应的培训工作。

360　网站的更新与维护

1．网站内容更新

（1）在听取各方面的意见和建议后，网站管理人员应及时更新公司网站的内容和版式。

（2）各相关部门和单位应提供有关资料。

（3）网站更新的内容应先报行政管理人员审核，再呈报总经理审批。

（4）网站管理人员应将更新的内容及时发布到公司网站上。

2．网站定期维护

（1）网站管理人员应定期对公司网站进行软硬件维护。

（2）网站管理人员应及时解决软硬件方面的问题。

（3）网站管理人员应积极解决公司网站在运行过程中的各种问题，相关职能部门和下属单位应予以配合。

（4）网站管理人员若不能自行解决网站在运行过程中出现的问题，则应将问题反馈至行政管理人员处，然后邀请外部相关单位参与解决。

（5）网站管理人员应及时向行政管理人员反馈问题的解决情况并编写问题解决报告。

（6）网站管理人员应将问题解决报告交给总经理审批。

（7）网站管理人员应将问题解决报告存档，并予以妥善保管。

第六节　运用内刊推动企业文化建设

361　内刊内容和栏目的策划

企业内刊是企业内部刊物的一种形式，一般为四版，内容多涵盖企业的经营管理决策、企业重大事项的决定、职业培训、员工生活、客户信息反馈等。

要办好内刊，策划人员必须对内容和栏目进行策划。策划的要求如下：

（1）内容要及时、准确、有深度，尤其是涉及企业的经营管理决策和重要人物的新闻，不能出现错误，以免误导员工或造成不良影响；

（2）栏目要追求多样化，在突出版面主题的前提下，内容要新颖，以贴近员工的工作、生活为主，可以设立诸如"双语文章""心理调适""疑难解答""热点话题讨论""生活小百科""猜谜语"或"明星小档案"等栏目，与员工产生良性互动，激发员工的参与热情；

（3）文章要以宣传正面典型为主，弘扬优良的企业文化。即使对不良现象进行批评，也要注意表达方式，可以用幽默的语言、图片、讨论等形式进行劝导。

下面提供一份某企业内部报纸内容和栏目策划方案的范本，供读者参考。

【经典范本 16】企业内部报纸内容和栏目策划方案

企业内部报纸内容和栏目策划方案

一、报头组成部分

报　名：《……报》

主办单位和报纸性质：……内部赠阅

发行时间：每月一期，月末出版

投稿邮箱：……

公司网址：……

格　言：求是、创新、发展、和谐

报　徽：××集团标识

二、读者对象

以××集团全体员工为主要读者对象，必要时可以作为资料赠送莅临本公司参观的外部人员。

三、发行数量和范围

拟定发行500份。

四、报纸版面以及版式设计

1. 报纸现定为每期4版，遇到重要活动和事件可以增发号外（2版）。

2. 版面分配

（1）头版——要闻版，其内容侧重于对事实的描述，主要报道国家、省、市有关××集团工作业务方面的重要指示和政策，上级重要领导指导工作的情况，集团公司的重要活动、决定，各企业的重大举措等。

版面刊登内容包括公司重要新闻，企业重要新闻，领导来访报道，对企业的介绍，集团新出台的政策、制度、命令、指示的摘编，企业重大的建筑工程开工建设，集团公司和各下属企业获得的各项荣誉，集团公司和各下属企业领导获得的各项荣誉，企业的重大公关活动，企业党建及大型工程奠基、开工、通过验收、投入使用；企业创办新厂、企业并购，新产品通过国家验证、投入生产、上市；集团的业绩等。

固定栏目：视点新闻、政策摘编、田野视窗、导读。

（2）2版——综合新闻版，其内容侧重于对头版重大新闻的解释性报道和评论，主要反映集团内部各部门及各下属企业的管理机制改革体会、进度、发展等工作状态，使读者深入了解这一时期的集团工作动态。

报道内容包括集团及下属企业的业务扩展，企业间的团结合作，集团及下属企业对先进团队和个人的表彰，员工技能大赛，科技创新成果，与兄弟单位之间的业务往来、联谊活动等。

固定栏目：领导访谈、简讯、新闻连环画、董事长信箱（半固定）、权威解读（半固定）。

（3）3版——评论版

报道内容包括就某一问题采访××集团各企业领导的简报；转录采用与集团有关的先进管理方法、生产技术、业务交流等文章，为集团公司和企业发展出谋划策；谈工作和生产体会，以小见大；通过一事一议，谈企业管理的真知灼见，也可以从管理和生产的多侧面、多层次来谈自己的感想和启发；以图文结合的形式宣传先进个人和团队班组。

固定栏目：工作探索、管理论坛、领导访谈、员工风采。

（4）4版——员工天地

报道内容包括反映员工精神文明风貌和业余爱好的小知识、读书思考、人生漫谈等，以诗歌、小说、散文等形式为主；以及反映员工业余生活的成果，如企业所组织的球赛、棋类比赛、摄影作品、书画作品等。

固定栏目：祝福、预告（下月的电影、比赛）、书画摄影作品选刊。

（5）1～4版中缝——刊发笑话。

（6）2～3版中缝——刊发简讯以及员工相互间的祝福。

3. 栏目设置

专栏评论——企业领导关于企业发展方面的论述，或者是关于时事的评论、厂内政策和现象的评论等，能够对员工起到思想上的引导或激励作用。

视点新闻——报道与企业相关的当月重大节日及企业重大事件，内容涵盖时事要闻、政府决策、产业政策。此类报道以半版或一个版面为单位，对具体情况进行细致分析，增强员工对企业内外部环境的认识和理解。

权威解读——集团领导或记者就国家政策和地方政府出台的政策对企业潜在影响的分析和解读。

政策摘编——企业新政策、命令、制度的摘编和解释。

简讯——各类新闻汇编（中缝）。

领导访谈——记者就某一问题采访××集团各企业的领导。

工作探索——转录采用与集团有关的先进管理方法、生产技术、业务交流等文章，为集团企业发展出谋划策，集他山之石，丰富我集团园地。

管理论坛——谈工作和生产体会，以小见大，通过一事一议，展示企业管理的真知灼见，也可以从管理和生产的多侧面、多层次来表现员工的感想和受到的启发。

新闻连环画——关于某个题材的一组新闻图片。

××视窗——图片新闻。

员工风采——以图片展示为主，辅以简单的文字说明，展示企业员工的风采，并烘托"认真地工作，快乐地生活"这一主题。

祝福——① 为本月过生日的员工送祝福；② 对员工结婚生子的祝福，此类祝福要精简，并且刊载在中缝。

笑话——来源于生活，以反映员工日常工作生活为最佳，也可从网上或图书中转载。

总裁信箱——董事长信箱或总经理信箱，收集员工的投诉、建议或是心声。

预告——下月公司组织的主要活动（每周电影或各类比赛）。

362 设置内刊编辑部

行政管理人员应设置内刊编辑部，并明确各人员的岗位职责。编辑部人员的岗位职责如表13-20所示。

表13-20 编辑部人员岗位职责

序号	岗位	具体职责
1	主编、副主编	(1) 负责企业内刊的策划、组织工作，保证内刊能顺利发行，促进企业文化建设 (2) 负责企业内刊的外联设计、制版、印刷等工作 (3) 负责企业内刊的选稿、审阅工作 (4) 定期组织召开企业内刊策划及建议征集会以及编辑部的内部活动

序号	岗位	具体职责
2	校对	（1）负责企业内刊稿件的收稿工作 （2）负责企业内刊稿件的校对工作 （3）负责企业内刊稿件段落格式的调整与设计
3	宣传员	（1）负责提前统计内刊的需求数量和内刊的分发、管理工作 （2）负责编辑部内部活动的宣传工作

363 明确内刊的内容要求

企业内刊的内容要积极向上，与公司的企业文化一致。内刊的内容可以包括部门取得的成绩、员工之间相互配合完成工作的案例及分析、企业文化学习心得、工作感悟等。

编辑部人员必须认真审读每一篇稿件。若稿件不符合要求，编辑部人员可以向投稿人提出修改意见，投稿人若在规定时间内未做好修改工作，编辑部可以拒绝采用稿件；编辑部有权对稿件进行修改，并对所有文章有录用或不录用的决定权。

企业应奖励稿件被选中的员工，以鼓励员工积极投稿。以下为某企业的稿件奖励办法，供读者参考。

【经典范本 17】稿件奖励办法

稿件奖励办法

序号	稿件类型	稿件奖励
1	原创稿	500字以上：_____元/篇 不足500字：_____元/篇
2	文摘稿	500字以上：_____元/篇 不足500字：_____元/篇
3	关于企业内部活动的消息、新闻	200字以上：_____元/篇；新闻图片：_____元/张
4	200字以上的小知识、笑话等	_____元/篇
5	其他	免费为大家刊登各类祝福，但不予奖励（若祝福数量过多，您的祝福有可能无法在当期刊登，敬请谅解）

364　做好稿件登记工作

行政管理人员应督促编辑部人员做好稿件登记工作，将稿件的信息记录在表13-21中，以便日后查核。

表13-21　企业内刊投稿登记表

编号：　　　　　　　　　　　　　　　　　　　　　　　　　　　日期：＿＿年＿月＿日

序号	稿件名	字数	投稿者	文章类型	稿酬

制表人：　　　　　　　　　　　　　审核人：

365　内刊的发放

内刊的发放是使企业内刊发挥应有效果的保障，主要发放地点如下：

（1）客户经常驻留的地方，如会议室、休息室、待客室、门卫室、餐厅等处；

（2）员工经常驻留的地方，如员工通道、员工食堂、员工宿舍等处；

（3）邮寄给重要客户、上级机关、友好单位、新闻媒体等。